像项目经理一样
做培训

高 虎／著

Trainers Do as
Project Managers

企业管理出版社
ENTERPRISE MANAGEMENT PUBLISHING HOUSE

图书在版编目（CIP）数据

像项目经理一样做培训 / 高虎著. --北京：企业管理出版社，2023.10

ISBN 978-7-5164-2908-2

Ⅰ.①像… Ⅱ.①高… Ⅲ.①项目管理 Ⅳ.①F224.5

中国国家版本馆CIP数据核字(2023)第182829号

书　　名:	像项目经理一样做培训
书　　号:	ISBN 978-7-5164-2908-2
作　　者:	高虎
责任编辑:	于湘怡
出版发行:	企业管理出版社
经　　销:	新华书店
地　　址:	北京市海淀区紫竹院南路17号　邮　编：100048
网　　址:	http://www.emph.cn　电子信箱：1502219688@qq.com
电　　话:	编辑部（010）68701661　发行部（010）68701816
印　　刷:	三河市荣展印务有限公司
版　　次:	2023年10月第1版
印　　次:	2023年10月第1次印刷
规　　格:	700mm×1000mm　开　本：1/16
印　　张:	17.5 印张
字　　数:	272 千字
定　　价:	78.00 元

版权所有　翻印必究　·　印装有误　负责调换

序 言

本书是一本专门为广大培训管理者撰写的关于用项目管理思维进行培训管理的图书。

2002年，我进入管理培训行业，并接触了项目管理，我立刻被项目管理结构化的技术方法深深吸引，开始投入大量精力学习和研究项目管理。经过不懈努力，2003年12月我通过了认证考试，获得了美国项目管理协会（PMI）颁发的项目管理专业人士资质（PMP）。在此后20年的工作中，我不断践行项目管理的技术方法和思维方式，对项目管理在培训管理领域的应用体会良多。

项目管理是一种通用的结构化管理技术，它能最大限度地保证项目目标的达成。项目管理应用于不同的行业就形成了相关领域的项目管理行业实践。在工程、建筑与房地产、IT、新产品研发等诸多行业和领域，项目管理得到了广泛的应用与长足的发展，积累了大量相关领域的项目管理应用最佳实践。但是，在培训管理领域，对项目管理的认识和实践还不够。

2013年，我基于自身在培训管理领域的项目管理实践和心得体会，开发了原创版权课程"培训管理者的项目管理"，致力于向广大培训管理者推广项目管理的技术方法和思维方式在培训管理领域的应用。

在近十年的推广过程中，我也在培训管理实践和授课过程中持续提高对培训项目管理的认识，逐步形成了一套相对完整且具有鲜明行业特色的培训项目管理方法论。

我认为，项目管理是"天生"适合培训管理的技术和方法，因为绝大部分培训工作本身就是以项目形式展开的，而项目管理是对"项目"这种业务形态行之有效且经过验证的管理技术和方法。同时，不仅是项目管理的结构化管理技术，还包括结构化管理技术所蕴含的思维方式，都是有益于我们的工作和生活的。

作为一名培训管理者，如果能够掌握项目管理的技术和方法，具备项目管理的思维方式，那么，你的培训管理必将先人一步。

我坚信，具备项目管理思维，采用项目管理的方式，可使培训管理工作卓有成效，原因如下。

第一，培训管理者的工作多是以项目形式展开的，是典型的项目。

第二，项目管理是经过验证的结构化管理技术，是对"项目"这种业务形态行之有效的管理方法，能够最大限度地保证项目目标的达成。

第三，培训经理的角色与项目经理颇为相似，都是"职小责大"，且为了项目目标的达成需要更多地采用"影响"的方式推动工作。

第四，大势所趋。项目管理界有句名言："当今社会，一切都是项目，一切也都将成为项目。"美国《财富》杂志提出："项目管理将是21世纪核心的管理方式。"项目管理已成为各行各业管理者、职场人士都在争相学习与应用的一项重要管理技术。培训管理者也要与时俱进，在管理思维和方式上保持与服务对象有"共同语言"。

那么，如何才能像项目经理一样做培训呢？

第一，对项目管理的基本理论和知识架构有较为全面的了解。

第二，掌握项目管理的核心工具、技术和方法。

第三，要认识到项目管理不只是一种管理技术，更是一种系统管理的思维方式。

第四，通过不断实践将项目管理思维及方法运用到培训管理中，积累形成项目管理在培训管理领域的应用模式。

如何用项目管理的方式具体操作培训管理工作呢？

应按照项目管理的过程（启动、规划、执行、监控与收尾），对培训项目管理各环节的关键工作做框架性解析。

一、培训项目启动——不随便

"好的开始是成功的一半"，做到关注启动就为最终的成功打下了坚实的基础。否则会面临两种不利情况，如果项目启动时就动力不足，必会影响其顺利实施；如果启动了错误的项目，那么启动时就已经注定失败了。

1. 对培训项目干系人进行管理

干系人就是通常所说的利益相关者，指那些既会受到项目结果的影响，也会对项目结果施加影响的人。为了保证培训项目目标的达成，就有必要对项目干系人进行管理。

培训项目干系人管理的本质就是基于了解尽可能满足干系人的期望和需求，减少其对项目的干扰，发挥其对项目的积极影响，从而使项目得以顺利实施并完成。

事实上，干系人管理不力是很多培训项目失败的重要原因之一，但绝大多数培训管理者并没有意识到这一点。

培训项目干系人管理包括干系人识别、分析和管理，还要掌握相关的干系人沟通管理工具等。

2. 培训项目启动的条件

在启动培训项目时要考虑以下问题。

（1）谁发起的项目？

——发起人影响力越大，项目就越容易被重视，项目的优先级可能更高。

（2）为什么要发起这个项目？

——发起项目要解决什么问题，如提升业务收益、落实战略需求。

（3）造成现状的原因是什么？

——分析问题的根源。

（4）通过培训能解决问题吗？

——如果培训不能解决问题，就不具备启动项目的条件，但可以提出非培训的解决建议。

（5）项目在资源、预算、技术等方面可行吗？

——如果不可行，就不具备启动条件，可协商其他解决方案。

（6）期望培训达成什么目标？

——明确项目的目标和可交付成果。

3. 项目启动会

不少培训管理者认为，培训项目启动会只是为了体现一种仪式感。实际上，启动会是项目管理中一个重要的环节。项目启动之际，以启动会的形式向组织内外部通告项目的开始及相关情况，并邀请重要干系人出席，可建立良好的项目推进基础。对重点培训项目，采取项目启动会的方式正式启动更为必要和有效。

二、培训项目计划——"讲套路"

如何强调计划的重要性都不过分，因为计划是管理的基准，没有计划，就无法管控过程。

所谓在编制计划时"讲套路"，就是要注意把握编制计划的规范方法。

有三个方面需要重点关注。

1. 培训项目的需求管理

这里强调的是需求管理，而非需求调查，因为需求调查远非需求管理的全部。培训需求管理包括对培训关键干系人的需求分析、需求调查与数据分析、需求报告编制和确认等内容。

"培训关键干系人的需求分析"让我们理解不同干系人群体对培训的基本需求和期望，在实施项目时不能违背这个大方向。"需求调查与数据分析"形式多样，要注意根据数据来源对数据进行统计和分类，不同来源的数据代表不同的需求指向。"需求报告编制和确认"强调就培训需求获得各方认可的重要性。

2. 对项目工作进行分解

当一个苹果太大时，用刀切成小块就容易吃。如果把一个大苹果看作一项工作，那么切苹果的"刀"就是工作分解结构（WBS）。运用它，可以把一项复杂的工作分解为多个小且容易管理的任务来完成。

需要强调的是，工作分解结构是项目管理的核心工具，而工作分解是项目计划的基础。

3. 培训计划要考虑的因素

在编制培训计划时需要考虑诸多内容和因素，包括但不限于以下几项。

（1）是基于岗位能力要求，还是基于问题解决编制计划？

（2）什么形式更加适合？

（3）时间及进度如何安排？

（4）培训经费怎样分配？

（5）培训预算控制在什么范围？

（6）哪些资源可以利用？

（7）可能出现什么风险？如何管控？

（8）有什么限制和约束条件？

三、培训项目执行与监控——盯要点

如果计划是告诉我们如何正确地做事，那么执行和监控就是告诉我们如何按照计划的要求正确地做事，并保证一直正确地做事。

在这个环节，培训管理者应该关注几项重点工作：如何对培训工作（项目）进行营销；如何管理培训需求的变更；如何保障培训项目的质量；如何推动培训效果落地。

1. 培训也是需要营销的

培训计划再好，没有良好的组织环境的配合和支持其实施也只是水中月、镜中花。营造支持培训的组织环境，离不开对培训工作的营销。

对培训工作进行营销时应该厘清三个问题。

（1）对谁营销？

要弄清楚培训营销的对象。培训营销主要面向三个群体：组织决策者和高层管理者、中层和学员主管、学员。

（2）营销什么？

要弄明白培训营销的内容。营销的内容一定要符合相关干系人基本需求与期望，只有这样，营销对象才有意愿接收信息，才有可能被营销的内容影响。

（3）营销的策略是什么？

对不同营销对象应该分别采取有针对性的营销策略。营销策略可以分为两类，一类是面向整个组织的整体营销策略，另一类是面向不同干系人群体的个性化营销策略。

2. 培训需求的变更管理

不要期待计划做好就一定能够百分之百执行。"计划不如变化快"，变化是由事物中的不确定性造成的，而不确定性是无法消除的，有计划就一定会有变化。事实上，项目管理的一个核心思想就是过程管理，即通过有效的过程管理掌控变化，并最终达成目标。

我在《培训管理者的实践》（江苏人民出版社，2015年版）中指出，"培训需求的变更并不可怕，可怕的是对需求的随意变更"。随意变更，是因为没有建立控制培训需求变更的管理机制，对变更没有施加任何管理。要加强对培训过程的控制，建立培训需求变更管理机制是必不可少的。

3. 培训项目的质量控制与保障

项目管理中衡量目标实现有四个维度——范围、时间、成本和质量。因此，要做好培训项目管理，达到项目的质量要求也是至关重要的。

控制和保障培训项目的质量要做到以下几点。

第一，厘清"教"与"学"的关系，即明确哪个因素才是影响培训质量的关键因素。如果把精力聚焦于次要问题的解决上，那么，无论做多少努力，对质量改善也不会产生根本性的影响。

第二，找到控制和改进质量的入手点。影响培训质量的因素有哪些？答案是学员、培训管理者、培训师、组织环境、培训机构等。那么，每一个因素都是保障质量的入手点。

第三，改变对培训执行链的认识。观念决定行为，目前，依然有为数不少的培训管理者对培训执行链的认识是"需求调查＋培训实施"。"培训实施"就是选课、选讲师、组织授课，上完课，培训项目就结束了。基于此认识，培训项目的质量主要体现在教学效果和学习测试的评分上，也就是评估"教"和"学"的效果。这与企业对培训质量的根本要求"是否能学以致用"并不相符。这也就是很多时候培训项目评分还不错但效果并不被认可的原因。保障培训的质量，应该将对培训执行链的认识转变为"训前执行＋训中执行＋训后执行"。"训前执行"即需求管理与培训解决方案；"训中执行"即授课与教学管理（教务管理＋学习监控＋授课监控＋教学评估）；"训后执行"即采取有效手段推动培训效果落地。只有观念改变了，才能认识到培训效果落地推动工作的重要性。

4. 推动培训效果落地

一个培训项目能否带来真正的价值，归根结底不在于授课效果是否良好，而在于学员是否能够在实际工作中运用所学的知识、工具和技能对组织绩效产生积极的影响。

很多培训项目都是以课堂教学的结束为结束点的，培训项目的运营工作聚焦于培训课程的组织和实施，被动甚至主动地放弃了培训效果落地的推动工作，造成了所知所学和所用所做之间的断层。

推动培训效果落地的"秘诀"从根本上讲就是一个字——做，把培训效果落地当成一件与其他经营管理活动同等重要的"正事"来做，不能期待培训效果的自然转化。没有相应的管理，就不可能获得相应的管理结果。

四、培训项目收尾——勿简单

不要把培训项目的收尾视为一项简单，甚至可有可无的工作。"行百里者半九十"，重视收尾环节，就是让我们不要倒在距离成功的最后一步。

1. 培训项目的评估与总结

评估是对项目目标实现程度的判断，总结是把项目中的成功经验和失败教训提炼出来，以便在未来的工作中持续改进。

值得注意的是，要让项目评估和总结发挥管理的价值，就必须设计科学合理的评估表来准确地评估培训的效果，编写全面完善的项目总结报告来呈现工作努力情况和项目成果。

2. 收尾的操作细节

收尾过程中很容易忽略一些操作细节，如对项目团队成员绩效进行评价、组织项目庆功会、论功行赏、向各方干系人通告项目结束并表达谢意。

3. 培训工作的知识管理

项目管理遵循PDCA原则，注重过程管理与持续改进。可以纳入培训工作知识管理范围的内容包括但不限于培训工作流程管理、培训文档模板管理、版本管理、培训档案管理、内部案例整理与归档、问题管理。

通过知识管理可以把宝贵的培训管理经验保留在组织内部，并逐步形成组织的培训管理最佳实践。

培训项目管理是一个新课题，尚需时日通过更多的实践和更为深入的研究推动其不断完善。令人高兴的是，培训项目管理已经开始引起越来越多的培训管理者的关注，并被在工作中不断尝试、验证、丰富。

本书可以作为培训项目管理学习和研究的基础材料，有助于建立对培训项目管理知识体系和管理框架的整体认识。

本书仅是对培训项目管理这一课题的初级研究成果，且多为作者的一家之言，尚有诸多不尽完善之处，请大家多多批评指正。

　　欢迎您将意见、建议、心得体会、实践经验通过电子邮箱huzi-2002@163.com与本人交流。

高虎

二〇二三年五月

目 录

第一编　当培训遇上项目管理　1

第一章　培训项目管理的是与非　2
第一节　让培训踏上正确的道路　2
第二节　如何理解"培训+项目管理"　9

第二章　揭开项目管理的神秘面纱　13
第一节　认清"项目"与"非项目"　14
第二节　项目管理定义下的秘密　20
第三节　项目管理管什么　23
第四节　项目管理的过程　26
第五节　项目管理怎么管　31

第二编　培训项目的启动　33

第三章　培训项目的干系人管理　34
第一节　项目干系人的真容　34
第二节　找出影响培训项目的人　39

第三节 分析培训项目的干系人 47
第四节 培训项目干系人管理工具 53

第四章 如何启动一个培训项目 60
第一节 启动培训项目的条件 60
第二节 让培训项目师出有"名" 63
第三节 让培训项目师出有"民" 65
第四节 让培训项目师出有"鸣" 66

第三编　培训项目的计划 69

第五章 培训项目的需求管理 71
第一节 培训需求带来的困惑 71
第二节 关键培训干系人基本需求与期望分析 75
第三节 干系人需求调查与数据分析 77
第四节 培训需求报告的形成与确认 88
第五节 将培训需求转化为培训内容 89

第六章 分解培训项目工作 92
第一节 为什么需要"切苹果" 92
第二节 WBS——切苹果的"刀" 93
第三节 WBS化大为小的妙用 94

第七章 编制培训项目计划 103
第一节 如何编制进度计划 103
第二节 如何对资源进行计划 107

第三节 编制培训项目预算的两条路 115
第四节 年度培训计划的编制 119

第四编　培训项目的执行与监控 135

第八章 培训项目的营销管理与有效沟通 136
第一节 培训也是需要营销的 136
第二节 培训营销的三个要素 141
第三节 培训营销的策略 143
第四节 对培训项目进行有效沟通 154

第九章 培训项目的供应商管理 157
第一节 如何看待供应商的角色 157
第二节 让供应商成为项目团队的"第六人" 158
第三节 监督管控供应商的项目执行 160
第四节 选择供应商的要领 161
第五节 选择培训师的要领 165

第十章 培训项目的控制 172
第一节 培训需求的变更管理 172
第二节 培训项目范围控制 177

第十一章 培训项目的质量管理 182
第一节 厘清"教"与"学" 182
第二节 影响培训项目质量的因素 183
第三节 基于培训执行链的质量保障 191

第十二章　推动培训项目的效果落地　194

第一节　培训效果无法落地的根本原因　194

第二节　走出培训效果无法落地困局的思路　195

第三节　高效推动培训效果落地的实用策略　204

第五编　培训项目的收尾　213

第十三章　培训效果评估与项目总结　214

第一节　评估培训项目　214

第二节　总结培训项目　227

第十四章　培训项目收尾工作　233

第一节　培训项目收尾应该做什么　233

第二节　验收培训项目成果　234

第三节　培训项目收尾不容忽视的操作细节　236

第四节　知识管理——培训工作持续改进的金钥匙　237

附录　243

附录一：培训项目全过程管理的5W7H　243

附录二：培训教学效果评估报告示例　253

参考资料　264

第一编

当培训遇上项目管理

第一章　培训项目管理的是与非

第一节　让培训踏上正确的道路

作为一名培训管理者，要做到工作卓有成效，首先要弄清楚"培训究竟是什么"。对这个问题缺乏正确的认识，就如同在行进中迷失了方向，可能越努力越远离目标。

在多年的培训实践中，我们发现，有不少培训项目管理者都把用以实现培训目标的手段当作终极目标，将培训的工具、技术、方法当成灵丹妙药，从而过多地将精力放在"正确地做事"上，忽略了做事应"做正确的事"。

一、培训究竟是什么

1. 培训是福利吗

很多企业认为，培训是给予员工的一项福利。2002年刚进入培训领域时，我任职公司的培训效果评估表上就印有一句话——培训是企业给予员工的最佳福利。当时觉得很有道理，后来，随着实践经验的不断积累和不断思考，我开始质疑这一说法。

"福利"，不是基本的待遇，也不是必需的待遇。如果把培训定位为"福利"，就意味着组织可以给予员工这项待遇，也可以不给；可以多给，也可以少给。与之相对，比如薪酬，就是组织必须给予员工的一项基本的和必需的待遇。这一观点使培训看起来更像为员工提供的一种"增值服务"或"保健品"，而非"必需品"。人们对保健品的态度通常是，有钱，有兴致，就买几盒吃；没有钱，没有兴致，就不买了，或是换一种吃。

"福利论"使培训在组织中处于一种可有可无的尴尬境地，成了"食之无味，弃之可惜"的鸡肋。在培训"福利论"的逻辑下，培训工作经常面临一种困扰：经营状况良好时，组织可能愿意为培训工作多投入一些资源；一旦经营出现问题，利润下滑，组织开始在各方面压缩成本时，"第一刀"往往就"砍"在培训上。

此外，正是由于把培训视为组织给予员工的"福利"，所以不少组织在给予员工这种"福利"时，也多倾向于将其安排在正式工作时间之外。其逻辑是，既然组织已经花了不少钱给员工做培训，员工就不应该再占用工作时间享受这种"福利"。

显然，从根本上看，培训"福利论"把培训视为组织的成本，对成本的控制是绝大多数组织经营活动中的必做工作，因此注定了培训这种"福利"是无法长久和稳定持续输出的。

那么，培训不是福利，是什么呢？

"现代管理学之父"彼得·德鲁克的睿智与洞见为全球的管理者打开了触及管理本质的一扇窗户。德鲁克认为："员工是企业的唯一资产。"企业只有尊重员工这一企业唯一的资产才可能赢得生存与持续发展。因此，员工对任何组织而言都是具有战略性意义的资源。

培训是需要付出成本的，这种成本表现为资金、人力、物力等各种资源的投入。如果培训是"福利"，那么组织在投入资源给予员工这种"福利"的同时，就不应该强求它带来回报。但事实恰恰相反。几乎所有组织在对员工培训时，都会追求培训带来的价值，甚至力求通过各种方式评价培训带来的效果和收益。这也有力地证明，培训并非组织声称的"福利"。

事实上，组织之所以愿意为培训投入资源，就是期望培训能够为组织带来收益，而非单纯地通过培训为员工提供某种保障或利益。所以，培训不是什么"福利"，它实际上是一种投资，是面向员工这一战略性资源的投资。比如摩托罗拉大学，作为全球知名的企业大学，其每年的教育经费在1.2亿美元以上，如此投资的回报就是——每投入1美元的培训费用，就会产生30美元的产值。

因此，我们认为，培训的本质是组织对员工这一"唯一资产"的战略性投资！

同时，既然培训是一种投资，那么就意味着无论投资人的意愿如何，都存在投资风险。投资成功，培训能够为组织赢得回报；投资失败，培训就会给组织带来损失。

此外，组织经营效益良好时，可投资于培训的资源就多，承受投资失败风险的能力也比较强；反之，组织可投资于培训的资源就少，承受投资失败风险的能力也相对较弱。

整体而言，培训"福利论"相对"投资论"更有一种"投机"的意味，"福利论"更愿意将培训视为锦上添花的待遇和充当门面的摆设，而非组织经营活动中必不可少的战略性行动。这一思想根源导致培训在众多组织中都处于可有可无的鸡肋式尴尬境地。

> <观点分享>
> 培训不是福利，而是组织针对员工这一"唯一资产"的战略性投资！

2. 培训是"药"吗

不少组织的领导者平时忽视培训工作，可一旦组织经营出现问题，就会要求培训管理者安排一些培训活动来解决问题。在这些领导者眼中，培训似乎成了治病的"药"，而且还是包医百病、药到病除的"神药"。而在现实中，由于培训难以发挥"神"效，所以常常饱受诟病，被认为这"药"没啥用。

培训真是"药"吗？

培训可以影响人的行为模式，但仅凭培训很难改变人的行为模式。要通过培训使人的行为模式发生改变，需要整个组织系统的协作与努力，即通过持续不断地培训对学员的行为施加影响；通过营造支持培训的组织环境推动组织的学习；通过严谨的管理机制保障培训效果落地与新的行为模式的形成，等等。

如果培训是"药"，那么就意味着，你无法持续地服用它，因为长期吃药可能非但不能治病，还会带来副作用。此外，如果一个机体需要"药"来维持生存，那么这一机体早就是不健康的了。

如果培训不是"药"，又是什么呢？

我们认为，相对于"药"这个概念，培训更像"一日三餐"，虽然当下绝大多数组织的培训实践都尚未将其置于如此高度。

"一日三餐"的作用是维持机体正常运作，并使机体不断成长壮大。而强健的机体可以让人少生病，甚至不生病。

"一日三餐"也并不代表需要负担更高的培训成本。因为，大多数情况下我们都需要一日三餐，经济条件好，一日三餐可以比较讲究和丰富，可以在家吃，也可以下馆子吃；经济条件较差，一日三餐可以简单些，少下馆子多做饭。总之，不按时吃饭的结果只能是身体变得羸弱，甚至可能由于营养不良引发疾病。

这难道不正反映了培训和组织之间的关系吗？

培训可以保证组织的正常运营和存续，并推动组织壮大。组织良性发展能够避免很多问题的出现。组织盈利水平高，则可以在培训上投入更多资源，使培训丰富化、多样化，同时既可以运用内部培训资源，也可以采购外部培训服务；组织盈利水平低，则在培训上的投入会相对较少，培训的内容及形式选择也较少，而且更多是利用内部资源实施培训。

<观点分享>
（1）培训可以影响人的行为模式，但仅凭培训很难改变人的行为模式。
（2）培训不是"药"，更像"一日三餐"。

3. 培训是"奢侈品"吗

在不少组织中，培训被当作成本。很多组织常常借口培训成本高，自身实力弱，所以没有能力开展对员工的培训工作。"员工是企业的唯一资产"，对一个力图持续发展却无视员工培养的组织而言，发展只能是一个伪命题。

培训不是"奢侈品"，也不是有钱企业的专属品。将培训看成"奢侈品"，其原因在于对培训的错误认知和看待培训工作的局限性。

相对于"奢侈品"，培训更应该被视为"日用品"。

毋庸置疑，任何组织开展培训一定是要付出成本的，同时组织拥有选择采取何种方式投入资源的主动权。

例如，具备较好经济基础的企业，可以做到培训形式多样（邀请外部师资进行企业内训、选派人员参加外部公开课、组织参访考察、参加外部高端培训项目），培训内容丰富（培训课题众多、涉及领域广泛），涉训对象广泛（覆盖企业高、中、基层所有员工）。经济基础较差的企业，培训课程可以尽量由内部人员讲授，培训课题可以更多集中于企业的核心业务，受训人员可以更集中于基层员工。

一句话总结，"没钱"不是任何一个组织不做培训的原因，而是推卸员工培养责任的借口，更是无视组织可持续发展的短视判断。

> <观点分享>
> 相对于"奢侈品"，培训更应该被视为"日用品"。

二、培训的目的是什么

对于"培训的目的是什么"这个问题，我们经常听到这样的答案，"解决工作中遇到的实际问题""提升工作技能，提高工作绩效"，或是"使员工获得符合其岗位要求的相关能力"，甚至是"帮助组织实现战略目标"，等等。

这些答案固然都是正确的，但又"公说公有理，婆说婆有理"，缺乏统一认识。这就需要我们基于这些表述归纳出一个能够包容所有观点的认识，也是组织对培训的终极诉求。

事实上，解决工作中遇到的问题、提升工作技能、获得与岗位要求匹配的工作能力，以及助推组织战略目标的实现，都是我们期望的培训带来的结果，是不同对象的需求达成的相关成果的具体体现。

基于这一判断进一步分析，培训的目的究竟是什么呢？

整体而言，"员工是企业的唯一资产"，而"培训是针对员工这一'唯一资产'的战略性投资"，从"投资论"的观点出发，组织对员工培训的投资就是为了赢得回报，而回报就是员工这一"唯一资产"所产生的更高价值。

因此，简而言之，培训的目的就是使员工这一"唯一资产"获得"增值"。

培训工作面对众多的利益相关群体，对不同的利益相关群体来说，员工的"增值"又具体体现为不同的结果。

对组织领导者和决策者来说，这种"增值"必须与组织战略相结合，即通过培训使员工具备与组织发展要求相适应的能力，从而帮助组织实现战略目标。

对组织中层和部门主管（学员上级）而言，这种"增值"体现在对部门绩效的贡献上，即通过培训使员工具备符合其岗位要求的工作能力，从而帮助部门实现绩效目标。

对学员来说，这种"增值"与其工作内容、专业能力和个人利益相关，即通过培训可解决工作中遇到的问题，提升自己的能力，从而推动自身获得职业上的发展。

对培训师来说，这种"增值"就是通过培训影响他人做出积极的改变。

准确理解不同培训利益相关群体对培训的期望与要求，厘清培训目标，可最大限度地赢得理解和认同，获得来自不同方向的支持和配合。

> <观点分享>
> 培训的目的就是使员工这一"唯一资产"获得"增值"。

三、培训管理工作的核心任务是什么

我曾不止一次向不同的培训管理者提出同一个问题："您认为，培训管理工作的核心任务是什么？"绝大多数人的回答都集中在培训规划、需求调查、组织实施和评估落地等几个方面。

如果这个答案是正确的，为什么我们在付出努力完成这些任务后，还是无法实现培训目标？为什么我们每次进行培训操作时，都会陷入同样的困境：企业对培训不重视，培训需求随意变更，部门消极对待培训，员工不主动参加学习，效果评估与实际收获不符，培训落地不了了之……

这一切表明，我们之前所做的努力，可能并未成功聚焦于培训管理工作的核心任务，而是把培训管理的具体业务当成了工作的重心；我们沉醉于具体事务的操作，只是在低头拉车，忘记了抬头看路；我们将主要的工作精力放在了次要问题的解决上，而忽视了关乎全局的关键问题。显然，次要问题的解决永远无法给培训工作带来根本性的影响。

一名培训管理者无论多么高效地工作，也很难处理好大量必须完成的事务，尤其是身处对培训工作不友好的环境时。此外，工作效率并不能等同于工作效能。我们追求的结果不是工作效率带来的，而是工作效能带来的。如果高效的工作不能换来培训收益，那么，这种高效不过是无谓的忙碌。因此，培训管理工作的重心既在于提升工作效率的关键因素，更在于发挥工作效能的根本要素。

基于这一观点，我们认为，培训管理工作的核心任务就是"建立组织学习的机制"和"营造支持培训的组织环境"。

"建立组织学习的机制"就是建立培训工作的体系、制度、标准、流程、规范、工具、技术、模板，等等，也可理解为建立组织的培训工作方法论。这一体系的建立可使培训工作在统一的方法论下开展，能够最大限度地提升培训工作的效率。

但是，仅建立统一的方法论并不意味着组织中所有的人员就会自觉遵循它来行动。很多组织都建立了所谓的培训体系、制度、流程、规范，但员工并不自觉自愿地践行，本该是"活"的机制变成了墙上"死"的制度。

培训工作要做到卓有成效，并不在于培训管理者自己干得多么热闹，而是应该吸引尽可能多的人自愿参与进来，让每个人都自觉遵循机制而动，让每个人都有所贡献。因此，营造一个支持培训的组织环境就成为学习机制有效性的根本保障。

"营造支持培训的组织环境"就是让组织中的所有人员都认识培训工作，了解和理解培训工作，赢得组织从上至下对培训工作的支持。只有这样，组织中的所有人员才会遵循机制自觉行动，机制也会因此自动运转起来；只有这样，培训管理者的一切工作努力才可能顺利转化为工作成果。

可能不少培训管理者抱有同样的疑问，"我的工作那么繁忙，组织实施培训的时间都不够，哪有时间再做这些事情""我人微言轻，建立机制和营造环境对我来说太难了""建立机制和营造环境听上去很好，但感觉太虚了，无从下手"……

我想说的是，"建立学习机制"和"营造组织环境"做起来确实非常不容易，特别是当组织缺乏这样的基础时，从0到1的过程是质变的过程，一定是艰难的，但如果不做，培训工作就会永远反反复复地被相同的问题困扰：高层不重视培训，部门消极对待培训，员工不主动参加学习，培训需求随意变更，效果评估与实际收获不符，培训效果无法落地，培训成为组织绩效的"背锅侠"……

因此，作为一名培训管理者，如果想有所作为，就应该尝试推动完成这两项核心任务。学习机制的建立主要涉及培训体系与制度的建设，类似培训工作所需要的"硬件"，相对容易一些。组织环境的营造涉及培训干系人管理、培训营销管理和沟通管理等方面，类似培训工作所需要的"软件"，更为欠缺与困难。

总之，"建立学习机制"和"营造组织环境"做起来不容易，但也不要求一蹴而就，可以逐步推进。

只要做了，就一定比不做有效果；只要做了，就有了改进的机会；不做，就只能在老路上重复犯错。

> <观点分享>
> 培训管理工作的核心任务就是"建立组织学习的机制"和"营造支持培训的组织环境"。

第二节　如何理解"培训+项目管理"

一、培训项目的管理≠培训的项目管理

"像项目经理一样做培训"就是把培训当成项目，也就是探讨如何采用项目管理的方式管理培训项目。简单地说，就是培训的项目管理怎么搞？

很多培训管理者都在使用"培训项目管理"这个说法，但与本书定义的"培训

项目管理"未必一致，因此有必要先厘清什么是"培训项目管理"。

大多数培训管理者提及"培训项目管理"这个概念时，指的是"培训项目的管理"，这其实就是从传统的培训运营管理的视角，用运营管理的方式来管理培训项目的思路。

本书所说的"培训项目管理"指的是"培训的项目管理"，就是如何运用项目管理的理念、工具、技术与方法来管理培训项目。简单地说，就是项目管理的理念、知识、技术、工具与方法在培训管理领域的行业应用。

项目管理是一种通用的管理技术，在不同的领域都有其各具特色的行业应用。在工程领域的行业应用称为工程项目管理，在新产品开发领域的行业应用称为新产品研发项目管理，在互联网领域的行业应用称为互联网项目管理，等等。无论如何应用，项目管理核心的理念、工具、技术与方法都是一致的，不同的是在不同的领域应用的行业特色。

"培训项目管理"就是项目管理在培训管理领域的行业应用。

二、为什么要对培训进行项目管理

1. 培训业务基本是以项目形式展开的

培训业务基本是以项目形式展开的，而项目管理是针对项目这种业务形态行之有效的且经过验证的管理方式，它能最大限度地保证项目目标的达成。

因此，用项目管理的方式来管理培训项目有助于大幅度提高培训管理的效能，达成培训项目的目标。

2. 要保障培训项目获得持续成功

用传统运营管理的方式管理培训项目的问题在于缺乏统一和有效的标准。不同的行业、不同的组织在管理培训项目时采取不同的方法，即使同一组织的不同业务单元也可能在用不同的方式管理培训项目，甚至同一部门的不同培训管理者也可能用不同的方式管理培训项目。

这导致几个显著的问题。

第一，培训项目的成功基于偶然性，而非必然性。

由于缺乏统一的管理标准，培训管理者主要根据自身的经验进行管理，同一个培训项目，资深培训管理者可以管得很好，缺乏经验的管理者就可能管不好。这就使培训项目成功与否更多基于个体能力，是由谁来操作项目的偶然性决定的，无法保证培训项目的持续成功。

第二，管理经验不易保留和学习。

根据经验进行培训管理，一方面，对同一组织，如果某个资深人员离职了，其经验也就可能被带走了；另一方面，不同组织间，由于培训管理的方式不一样，管理经验不容易获得有效地相互学习和借鉴。

采用项目管理的方式管理培训项目的优势在于，项目管理是一种结构化的管理技术，因此，无论哪个领域、哪个组织或哪个人运用它，其核心内容和方法都是一致的。结构化的方法能够让不同的人员都按照同一方式管理项目，减小了项目管理人员个体能力差异的影响，从而可保障培训项目获得持续的成功。

此外，在统一的管理方式下分享和探讨培训管理经验也就变得更加容易和有效了。

第三，培训经理与项目经理的角色极为相似。

培训经理与项目经理在组织内都是"职小责大"的管理者。

"职小"指这两者在组织内的管理职级都不高，因此其工作的有效性在很大程度上无法依靠职务权力获得保障，培训项目经理更多依靠影响力赢得各方的支持，从而推动其工作目标的实现。

"责大"指这两者虽然在组织中的管理职级都不高，但其工作结果对组织绩效都会产生比较大的影响。

角色的相似使适合项目经理的管理方式——项目管理，也在很大程度上符合培训经理的管理要求。

第四，大势所趋。

美国《财富》杂志预测：项目管理正逐渐成为当今世界的一种主流管理方法！

美国项目管理专业资质认证委员会主席Paul Grace曾说："在当今社会中，一切都是项目，一切也将成为项目。"

一方面，项目这种业务形态对社会发展的推动作用是十分巨大的。以当前的发展为例，大到国家层面的改革、规划、经济结构调整等重大举措；中到地方的地铁、路桥、能源、电力、环保等建设项目；小到企业的创新、研发、组织变革等管理活动，都是以项目的形式展开的。

另一方面，从更广的视角来看，绝大多数事务都能够以项目的方式运作，都可以用项目管理的方式管理。

事实上，各类组织的发展都在面对数量越来越多、要求越来越高的项目的挑战。培训管理工作要努力在这种趋势中发挥其助力组织发展的重要作用，体现其存在的价值。在高速发展和激烈竞争的市场环境中，培训运营管理的传统方式已经越来越无力高效响应"多快好省"的组织人才发展需求，因此，培训管理者必须顺应潮流，升级管理方式和创新管理思维以应对项目化社会的新要求。

我们坚信，掌握项目管理的方法，培训管理必将先人一步。

第二章　揭开项目管理的神秘面纱

广义上来看，项目自古有之，万里长城、金字塔的建造都可以被理解为古代的宏伟项目。那么，古人在完成这些项目时，是不是也运用了项目管理的方法呢？

古人用来管理项目的一些方法肯定和现在我们使用的方法有暗合之处，只是古人没有将其归纳和总结为结构化的管理技术。

专门针对项目这种业务形态行之有效的管理方式——项目管理，在20世纪20年代起源于美国，并被认为是第二次世界大战之后发展起来的一项重大新管理技术。伴随着项目管理发挥巨大的管理效能，这种新的管理技术被社会认知，并被广泛推广和应用于社会经济的各个领域。

1957年，杜邦公司将关键路径法应用于设备维修，使维修停工时间由125小时锐减至78小时。

1958年，在北极星导弹设计中，美国应用了计划评审技术，将项目任务之间的关系模型化，设计完成时间缩短了两年。

在著名的阿波罗登月计划中，项目管理的网络计划技术帮助这项耗资300亿美元、2万家企业参加、40万人参与、需700万个零部件的宏大项目得以顺利完成。

20世纪60年代初期，华罗庚引进和推广了项目管理中的网络计划技术，并结合"统筹兼顾，全面安排"的指导思想，又将这一技术称为"统筹法"。20世纪80年代，中国科学院还牵头成立了"中国统筹法、优选法与经济数学研究会"来推广这项技术。

1982年，在我国应用世界银行贷款建设的鲁布格水电站饮水系统工程中，日本建筑企业运用项目管理方法对这一工程的施工进行了有效的管理，取得了非常好的效益。这给当时我国的整个投资建设领域带来了相当大的震动，让我们深刻意识到项目管理技术的巨大价值。

1987年，国家有关部门基于鲁布格工程的经验，联合发出通知在一批试点企业和建设单位要求采用项目管理施工法，并开始建立中国的项目经理认证制度。

20世纪末以来，随着经济的发展，项目管理越来越广泛地被中国企业及社会认知。2000年，国家外国专家局从美国项目管理协会引进了PMP项目管理专业人士资质认证项目，在国内推动这一认证项目的推广。之后，IPMA的IPMP国际项目管理专业人士资质认证，以及OCG的Prince 2等国际认证被相继引入中国。这些举措也给项目管理在中国的发展带来了不小的推动作用。

第一节　认清"项目"与"非项目"

一、项目的真相

20世纪80年代以来，"项目"这个词被越来越频繁地应用于各个领域，不知不觉中，"项目"在很多场合替代了"工作""事情""任务""生意""买卖"等说法。

<案例>
他说的是项目，做的是项目管理吗

<案例人物>
李明——某生产制造企业培训主管
王强——某生产制造企业人力资源总监，李明的直接领导
刘涛——李明的朋友

<案例背景>
　　李明在一家生产制造企业工作，有两年的培训管理经验。不久前，李明被任命为企业的培训主管，直接向人力资源部总监王强汇报工作。
　　最近，人力资源部总监王强和培训主管李明做了一次谈话。
　　王强指示，由于公司发展对于员工能力有了更多的要求，公司越来越重视培训的作用。要做好培训工作，首先要在培训管理能力的提升上多下功夫。一方面，培训工作应该能够帮助员工获得与公司快速发展相匹配的能力；另一方

面，由于培训管理岗位设置的限制，要求培训管理者掌握更有效的管理方式，并保证培训项目的成功成为一种"常态"。

不久前，王强参加了一次项目管理培训，很有收获。他建议，培训管理也应该学习和采用项目管理的方式，因为培训工作本来就是以"项目"的形式展开的，而项目管理是针对"项目"这种业务形态行之有效的方式。

<案例详情>

这几天，李明一直在认真思考王强的建议，也就是运用项目管理的方式进行培训管理。"项目管理"这个词李明之前也听说过，对之模模糊糊了解一些，但要说具体该怎么做，真就不清楚了。李明决定先去书店找几本项目管理的书读一读。

在去书店的路上，李明巧遇老友刘涛，两人高兴地攀谈起来……

李明："很久不见了，你最近忙什么呢？"

刘涛："这段时间一直在忙一个项目。"

李明："什么项目呀？"

刘涛："我和两个朋友开了一家饭馆，刚开张，事情比较多，我每天都在店里盯着。"

……

和刘涛分手后，李明突然想起刘涛的话。刘涛说的也是"项目"，那他做的事情也是"项目管理"吗？刘涛说在忙一个"项目"，和王强说的"项目管理"的"项目"是一回事吗？

项目管理出现前，虽然人们也从事各种项目工作，但是并没有给这一类工作定义一个专有概念，自然也就无从谈起项目管理。因此，人们在对项目进行管理时，不会考虑项目的特性进而采取有针对性的管理方法，而是仍然把它当成传统的事务性工作进行管理。

随着项目管理技术的出现，产生了对项目的概念、特性、目标等要素进行明确定义的必然要求，以此可将项目与传统的事务性工作区隔开来，并在此基础上进一步发展形成针对"项目"这种业务形态的行之有效的管理方式——项目管理。

目前，虽然对项目和项目管理的概念已有基本一致的认识，但不同组织、专家对其的具体描述各有不同，本书采用的是美国项目管理协会（Project Management Institute，PMI）的描述及其项目管理知识体系框架。

美国项目管理协会的《项目管理知识体系指南》定义：项目（Project）是为创造独特的产品、服务或成果而进行的临时性工作。

从这个定义中我们可以看到，一项工作之所以被称为"项目"，是因为它具有某些不同于其他工作的特性。

1. 目标性

目标性代表每个项目都有其要实现的目标，这也是其存在的理由。项目的目标就是项目所要创造的某种"产品、服务或成果"。

2. 一次性

项目是临时性的工作。具有临时性就意味着项目不是一直持续的，它有明确的开始时间和结束时间。一旦项目结束（无论目标是否完成），项目就不复存在了。因此，项目是一次性的活动。

3. 独特性

独特性指"没有完全一样的项目"。每个项目都是不同的，就好像人的指纹一样。

在项目的定义中没有表述，但也属于项目的特性是约束性、渐进明晰及消耗资源。

1. 约束性

约束性强调任何项目的实施都会受到各种各样条件的限制，包括时间、成本、质量、资源、环境、技术，等等。不存在不受约束、无限自由的项目。

2. 渐进明晰

渐进明晰指推进项目的过程就好像揭开遮盖在神秘人物脸上的一层层面纱的过程。项目刚开始时，虽然已经明确项目目标和工作方向，但我们对项目的认识还是模糊的。随着项目的推进及各方面信息、人、财、物的不断进入，我们对项目的认识会变得越来越清晰，对如何实现项目目标也会越来越清楚。

以装修房子为例。刚开始对具体装修成什么样子只有大致的感觉，比如只是想要简约风格，但可能也没办法描述清楚什么是简约，总之不是奢华，也不是简单，需要通过设计体现。基于这样的想法，给墙面上涂料时，就可能选择比较淡雅的颜色，而不是大红大绿。铺地板时，就可能要求比较大块的图案简洁的地砖，而非图案繁复的地板，同时还会参考墙面的颜色选择地面的颜色。等到安装灯具的时候，需求就更清楚了，复杂、沉重，带有各种装饰的灯具是不适合的，要选择有设计感的、比较轻便的灯具，同时还要以墙面、地板的颜色和风格为参考。选择家具时，为了配合已经形成的风格，就会选择有设计感，甚至前卫感的现代家具，而不会选择厚重的红木类家具，同时，还要配合墙面、地板和灯具的颜色、风格等综合评估。如此，在不断深入这个装修项目的过程中对装修要获得的效果越来越清晰，直至完成装修房屋的项目。

3. 消耗资源

完成一个项目和完成一项传统的事务性工作一样，需要消耗资源，包括人、财、物、信息等。

我们再来回顾一下本节开篇的案例。

刘涛告诉李明，自己在忙一个"项目"——"我和两个朋友开了一家饭馆。刚开张，事情比较多，我每天都在店里盯着。"

根据以上项目的定义及对项目特性的分析，刘涛所说的"每天都在店里盯着"并不是一个"项目"。

刘涛所谓的"项目"，不符合项目的"一次性"特性。"每天都在店里盯着"意味着这项工作不是一次的或临时的，而是持续进行的。事实上，没有人是为了关张而开张营业的。刘涛作为饭馆的经营者，只要饭馆还在营业，就需要在那里盯着，他也无法预判什么时候就不用再盯了，这项工作并没有明确的结束时间。因此，刘涛会在饭馆经营的过程中一直持续履行他的管理职责。

那么如果"每天都在店里盯着"不是一个项目的话，它又是什么呢？

二、非项目的日常运营

为了搞清楚这个问题，我们再来了解另一个概念——日常运营。

日常运营（Operation）通常指按组织的程序重复进行的持续性工作。

从这个简短的定义里，我们就可以看出日常运营与项目的明显差别。

项目是临时的、一次性的活动，这意味着有开始也有结束；日常运营是重复和持续性的工作，即使说得清什么时候开始，也很难说明白什么时候结束。

比如，饭馆开张的日期是比较清楚的，但谁也不知道它会在哪个确定的时间就关张不做了。

此外，项目具有目标性和独特性，但日常运营的定义中没有对目标性和独特性的要求，而是强调"按照组织的程序重复进行的"。这也可以理解为，日常运营类的工作，相对于项目类的工作而言，是更容易被预测和管理的工作，它们不但重复进行，而且是按照组织的流程来重复进行的。

因此，问题就清楚了，刘涛所谓的"开了一家饭馆""每天都在店里盯着"实际上是"日常运营"类的工作。

事实上，相比于项目类工作，日常运营类工作更加普遍地存在于我们的工作和生活中。行政、后勤、文秘、流水线上的操作员、环卫工人、厨师、教师、办公室职员、出租车司机、售货员、财务人员等，其工作在大多数情况下都是按照日常运营的形式开展的。这些工作每天的工作目标变化不大，工作内容雷同且局限于一个比较确定的范围，工作也多是依照一定的流程和规范开展的，日复一日地重复着基本相同的操作。

在培训管理工作中，行政事务、后勤保障、师资管理等工作更多是日常运营类工作，而培训项目操作、学习项目设计等工作则是具备鲜明的目标性和独特性的项目类工作。但是在很多组织中，由于没有采用项目管理的方式，仍然把这些项目类工作当作运营类工作进行管理，在很大程度上制约了项目类工作的有效开展。

三、换个视角，事事都可以成为项目

如果换一个视角来看，日常运营类的工作都可以变成项目类的活动。

继续用"饭馆项目"做例子。如果刘涛不是"开了一家饭馆""现在每天都要在店里盯着",而是正在筹备开一家饭馆,那么"筹备开一家饭馆"就成为项目了。目标是开一家饭馆;开始筹备工作的时间和饭馆开张的时间分别是项目的开始和结束时间,川菜馆、湘菜馆、面馆,还是什么其他类型的饭馆,这是项目的独特性。

又如饭店厨师的工作。如果这个"厨师的工作"指厨师每天的工作就是炒菜做饭,那么这个炒菜做饭就是日常运营;如果指厨师为了完成某个宴会而炒菜做饭,那么这个炒菜做饭就变成了项目。目标是为宴会准备预定的饭菜;一次性指从什么时间开始准备宴会的饭菜到什么时候必须完成;独特性指为这次宴会准备的饭菜不会和其他的宴会完全一样(即使菜谱是一样的,每道菜的菜量,炒菜的火候、咸淡,等等,不可能都一样)。

再如教师的工作。如果这个"教师的工作"指日常给学生上课,那么这就是日常运营的概念;如果指去讲某一堂课,就可以把它看作一个项目。

值得注意的是,虽然换个视角,事事都可以看成项目,但这不代表有必要将所有的事情都当作项目来管理。重要的是,我们应学会以项目化的视角来思考问题。

那么,在什么情况下,我们可以考虑把事情当作项目来做呢?

一方面,原本就是项目类工作,我们却一直在用运营管理的方式管理它们。另一方面,由于各种原因,日常运营类的工作在目标性、一次性、独特性等维度上的要求变得十分清晰,具备了转变为项目的基本条件。是否要将这些工作转为项目,主要取决于管理的有效性和便捷性。项目管理的作用不是取代运营管理,而是提升工作的管理效能,以保障工作目标的实现。对管理而言,无论是运营管理还是项目管理,适合的,才是最好的。

我们以做饭为例进一步说明。

每天做饭是日常运营,转换视角来看,做某一顿饭就具备了项目的特性。虽然做某一顿饭具备了项目的特性,但这并不意味着我们必须将其视为项目来进行管理。

如果只是一顿家常便饭,那么传统的运营管理方式就已经够用了。因为我们对家常便饭的要求并不高,就算饭不好吃,做饭时间长了些,对实际生活也不会造成很大影响。实在不行还可以出去吃,或者点外卖。因此,这种情况是没有必要改变管理方式的。如果采用项目管理的方式去管理，就要按照项目管理的结构化方法来做，遵守其管理规范和要求，可是这样反而会把简单的事情搞复杂了。

如果这不是一顿家常便饭，而是一场婚宴，由于其效果的影响巨大，必须保证成功，那么就有必要将其视为一个项目，并运用项目管理结构化的方法对其进行有效的管理。因为，项目管理是针对项目这种业务形态行之有效的管理方式，能够最大限度地保证项目目标的实现。

我们的培训管理工作也是如此，也不需要对所有的培训管理工作都以项目管理的形式进行管理，而只对具有典型项目特征的工作采用项目管理的方式，其他的工作依然采用传统的运营管理的方式就可以了。

> <观点分享>
> （1）换个视角，事事都可以看成项目。
> （2）虽然事事都可以看成项目，但不代表有必要将所有的事情都变成项目来管理。重要的是，我们应学会以项目化的视角来思考问题。
> （3）是否需要将日常运营工作变为项目来管理，主要取决于管理的有效性和便捷性。适合的，才是最好的。

第二节 项目管理定义下的秘密

一、项目管理是个大篮子

《项目管理知识体系指南》也给项目管理下了一个定义：项目管理（Project Management）就是将知识、技能、工具与技术应用于项目活动，以满足项目的要求。

这个定义也很简洁，甚至有些宽泛。

这让项目管理看上去就像是个大篮子。只要能够帮助实现项目的要求，任何知识、技能、工具和技术都可以装进这个篮子里，并被统一贴上项目管理的标签。

当然，所有这些有助于项目要求实现的知识、技能、工具和技术不是简单地装进项目管理这个大篮子里，而是要将其结构化，有机地整合在一起。

这个篮子里的知识、技能、工具和技术，既有借鉴其他专业管理领域的，如风险管理、人力资源管理、质量管理，也有项目管理自己独有的，如WBS、项目网络图、干系人管理。

二、衡量项目目标是否实现的四个维度

项目管理是将知识、技能、工具与技术应用于项目活动以满足项目要求。那么，到底什么是项目要求呢？

项目要求，具体讲就是项目要达到的目标。目标是否实现的衡量标准不只一个，而有四个维度。

一是范围（Scope），用S来表示。它指为实现项目目标需做的所有工作。比如，要完成一个培训项目，我们需要做哪些工作。

二是时间（Time），用T表示。它指为实现项目目标所花费的时间。比如，要完成一个培训项目，我们需要花多长时间，什么时间开始，什么时间结束。

三是成本（Cost），用C表示。它指为实现项目目标所花费的资金。比如，要完成一个培训项目，我们需要花多少钱。

四是质量（Quality），用Q表示。它指为实现项目目标所需达到的质量标准。比如，要完成一个培训项目，我们需要将它做到一个什么标准。

所以，项目要求就是，在范围上要完成所有该做的工作；在时间上要符合预计的工期和进度；在成本上要在预算的范围内；在质量上要达到既定的标准。

换句话说，项目管理就是将知识、技能、工具与技术应用于项目活动，并保证在预计的工期和预算范围内，保质保量地完成项目。在预计的工期内就是应达到时间（进度）的要求；在预算范围内就是应达到成本的要求；保质就是应保证对质量标准的要求；保量就是应达到项目范围的要求，做完所有工作。

项目要求也可以总结为四个字——"多快好省"。

"多"不是要求超出范围做更多的工作，而是要充分满足范围要求，做完所有应该做的工作；"快"就是达到甚至超过时间（进度）要求；"好"就是保证达成既定的质量标准；"省"就是在成本上不超出预算。

衡量项目目标是否实现的四个维度的相互关系如图2-1所示。

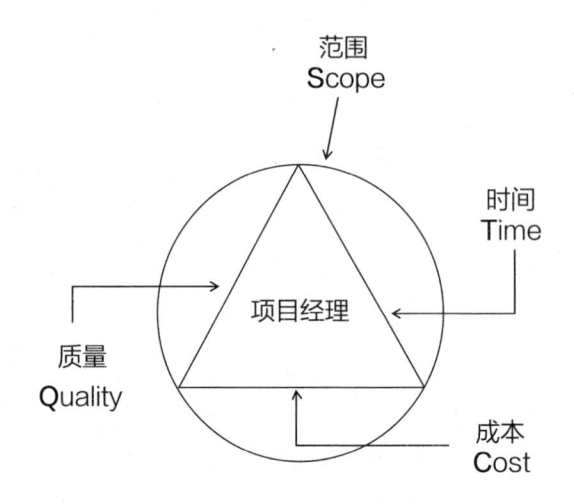

图2-1 衡量项目目标是否实现的四个维度的相互关系

我们把图中的圆形看作项目的范围。圆里有一个三角形，它的每一条边分别代表时间、成本和质量。

当三角形的每个角都顶在圆形的边上时，代表充分满足项目的范围要求，所做的工作刚刚好，不多也不少。如果某一个角没有顶在边上，而是落在了圆形的区域中，那么这说明做项目时没有充分满足范围的要求，有的工作漏项了。如果三角形的某个角出了圆形的范围，表示在项目执行过程中做了超出项目范围的工作。这些不在项目范围内的工作实际是多余的工作，对于项目目标的实现没有任何贡献，做了也白做。

当三角形的三个角都顶在圆形的边上时将三角形的某个边的一个端点沿着圆的边移动，保证原有三角形的面积不变，这个三角形的其他两条边也不得不随之发生相应的变化。这就意味着，在项目中，如果成本、进度和质量中某一因素发生了变化，那么，要实现既定的范围目标，其他两个因素中至少一个因素会受到影响。

比如，我们要压缩项目的成本，就可能因此减少人员和机器设备，从而影响项目的进度和质量；我们要加快项目的进度，就可能需要更多的人力资源和机器设备，成本就会上升，同时质量也会受到影响；我们要提升质量要求，就需要采用更好的材料，聘用更为专业的人员，那么成本就一定会增加，此外，慢工出细活，进度也会受到影响……

如此看来，项目进度、成本、质量这三者间存在着直接的相互影响关系。为了体现项目进度、成本和质量之间的相互作用，这三者间的关系又被称为项目管理的"铁三角"关系。

<观点分享>
（1）为了完成目标，所做的工作应该正好满足范围的要求，也就是说，既不能少做，也不能多做。

（1）在确保范围目标不变的情况下，一旦进度、成本、质量中某一因素发生了变化，其他两个因素中至少一个因素会受到影响。

第三节 项目管理管什么

1987年，美国项目管理协会（PMI）推出了全球第一套项目管理标准——《项目管理知识体系指南》（Project Management Body of Knowledge），简称《PMBOK指南》，这是项目管理领域一个重要的里程碑事件。在此基础上，PMI建立起项目管理专业资格认证制度。参加认证培训并通过认证考试者，被授予"项目管理专业人士资格"，即PMP。

在这套项目管理标准中，PMI将项目管理涉及的管理内容归纳为十大知识领域：项目整体管理、项目范围管理、项目时间管理、项目成本管理、项目质量管理、项目人力资源管理、项目沟通管理、项目风险管理、项目采购管理、项目干系人管理（如图2-2所示）。

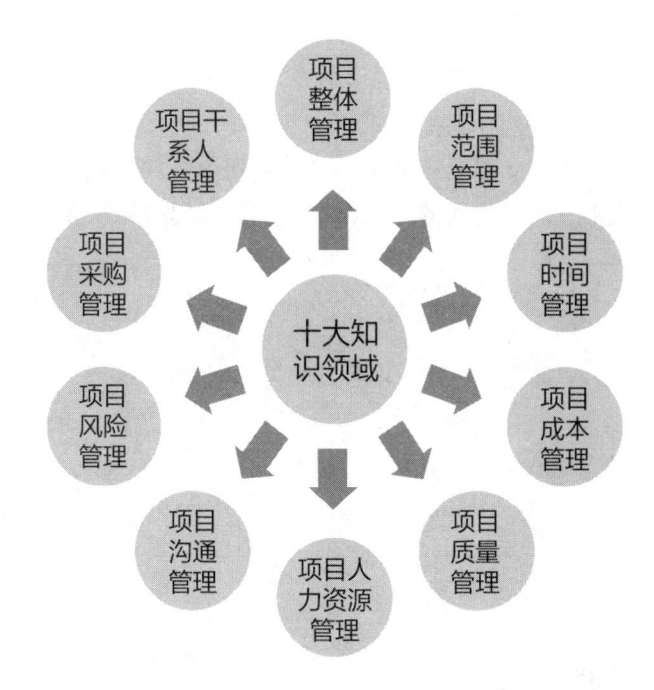

图2-2　项目管理十大知识领域

1. 项目整体管理

指为确保项目各项工作有机地协调和配合所展开的综合性和全局性的项目管理工作和过程。包括项目集成计划的制订、项目集成计划的实施、项目变动的总体控制等。

简单来说，项目整体管理就如同一根线，将项目中各部分工作串联起来，发挥统一管理的作用。

2. 项目范围管理

指为了实现项目的目标，对项目的工作内容进行控制的管理过程。包括范围的界定、范围的规划、范围的调整等。

简单来说，项目范围管理就是为了实现项目目标，明确应该做哪些工作，不应该做哪些工作。

3. 项目时间管理

指为了确保项目最终按时完成的一系列管理过程。包括具体活动的界定，如：活动排序、时间估计、进度安排及时间控制。

简单来说，项目时间管理就是明确需要花多长时间来完成项目目标，什么时候开始，什么时候结束。

4. 项目成本管理

指为了保证完成项目的实际成本、费用不超过预算成本、费用的管理过程。包括资源的配置，成本、费用的预算以及费用的控制等。

简单来说，项目成本管理就是明确完成一个项目需要花多少钱，每个阶段需要花多少钱，每项活动需要花多少钱，以及该怎么去花好这些钱。

5. 项目质量管理

指为了确保项目达到客户所规定的质量要求实施的一系列管理过程。包括质量规划、质量控制和质量保证等。

6. 项目人力资源管理

指为了保证所有项目人员的能力和积极性都得到最有效的发挥和利用所采取的一系列管理措施。包括组织的规划、团队的建设、人员的选聘等。

简单来说，项目人力资源管理就是通过管理团队、激励人员、分配工作等各种手段来充分发挥人力资源的能量去执行项目工作。

7. 项目沟通管理

指为了确保项目的信息的合理收集和传输所采取的一系列措施。包括沟通规划、信息传输和进度报告等。

沟通管理不仅指项目中的人际沟通，更强调如何保障项目信息在项目过程中的通畅流转。

8. 项目风险管理

涉及项目可能遇到的各种不确定因素。包括风险识别、风险评估、制订对策和风险控制等。

项目风险管理就是应对项目中的意外事件，通过对不确定性因素的管理和控制减少意外的发生。

9. 项目采购管理

指为了从项目实施组织之外获得所需资源或服务所采取的一系列管理措施。包括采购计划、采购与征购、资源的选择，以及合同的管理等。

10. 项目干系人管理

又称项目利益相关者管理，指对项目干系人及其需要和期望进行识别和分析，并通过沟通管理来满足其需要、解决其问题的过程。

干系人管理对项目的成功有很重要的影响。干系人管理可以帮助我们找出是哪些人会对项目产生影响或受到项目的影响，并对其采取管理措施，以使其发挥对项目的积极影响并满足其对项目的需求和期望。

第四节 项目管理的过程

一、五大过程组

项目管理过程，可以简单理解为一种管理的范式，即"启动、规划、执行、监控和收尾"。无论是对整个项目的管理，或是对项目中某个阶段的管理，还是对项目中某个活动的管理，都按照这种范式来操作。

启动、规划、执行、监控和收尾是项目管理的五个过程，每个过程中都包含两个以上的小过程，是一组小过程的集合。比如，启动过程组中有编制项目章程和识别干系人两个小的过程，收尾过程组中有管理收尾和合同收尾两个小过程。因此，又把启动、规划、执行、监控和收尾这五个过程称为五大过程组。

1. 启动过程组

启动过程组指获得授权、定义项目或项目的阶段、正式开始项目或阶段的一组过程。

主要工作内容包括选择项目经理、识别项目利益相关者、记录明确的项目目标和约束条件、编制项目章程、初步明确项目范围等。

这一阶段的基本目的是确定项目立项、明确项目目标，让项目"做正确的事"。

2. 规划过程组

规划过程组指明确项目范围、优化目标、为实现目标而制订行动方案的一组过程。

主要工作内容包括创建范围说明书，编制WBS，制订进度计划，创建网络图，确定关键路径，估算成本，识别，分析和管理风险等。

这一阶段的基本目的是，为实现项目目标制定"正确地做事"的路线图。

3. 执行过程组

执行过程组指完成项目管理计划中确定的工作以实现项目目标的一组过程。

主要工作内容包括执行计划、跟踪项目进展等。

这一阶段的基本目的是依照计划的要求"正确地做事"。

4. 监控过程组

监控过程组指跟踪、审查和调整项目进展与绩效，识别必要的计划变更并启动相应变更的一组过程。

主要工作内容包括发现与应对偏差、核实范围、控制和管理变化等。

这一阶段的基本目的是通过施加干预措施确保始终在计划的轨道上"正确地去做事"。

5. 收尾过程组

收尾过程组指为完成所有活动以正式结束项目或阶段实施的一组过程。

主要工作内容包括收尾项目合同、移交项目成果、建立项目文档、总结项目经验、解散项目团队等。

这一阶段的基本目的是圆满收尾项目，以终为始，持续改进。

图2-3展示了项目管理五大过程组在项目管理流程中的相互关系。

在我们对项目进行管理时，首先通过启动过程来启动项目，然后通过规划过程进行项目规划，之后通过执行过程实施规划。在执行的过程中，同时通过监控过程对执行进行监控。如果出现偏差，采取控制手段执行回到规划的轨道上。如果偏差已无法通过控制来纠正，则说明规划已经不合适目前的状况，需要重新制订规划，并以新的规划为基准来实施项目。最后收尾整个项目。

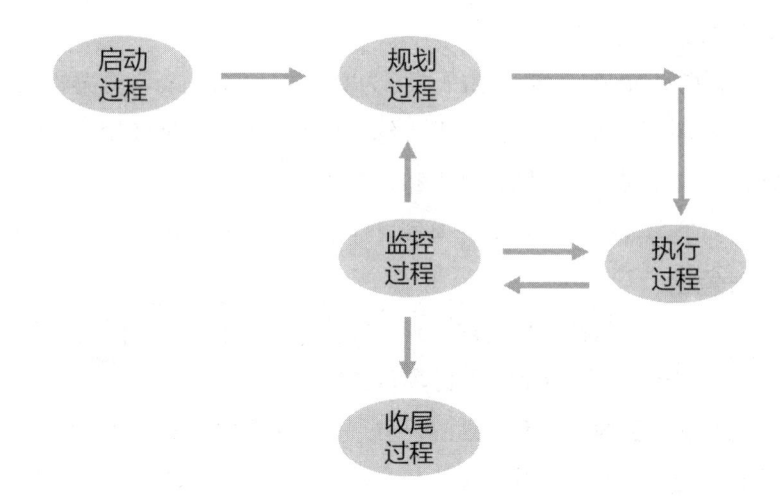

图2-3 项目管理五大过程组在项目管理过程中的相互关系

二、项目管理与PDCA

从项目管理的五大过程可以清晰地看出，项目管理遵循的是质量管理中的PDCA原理。PDCA循环模型是美国质量管理专家休哈特博士于20世纪20年代首先提出的，后由戴明采纳、宣传，获得普及推广，因此又被称为戴明环。

PDCA循环将质量管理分为四个阶段，即计划（Plan）、执行（Do）、检查（Check）和调整（Act），并通过P→D→C→A的不断循环来持续改进质量。

项目管理过程如何对应PDCA循环呢？

在计划阶段（Plan），行动前先做好计划，对应项目管理的规划编制过程；在执行阶段（Do），按照计划去实施，对应项目管理的执行过程；在检查阶段（Check），对执行情况进行跟踪与检查，对应项目管理的监控过程；在调整阶段（Act），根据结果采取改进措施，总结经验教训，推动持续改进，对应项目管理的收尾过程。（如图2-4所示）

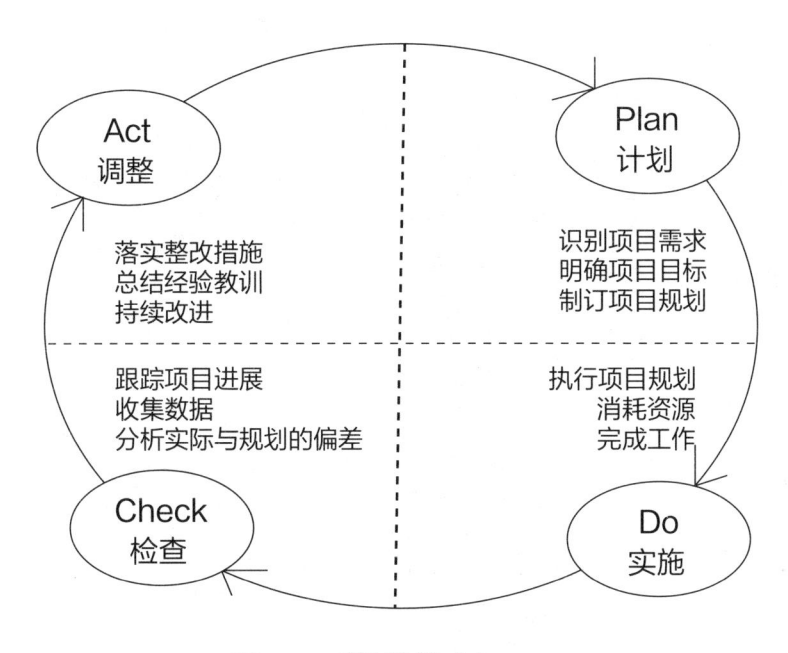

图2-4 项目管理对应PDCA

事实上，PDCA蕴含的持续改进理念强调的是对过程的管理，而不是空洞地关注结果的实现，因为这一理念相信，最好的过程一定能够导出最佳的结果。

由此可见，贯穿于项目管理技术之下的一个项目管理核心理念就是高度重视过程管理。

三、五大过程组与十大知识领域

我们谈了十大知识领域，也谈了五大过程组，那么，五大过程组与十大知识领域是如何相互结合来实现对项目的管理呢？

五大过程组可以理解为项目管理的范式，十大知识领域是项目管理的内容。表2-1为直观地呈现了五大过程组与十大知识领域的相互关系。

表2-1　五大过程组与十大知识领域的相互关系

知识领域	项目管理过程组				
	启动过程组	规划过程组	执行过程组	监控过程组	收尾过程组
项目整体管理	编制项目章程	执行项目管理规划	指导与管理项目工作	监控项目工作 实施整体变更控制	结束项目或阶段
项目范围管理		规划范围管理 搜集需求 定义范围 创建WBS		确认范围 控制范围	
项目时间管理		规划进度管理 定义活动 排列活动顺序 估算活动持续时间 制订进度计划		控制进度	
项目成本管理		规划成本管理 估算成本 制订预算		控制成本	
项目质量管理		规划质量管理	实施质量保证	控制质量	
项目人力资源管理		规划人力资源管理	组建团队 建设团队 管理团队		
项目沟通管理		规划沟通管理	管理沟通	控制沟通	
项目风险管理		规划风险管理 识别风险 实施定性风险分析 实施定量风险分析 规划风险应对		控制风险	
项目采购管理		规划采购管理	实施采购	控制采购	结束采购
项目干系人管理	识别干系人	规划干系人管理	管理干系人参与	控制干系人参与	

<观点分享>
贯穿于项目管理技术的一个项目管理核心理念就是高度重视过程管理。

第五节　项目管理怎么管

在我们管理项目的时候，应该秉承哪些基本项目化思维呢？

以下为我从项目管理技术中提炼出来的具有指导性意义的项目管理思维理念。

1. 做事前先弄清楚要做什么

很多人在接受任务后，还没有搞清楚到底需要做什么就动手去做。试想，如果连做事的方向都错了，又怎么期待结果呢？所以，先搞清楚做什么比具体怎么做更为重要。目标不清晰，做事的效率越高，反而离目标越远。

2. 行动前先想好怎么做

怎么做就是做事情的计划。没有一个计划指引行动，行动会陷入无序的状态。只低着头拉车，不抬头看路，走了一半，发现走错路了，再回过头重新调整，白白浪费了时间、精力、资源。所以，要做好一项工作，先有怎么做一个蓝图，才能做到心中有数。这就是"预则立，不预则废"！

3. 将大事分解为小事做

一个项目太大太复杂，不容易做，就把它分解为较小较容易管理的任务去处理，化大为小，化难为易。这就是将一个大"苹果"切成小块来吃。

4. 事有人做，责有人负

项目中人责分明。每项工作和活动不但有具体人员执行，而且有明确人员负责。尤其在多人配合完成某项工作或活动的情况下，必须明确指定一个负责人对该工作或活动的结果负责。如果工作责任不清晰，几个人都参与却没有明确的负责人，那么，人人负责就意味着没有人负责。

5. 渐进明晰，逐步推进

刚展开某个项目时，受信息、资源等方面的限制，项目执行人对项目的了解比较局限，不是非常清晰。随着项目的不断推进，随着人、财、物、信息的不断涌入，项目执行人对项目的认识才能越来越明晰。

因此，在实施项目时要按部就班，一步一个脚印来做，不要指望一蹴而就。

6. 过程管理不可缺

项目管理就是基于合理的规划，通过有效的过程管理来实现项目目标的。没有过程管理，没有对执行的跟踪与监控，规划即使再科学严谨完善，也无法期待结果的自动达成。因为规划永远没有变化快，有规划就一定有变化。过程管理很重要的一点就是保证对变化的掌控和管理，从而保证项目的执行在规划的轨道上顺利推进，直至完成。

7. 有验收，有总结

工作完成后要有验收，有总结。验收就是通过检查结果来保证任务的完成符合既定的标准；总结能够帮助我们积累经验教训，并在未来的工作中持续改进。

<观点分享>

（1）做事前先搞清楚做什么——做什么比怎么做更重要。

（2）行动前先想好怎么做——预则立，不预则废。

（3）将大事分解为小事去做——化大为小，化难为易。

（4）事有人做，责有人负——人责分明。

（5）渐进明细，逐步推进——不要指望一蹴而就。

（6）过程管理不可缺——掌控过程，管理变化。

（7）有验收，有总结——检查结果，改进未来。

第二编

培训项目的启动

第三章　培训项目的干系人管理

第一节　项目干系人的真容

一、项目成功不能仅靠自己

培训项目（工作）的绩效受到多方面因素的影响。这些因素大致可以分为主观因素和客观因素两类。主观因素主要与培训管理者的工作能力、工作经验、专业知识水平及工作态度等紧密相关。客观因素主要指外部的影响，包括他人支持与协作、组织的流程与制度、约束条件、资源限制等。

对影响培训项目（工作）绩效的主观因素，培训管理者可以通过实践经验的积累和自身修炼改进；对客观因素，包括约束条件、资源限制，以及组织的流程和制度等问题，是培训管理者力无法在其职权范围内解决的。

但获得"他人支持与协作"却是培训管理者能够通过主观的努力做到的。此外，获得"他人支持与协作"也有助于缓解客观条件对培训项目（工作）的制约，为工作开展创造更为有利的环境。

这里的"他人"并非指所有人，而是指对培训项目（工作）绩效产生影响的个人和组织，也就是培训的利益相关者。

一个培训项目（工作）要获得成功，仅依靠培训管理者自身的努力是不够的。因为培训的利益相关者由于培训项目（工作）的影响，反过来也会基于自己的需求和期望对项目施加自己的影响。

培训利益相关者是培训项目（工作）成功的一个至关重要的因素，但对它们的管理却一直没有引起培训管理者的足够重视，它们未被纳入培训管理的必要工作中去。

二、认识干系人

1. 什么是干系人（Stakeholders）

我们知道，任何一项工作或任务的成功，在绝大多数情况下，都不是依靠一个人的努力达成的，而是需要来自不同方向的人员的通力协作。所有这些人，都对工作或任务的最终结果有所贡献。他们在发挥自己对工作或任务影响的同时，也会受到工作或任务的影响。这些与项目有关系的人，通常被称为项目的利益相关者。

在项目管理中，利益相关者是非常重要的管理对象，还拥有一个专有术语——干系人。将干系人从项目中识别出来并施加管理以保证项目实现的一系列措施，被称为项目干系人管理。

对干系人的定义描述不尽相同，这里采用一种较为常用的定义方式：干系人指影响项目的决策、活动或结果的个人、小组或组织，此外，干系人也会受到或自认会受到项目决策、活动或结果的影响。

干系人可能是直接参与项目的人员，包括项目经理、项目团队成员等，也可能是受到项目影响的人，这种影响对其而言可能是积极的，也可能是消极的。

定义的前一部分表示干系人会对项目施加影响，后一部分表示干系人也会受到项目的影响。

每一个项目都是独特的，但是这并不妨碍不同的项目都会拥有几类相同的干系人人群。

2. 项目经理（Project Manager）

每个项目都需要一个项目经理或是承担项目经理角色的人。

项目经理指由执行组织委派，领导团队实现项目目标的个人。

第一，项目经理接受组织的授权去实现项目目标，因此，项目经理要对项目的成败承担直接责任。第二，项目经理不应该依靠个人能力，而应该激发团队成员的能力，带领团队成员一起实现项目目标。第三，项目经理是某个具体的人。

项目经理是团队的领导，也是沟通者、决策者和气氛创造者，负责编制项目计划、监控项目计划的执行、组织与管理项目团队、进行各方面的沟通、对项目成员进行绩效考核、对项目工作进行总结，以及为保证项目成功所做的其他工作。

那么，为什么每个项目都需要一个项目经理这样的角色呢？

记得小的时候，看到电视里转播的音乐会，总会有一个拿着小棍的人在那里指挥。当时很不理解，为什么需要这么一个除了挥舞小棍什么都不做的人？为什么乐队的人都听他的？为什么这个人总能获得观众的尊敬和掌声？

其实，乐队里的每个人都是某一乐器的演奏专家，但如果没有人来对他们进行统一指挥和调度，你弹你的，我拉我的，他吹他的，那么这群专家演奏出来的就很可能是杂乱无章的噪声，无法形成美妙动听的乐曲。项目经理的作用就类似于乐队的指挥。他不一定是演奏专家，但他比任何人都更清楚演奏要达到的标准是什么，什么时候哪个乐器来演奏、演奏多长时间，如何让整个乐队的演奏配合协调，如何调动和发挥每个团队成员的激情和能力，等等。

3. 项目发起人（Sponsor）

没有一个项目是凭空产生的，都是由某个人或组织发起的。发起项目的人或组织就是项目发起人。

项目发起人指为项目提供资源和支持，并负责为项目的成功创造条件的个人或团队。

项目发起人一般在组织中具有较高的职位和较大的影响力，只有如此，它才有能力推动项目的立项，并在组织中为项目争取到资源。项目发起人并不一定是直接给项目提供资金者，它提供的财务资源也不一定必须表现为现金形式。同时，项目发起人还会推动项目进展，为项目赢得支持。项目发起人可能是某个人，也可能是某个组织、机构、部门，等等。

项目发起人会将发起的项目视为自己的"孩子"，项目的成败也直接关系到项目发起人的荣誉和利益。因此，项目发起人总是项目的坚定支持者和游说者，为项目提供支持，包括游说更高层的管理人员，宣传项目。项目发起人也会帮助项目经理解决困难。

项目发起人还可能参与项目事项包括范围变更审批、阶段末审批、项目继续/不继续的决定等。

4. 项目团队（Project Team）

项目团队指支持项目经理执行项目工作以实现项目目标的一组人。

项目团队是项目的执行者和协助者，负责执行项目经理分配的项目任务。值得一提的是，项目经理同时也是项目团队的成员。

当项目团队人数较少时，项目经理一人就足以对团队进行有效的管理。比如，培训项目一般规模都比较小，通常一个项目就只有一个培训管理者来负责，或是由担任项目经理的培训经理带一两个下属来完成。

当项目团队人数较多时，项目经理一个人管不过来，或是为了便于管理，就可以由核心骨干的项目团队成员和项目经理一起组成项目管理团队对项目进行管理。

5. 客户（Client）**和用户**（Customer）

客户指批准和管理项目产品、服务或成果的个人或组织。

用户指使用项目产品、服务或成果的个人或组织。

客户和用户可能来自项目执行组织的外部，也可能来自内部。在某些情况下，客户和用户指的是同一类人群；在另外一些情况下，客户是指购买项目产品的个人或组织，用户则指直接使用项目产品的个人或组织。

比如，对手机生产企业来说，客户指其一级经销商，用户指使用手机的消费者。但如果你去手机专卖店给自己买一部手机，那么在这种情况下，对手机专卖店来说，你既是客户，也是用户。

除上述几类基本的共性干系人群外，不同的项目会涉及各色各样的干系人，如职能经理、运营经理、供应商、合作伙伴，等等。

以下我们以一个培训项目为例，尝试识别几类主要干系人。

<案例>
谁是培训项目的干系人

<案例人物>
李明——某生产制造企业培训主管
陈平——某生产制造企业研发部总监
王强——某生产制造企业人力资源总监，李明的直接领导

<案例详情>
研发部总监陈平向人力资源部提出，研发部团队的持续扩大对管理能力的挑战日益增强。一些技术骨干人员被提升为管理者后，存在着普遍的管理问

题：角色转换和自我定位不清；用技术思维解决管理问题；缺乏对管理工作的正确认知；缺乏管理团队的基本技能；沟通能力不足；管理方式生硬，造成团队成员间冲突；将个人能力凌驾于团队贡献之上，等等。

基于这一现状，研发部总监陈平认为，可以先为研发部的新晋管理者和技术骨干组织一次以"从技术到管理"为主题的培训，使新晋管理者建立对管理的基本认识，掌握基本的管理技能，推动其实现从技术孤帆到管理者的转变。

人力资源总监王强将这项工作委托给培训主管李明落实。李明也就成了"从技术到管理"培训项目的项目经理。由于是单次课程培训，项目规模不大，所以实际上只有李明一个人来负责这个项目。

对照干系人概念，我们尝试帮助李明识别"从技术到管理"这个培训项目的几类主要干系人。

发起人：研发部总监陈平。这个培训需求是由他直接提出的。

项目经理：培训经理李明。他被人力资源总监王强授权负责这个项目，并对项目的结果承担直接责任。

项目团队成员：由于这个培训项目规模不大，因此项目团队仅有李明一人。

客户：研发部总监陈平。陈平不仅发起了这个培训项目，同时也作为客户接收项目的可交付成果。

用户：研发部的新晋管理者和技术骨干。他们是"从技术到管理"培训项目的最终服务对象，是这个项目成果的最终使用者。

人力资源总监王强作为项目经理李明的直接上级，对李明授权和提供支持。

除这几类干系人，与这个项目有关的其他干系人可能还包括授课的培训师、提供服务的培训机构、企业负责人或分管研发的副总、财务部门、其他相关供应商等。

第二节 找出影响培训项目的人

一、不识干系人，成功似"浮云"

为什么要对培训项目（工作）的干系人进行管理，不管行不行？

事实上，培训管理者不懂干系人管理或无视干系人管理，是导致培训工作失败的重要原因之一。但是，很多培训管理者并没有意识到这一点。

> <观点分享>
> 事实上，培训管理者不懂得干系人管理或无视干系人管理，是导致培训工作失败的重要原因之一。

具体来说，干系人管理能够给我们的工作带来如下的帮助。

1. 赢得更多组织资源

每个组织提供给培训工作的资源都是有限的，甚至是不足的。在这种情况下，我们就需要为自己的工作赢得更多的资源。

通过干系人管理，可以使与培训工作相关的各方面人群更好、更全面地了解培训工作。基于这种了解，各方面人群才有可能更加理解培训管理者所做的工作、所付出的努力、所面临的困难、所需的支持与帮助。如果各方面人群都了解培训部内部发生了什么、正在发生着什么和将会发生什么，怎么可能不理解培训部工作。如果各方面人群不了解培训部的所作所为，怎么可能认同培训部的工作，又怎么可能支持和配合培训部的工作呢？因此，只有基于理解和认同，各方面人群才会有意愿运用自己的资源去支持培训工作。这样，培训管理者就为自己的工作赢得了更多的组织资源。

2. 确保准确理解干系人的需求和期望

干系人管理能够帮助培训管理者识别对培训工作产生影响的各利益相关群体，通过有序的管理手段，保持与它们的沟通和交流，从而准确把握它们对培训工作的需求与期望。基于此，培训管理者就可以在工作的完成过程中，尽量满足各利益相关群体的需求和期望，从而获得各方对培训工作的满意和认可。

如果忽视了对干系人需求和期望的准确理解，就算培训管理者成功地完成了工作任务，也会在过程中伤害某些人群的利益，让对方不满，那么，就只是"打赢了一场战斗，而输了一场战役"。对你不满的人就有可能成为你未来道路上的障碍。

3. 预测并应对干系人的影响

干系人管理能够帮助培训管理者保持着与干系人的持续联系，及时掌握干系人的态度、意见和建议，从而提前预测干系人可能对培训工作施加的影响。基于这种判断，培训管理者可以提前对可能出现的问题与干系人进行沟通协调，并规划应对措施。可以扩大和推动干系人对培训工作的积极影响，让支持者继续支持并加强支持力度；也可以控制和避免干系人对培训工作的消极影响，让抵制者降低对抗力度或停止对抗，甚至转变为支持者。

简而言之，培训项目干系人管理的本质就是基于对干系人需求和期望的了解尽可能满足其需求，使之减少对培训项目的干扰，发挥其对培训项目的积极影响，从而使培训项目得以顺利实施并完成。

> <观点分享>
> 培训项目干系人管理的本质就是基于对干系人需求的期望的了解尽可能满足其需求，使之减少对培训项目的干扰，发挥其对培训项目的积极影响，从而使培训项目得以顺利实施并完成。

二、如何找出影响培训项目的人

"找出影响培训项目的人"就是培训项目（工作）干系人识别的过程，以此来发现哪些人在影响培训工作或受到培训工作的影响。

通过干系人定义的可知，干系人一方面受到项目的影响，另一方面也会对项目施加影响。有三个维度可以帮助培训管理者更全面地识别培训项目的干系人。

第一，干系人是受项目活动或结果影响的人。凡是受到培训项目过程或结果影响的人，都是项目的干系人。

第二，干系人是影响、支持或抵制项目结果的人。凡是影响、支持和反对培训项目的人，都是项目的干系人。

第三，干系人是对项目的成果有个人、财务或职业利益要求的人。凡是能够通过培训项目获得各种利益的人，也都是项目的干系人。

按照这三个维度识别出来的干系人可能会有重叠，但这并不影响对于干系人的判别，我们目的是尽可能全面地找出所有干系人。

在识别某个培训项目的干系人时，建议不要只由一个人来完成这个任务。如果有项目团队，应该将团队成员召集起来，发挥集体智慧，通过头脑风暴的形式来共同识别所有干系人。如果没有团队，那么可以向领导或其他有经验的人员请教，避免遗漏。

同时，对已识别出来的每个（类）干系人进行初步分析和判断，包括每个（类）干系人在项目中的角色、对项目的需求和期望、对项目可能产生的影响、对项目的态度等因素。形成对培训项目干系人的整体认识，有利于培训管理者有的放矢地管理不同的干系人。

一般来说，虽然不同培训项目的干系人不尽相同，但主要干系人通常包括组织高层管理者、培训项目发起人、部门主管/中层管理者、培训学员、人力资源总监/培训总监、外部供应商、培训师等（如图3-1所示）。

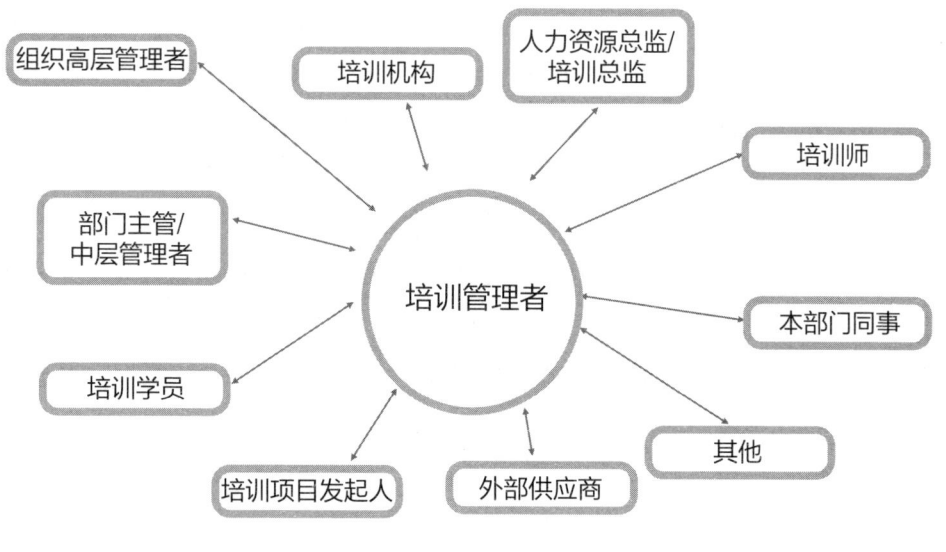

图3-1 培训项目主要干系人

1. 组织高层管理者

组织高层管理者通常是培训项目的批准者,在很多情况下,也可能是培训项目的发起人。没有组织高层管理者的支持,就无法开展培训。

组织高层管理者对培训的基本需求和期望是:通过培训,使员工具备帮助组织实现战略目标的能力。

从这一基本需求和期望出发,在进行培训规划前,培训管理者首先要做的就是清晰地了解并理解组织战略,包括长期、中期及短期战略,并力图使培训项目能够反映组织的战略需求。

组织高层管理者对培训提出的期望与要求就是培训工作的大方向。培训管理者必须要在这个大方向、大框架下开展培训活动。否则,无论培训管理者的工作努力程度和成果如何,都不会被组织高层管理者认可。

培训管理者不但要按照组织的既定政策开展培训项目(工作),而且应该积极主动地向组织高层管理者汇报重要事项的进展。在可能的情况下,还应尽可能邀请组织高层管理者参与培训项目(工作)的某些环节,从而获得其更多的理解和支持。

在很多组织中,组织高层管理者似乎对培训工作漠不关心,对培训的支持看起来也总是说得多做得少。其实,至少还存在对这一状况的另一种解释:组织高层管理者对培训工作的忽视往往并非出自其本心,而是因为其缺乏对培训工作的了解,不了解相关情况,也就无法及时施加积极的影响。因此,如果培训管理者希望获得来自组织高层管理者的支持和理解,就必须先使其掌握培训工作的状况,使其获得做出决策的足够的信息。

同时,组织高层管理者的关注能够在相当大的程度上影响组织各级人员对培训的态度,这直接关系培训工作在组织中的推动。

另外,培训管理者与组织高层管理者的互动过程,也是对组织高层管理者施加影响的过程,互动越顺畅,对其的影响力也就越大。

<观点分享>
组织高层管理者对培训的基本需求和期望是:通过培训,使员工具备帮助组织实现战略目标的能力。

2. 培训项目发起人

培训项目发起人就是在组织内部提出培训项目的需求，并推动项目成功获得立项的主体。

培训项目的发起人可以是组织高层管理者，也可以是分管某一业务的高级管理者，还可以是担任部门主管的中层管理者或其他人员。无论是谁，作为培训项目的发起人，一个共同特点是，必须在组织内部具有较强的影响力。只有这样，培训项目发起人才有可能基于有限的组织资源及培训预算，为自己所发起的项目赢得成功立项的机会。

同时，作为培训项目的发起人，项目的成败对其影响重大。因此，在项目立项并开始实施后，培训项发起人会自觉自愿地关注项目的进展，并在必要时对项目提供所需支持，为项目保驾护航。

为了保证项目的顺利执行，培训管理者应该维护和管理好与项目发起人的关系，有效发挥并借助其在组织中的影响力。与项目发起人保持紧密的联系，主动及时地向项目发起人汇报项目进展及面临的问题，是保证项目发起人为项目发挥其影响力的重要方式。

3. 部门主管/中层管理者

作为受训员工的直接上级，部门主管/中层管理者与培训项目有较高的利益相关度。部门主管/中层管理者对培训的基本需求和期望是：通过培训，使员工获得与其工作岗位要求相匹配的基本能力，以帮助部门实现绩效目标。

如果说，组织高层管理者的期望和要求为培训工作指明了大方向，告诉培训管理者往哪里走，那么，中层管理者的期望和要求就是选择道路，告诉培训管理者走哪条路更容易达到目标。

例如，企业战略规划要求产品销售市场份额在五年内提升一倍。为了实现这一目标，组织高层管理者认为应该通过加强销售培训来提升产品的销售额，但具体选择哪类培训才更为有效，比如，是大客户销售培训，还是渠道销售培训；是销售技能培训，还是销售团队管理培训；是电话销售培训，门店销售培训，还是互联网销售培训，是由销售部门经理根据实际业务情况来建议的。

部门主管、中层管理者这一类干系人在培训中发挥承上启下的连接作用，对培训工作的顺利实施与开展影响巨大。同时，这一类干系人也有可能成为某些培训项目的直接发起人。因此，培训管理者在培训项目的各个阶段，都应该非常重视与部门主管/中层管理者的沟通和交流，争取其大力的支持与配合。

> <观点分享>
> 部门主管/中层管理者对培训的期望是：通过培训，使员工获得与其工作岗位要求相匹配的基本能力，以帮助部门实现绩效。

4. 培训学员

培训学员是培训的直接对象，是培训项目的用户，与培训项目具有最为直接的利益关系。培训管理者需要在项目初期调查了解学员的需求；在项目前期向其通报培训安排和提出相关要求；在项目实施期间管理其学习行为；在项目结束后了解其对项目的反馈意见，跟进和监控其培训效果的转化情况。

培训学员对培训的基本需求和期望是：通过培训，解决自身工作中面临的实际问题，获得自我能力的提升，给个人职业发展带来更多的动力。

组织高层管理者为培训定方向，组织中层为培训选主题，培训学员提供的需求信息则是强调某个主题下的内容设置。

例如，组织高层管理者决定，今年应该对一线人员加强销售的培训，那么在制订培训计划时就不能偏离这个大方向。销售涉及很多领域，是店面销售，是渠道销售，还是其他哪个具体的主题呢？业务部门就会根据情况，选择销售培训的主题，比如大客户销售。确定了这一主题后，来自学员的意见和需求会更具体地反映出在大客户销售工作中存在哪些问题和不足，培训设计应该涉及哪些内容，其中又应该关注哪些内容或弱化哪些内容，等等。

值得一提的是，在众多培训管理者的工作实践中，为了保证培训的效果，通常把工作重点放在培训师的身上。事实上，这一做法很难保证培训的效果。首先，培训学员是培训中"教"与"学"这对矛盾的主要方面。只有解决了"学"的问题，激发培训学员的学习愿望与热情,才能使"教"取得成果。其次,合格的培训师有能力有效地将知识和技术传递给培训学员,但这也只是体现出培训的效率,而非培训的效果。培训的效果不是讲师讲了多少,讲得多好,学员多么开心,而是学员听进去了多少,听懂了多少,会用多少,并且能用出来多少。因此,培训管理者应该把更多的工作精力放在培训学员的身上。

> <观点分享>
> 培训学员对培训的基本需求和期望是:通过培训,解决自身工作中面临的实际问题,获得自我能力的提升和个人职业发展的更多动力。

5. 培训师

培训师是培训内容的教授者与传递者,他们对客户培训需求的把握,其专业能力、工作经验、职业素养,以及课程的呈现能力都对培训效果产生巨大的影响。培训师能做到的是将符合需求的培训内容通过适合的方式有效传递给培训学员。培训师希望获得客户及学员的认可与尊重,也希望与作为培训供应商的培训机构保持良好的合作关系。

培训师对培训的基本需求和期望是:通过培训,使培训学员产生积极的改变。

活跃在培训界的职业培训师很多,且良莠不齐。他们多与外部培训机构保持契约或其他合作关系。培训管理者只有和外部培训机构建立合作伙伴型关系,培训机构才有可能推荐最适合的、高性价比的、能保证培训效果的培训师。所以,要处理好与培训师的关系,必要处理好与培训机构的关系。

> <观点分享>
> 培训师对培训的基本需求和期望是:通过培训,使受训者产生积极的改变。

6. 培训管理者

培训管理者本身也是重要的培训项目干系人,特别是其被授权作为培训项目经理实施培训项目时。

培训项目的成败对培训管理者的影响巨大。培训工作的有效性是培训管理者专业能力的体现，也是其在组织中声望的基本保证。

培训管理者对培训的基本需求和期望是：通过培训，使培训工作获得组织的认可，赢得广泛的信任与支持，从而发挥更大的影响力。

由于培训管理者在组织内部职小责大，因此必须更多采地用沟通和影响的方式开展工作，必须借助各方的力量和资源完成项目。

> <观点分享>
> 培训管理者对培训的基本需求和期望是：通过培训，使培训工作获得组织的认可，赢得广泛的信任与支持，从而发挥更大的影响力。

7. 人力资源总监/培训总监

人力资源总监/培训总监作为培训管理者的直接上级，对培训工作的规划提出指导，甚至直接参与该项工作。由于身处更高的职级，其对组织高层管理者的需求和期望有更深入的理解，也具备对组织高层管理者更强的影响力。同时，人力资源总监/培训总监与平级或更低职级的部门主管/中层管理者的沟通也更为顺畅。

由于培训管理者的工作结果直接影响本部门的绩效，因此人力资源总监/培训总监时刻准备着为其提供支持与帮助，因而善于借助直接上级的影响力开展工作是培训管理者的必要策略。

同时，为了获得来自直接上级更多的理解和支持，培训管理者有责任也必须及时向直接上级汇报工作进展。

8. 外部供应商

培训项目经常涉及的外部供应商包括培训机构、培训场地供应商、图文印刷公司等。一般情况下，培训机构作为培训课程提供方，是对培训项目影响最大的外部供应商。培训管理者采取何种态度处理与供应商的关系，便会得到何种结果。

外部供应商对培训的基本需求和期望是：通过培训，获得客户的满意和认可，从而赢得长期合作的业务机会。

以平等合作的伙伴心态来处理与外部供应商的关系，关注点就会聚焦于双方的努力都是为了实现培训目标，这就能够使从不同利益点出发的双方站在同一条战线上。此外，平等合作的伙伴心态展现出的良好个人修养与专业素质，也易于赢得对方的坦诚对待，使其自愿成为团队的"第六人"，为我所用。

以甲方乙方的对立心态处理与外部供应商的关系，培训管理者得到的可能永远都是"我买你卖""我是老大"。这会导致双方的关注点从共同实现培训目标转变为双方利益的博弈，双方也就从同一条战线的战友变为不同战壕里的对手了。这样，供应商要卖给客户的也不再是基于需求的服务或产品，而是商品；其所关心的也不是客户是否需要，而是怎样才能把商品卖出，以及能卖多少钱和能挣多少钱。

> <观点分享>
> 培训供应商对培训的基本需求和期望是：通过培训，获得客户的满意和认可，从而赢得长期合作的业务机会。

除了以上列举的这几类常见的培训项目的干系人外，根据培训项目的特点，还可能会产生其他对项目产生影响的重要干系人。

例如，对于企业的E-learning培训项目来说，由于需要借助软件及互联网技术的支撑，企业中的IT信息技术部门很可能成为这个项目的重要干系人。如果得不到IT部门的认同和支持，项目推动起来会阻力重重，甚至会导致项目失败。

梳理和识别出培训项目的重要干系人，目的在于通过对干系人的管理提升其对项目的积极影响力，防范或减轻其对项目的消极影响力，以保证项目的顺利实施。当然，培训管理者不可能有时间和精力给予所有干系人同样的关注，因此需要进一步在众多干系人中识别出轻重缓急，并依据相应的干系人管理策略进行管理。

第三节 分析培训项目的干系人

一、如何对干系人进行分类

把培训项目（工作）的干系人识别出来后，会发现其数量很可能是较大的。如果对每一个（类）干系人平均管理，一方面缺乏足够的资源，另一方面也是困难和低效的。因此，为了保证管理的便捷高效，有必要将干系人进行分类，以便区别对待。

可以从权力、作用、利益、参与度这四个维度来对干系人进行分类。

1. 权力

这里的权力可以简单地理解为干系人在组织中的管理职级所赋予其的职权力。一般来说，在组织中的管理职级越高，权力越大。

需要注意的是，权力并不等同于干系人能够向特定项目施加影响的能力。虽然某位干系人在组织中职位高、权力大，但如果项目并不在其职责范围内，则其对该项目发挥的影响力也是有限的。

比如，为技术部组织一次研发项目管理的培训，营销副总裁对这个培训项目提出了一些意见。但事实上，在这个项目上，营销副总裁的意见对项目的影响很可能不及管理职级更低但与项目有紧密关系的技术部经理。

2. 作用

作用指干系人改变项目规划和项目执行的能力。干系人对项目的作用可高可低，高作用意味着干系人有能力使项目按照其想法来做；反之表示使项目按照干系人想法来做的能力就低。

但是，如上例所言，拥有高作用的干系人不一定拥有高权力，低权力的干系人也可能具有高作用。比如，项目中的技术专家也许并不担任管理职务，没有职务级别带来的权力，但其专业意见可对项目的规划或执行产生影响。

3. 利益

利益主要体现为项目成果与干系人的利益关系。

与干系人利益相关度高，干系人对项目的关注度就高；反之就比较低。项目使干系人受益，干系人就愿意支持；反之就会反对。

4. 参与度

参与度指干系人主动参与项目的程度。

值得注意的是，虽然参与度在一定程度上体现干系人对项目施加影响的愿望，但并非所有低参与度的干系人都不愿意参与，也可能是缺乏参与的条件，如受时间、空间的限制等。

二、干系人分析矩阵与管理策略

培训管理者在培训项目（工作）中一定会面对众多的干系人群体，其对于培训项目（工作）的态度和影响，以及对于培训项目（工作）结果的期望和要求都是不一样的。

每一位培训管理者都不可能有足够的时间对众多的干系人进行平均的管理。平均管理既缺乏效率，也没有效果。培训管理者需要通过分析和研究，找出最需要关注的干系人，并将大部分精力聚焦于对重要干系人的管理上。

从不同维度搭建的干系人分析矩阵有助于把握干系人在培训项目（工作）中的状态并施以适合的管理策略。

图3-2所示为干系人权力利益矩阵。

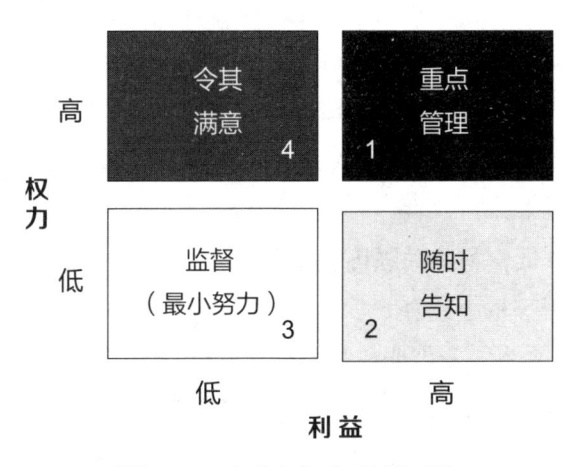

	低 利益	高
权力 高	令其满意 4	重点管理 1
权力 低	监督（最小努力）3	随时告知 2

图3-2　干系人权力利益矩阵

干系人权力利益矩阵依据干系人管理职级所赋予的权力及其在培训项目（工作）中的利益程度将划分4个象限。

1. 象限1：权力高，利益关联度也高

管理策略：重点管理。

处于象限1的干系人，不但其在组织中的权力高，而且培训项目（工作）与其的利益关联程度也高。对这类干系人，当然要进行重点管理。

2. 象限2：权力低，利益关联度高

管理策略：随时告知。

处于象限2的干系人，虽本身与培训项目（工作）的利益关联度高，但由于其管理职级不高，掌握的权力不大，对培训项目（工作）可能产生的影响相对较小，项目团队的成员就属于这样一类干系人。另外，因培训项目（工作）与该类干系人之间存在较强的利益关系，这类干系人会对项目比较关注。缺乏培训项目（工作）信息会让这类干系人感到焦虑和不安，所以培训管理者有必要及时将培训项目（工作）的信息告知这类干系人，让其了解培训项目（工作）的进展。否则，一旦引发这类干系人的不满或抵制，即使其权力不高，也会对培训项目（工作）造成不小的干扰。

比如，公司决定搬迁办公地点。员工对这一决策很难产生决定性的影响。但如果在搬迁项目中不考虑员工关注的切实问题，不理会其合理要求，不及时告知相关信息，就会造成员工对整个项目的猜疑、顾虑和不满，很多员工可能不配合搬迁工作，甚至通过集体辞职来对抗。

3. 象限3：权力低，利益关联度也低

管理策略：监督（最小努力）。

处于象限3的干系人，不但职权力不高，而且与培训项目（工作）的利益关系也比较弱。因此，这类干系人既没有权力也没有兴趣去影响培训项目（工作），培训管理者只需用最小的努力监督即可。

但最小的努力不代表着可以无视其存在，因为随着培训项目（工作）的推进，这类干系人的权力、与培训项目（工作）的利益关系都可能发生变化，因此培训管理者有必要对该类干系人进行监督，并与其保持基本沟通。

4. 象限4：权力高，利益关联度低

管理策略：令其满意。

象限4相对于其他3个象限，情况稍显特殊些，值得引起更多的关注。

处于象限4的干系人，即使目前在培训项目（工作）中的利益关联度不高，培训管理者也应该谨慎应对。由于该类干系人拥有比较大的权力，一旦其认为培训项目（工作）与自己的利益关系增强，就可能对培训项目（工作）施加更大的影响。因此，非常有必要让这类干系人对培训项目（工作）的发展保持满意的状态。

一方面，当这类干系人决定更积极地参与培训项目（工作）时，培训项目（工作）之前带给他们的满意感受能够使其成为培训项目（工作）的支持者。另一方面，即使这类干系人对培训项目（工作）的利益诉求在培训项目（工作）的执行中没有发生改变，使其满意也非常重要，因为这有利于培训管理者维持与这类干系人的关系，并在未来的工作中继续获得其支持。

如果培训管理者忽略了象限4中干系人的利益，不能令其感到满意，即使由于利益涉及不深或因管理职责范围的限制，这类干系人不会或不能对当前的培训项目（工作）施加很大的影响，但还是会形成对未来工作的隐患。此处所言"令其满意"并不代表培训管理者需要满足该干系人的所有需求，而是在这一情况发生时，要采取积极的态度与对方沟通，在了解对方的诉求与关注点的同时找到问题的解决方案。对方理解和认同培训管理者所做的管理决策，就是满意的表现。千万不能因为对方当下与项目的利益相关度不高，就对其要求置之不理。

事实上，无论是培训管理者、项目经理，还是其他管理者，其管理的有效性都必须基于良好的人际关系，特别是与高层管理者的良好人际关系。如果在干系人管理上缺乏整体系统的考量，只关注眼前的利益和"贵人"，那么，培训项目（工作）所取得的"成功"就很可能为未来埋下隐患。

> <观点分享>
> 培训管理者要以整体的视角来考量工作干系人的利益。特别需要谨慎对待"权力高，利益程度低"的干系人，切忌"为了赢得一场战斗，输了整个战役"。

通过干系人分析矩阵，可以看到，对不同类别干系人的管理策略不同。

如果用权利和参与度这两个维度来分析干系人会是什么情况呢？

图3-3所示为干系人权力参与度矩阵。

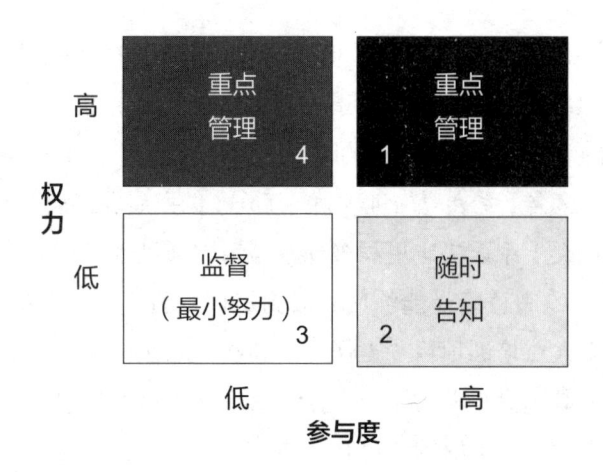

	重点管理 4	重点管理 1
高 权力 低	监督（最小努力） 3	随时告知 2
	低　　参与度　　高	

图3-3　干系人权力参与度矩阵

干系人权力参与度矩阵根据干系人管理职级赋予其的权力及其参与培训项目（工作）的程度将干系人划入四个象限。

象限1：权力高，参与度也高。

象限2：权力低，参与度高。

象限3：权力低，参与度低。

象限4：权力高，参与度低。

干系人权力参与度矩阵与干系人权力利益矩阵在象限1、象限2和象限3的情况基本类似，对象限1中权力高、参与度高的干系人应进行重点管理；对象限2中权力低、参与度高的干系人应随时通告培训项目（工作）进展；对象限3中权力低、参与度低的干系人可以最小的努力进行监督。

唯有象限4不同。对权力高，参与度低的干系人，需要采取与象限1一样的重点管理。其原因在于，象限4中的干系人也许本身非常关注培训项目（工作），但由于时间、空间等各种因素的限制不能高频率地参与培训项目（工作）。

为了提升其参与度，并确保其对培训项目（工作）施加积极的影响，培训管理者有必要对其实施重点管理。一方面，应及时向这类干系人通告培训项目（工作）信息；另一方面，要想方设法为这类干系人参与培训项目（工作）创造条件。比如，通过视频或电话会议的方式让身处远方的这类干系人参加关键的培训项目（工作）会议；向这类干系人及时汇报由于其缺席错过的相关项目信息，等等。

此外，根据管理的需要，还可以将干系人其他维度属性进行矩阵组合，以从多角度认识干系人与项目的关系。

第四节　培训项目干系人管理工具

干系人排序表、干系人参与评估表、干系人登记表、干系人沟通管理表是进行干系人管理的常用工具。

一、为干系人排座次

培训管理者的时间和精力是有限的，也是宝贵的，因此培训管理者必须将有限的时间和精力投入高效的干系人管理中去。只有把更多的时间和精力放在重点干系人的管理上，才能给工作带来更大的管理效能。这就要求培训管理者必须为众多的干系人排排座次，评估对其管理的优先顺序。

如何设置干系人的优先顺序呢？

首先评估干系人在"权力""作用""利益"和"参与度"这四个维度上的情况，以高（H）、中（M）、低（L）标示。

权力：干系人在组织中职权级别的高低。

作用：干系人改变项目规划和项目执行能力的大小。

利益：项目成果与干系人利益关系的大小。

参与度：干系人主动参与项目程度的高低。

然后依据干系人在这四个维度中获得高（H）、中（M）、低（L）的多少排序。举例如下。

第一优先级（1）：最重要的干系人，也是优先级别最高的干系人。在四个维度的评估中，需要三个H，甚至更多。

第二优先级（2）：重要的干系人。四个维度中，需要两个H，甚至更多。

第三优先级（3）：需让其参与项目的干系人。在四个维度的评估中，需要至少一个H。

第四优先级（4）：重要被监督的干系人。在四个维度的评估中，没有H。

事实上，如何定义干系人的优先级，既要根据管理要求考量，也要考虑各维度对特定项目的实际影响。所以，可能出现的情况是，不仅要评估有多少个H，还可以把M的数量也考虑进去。

以表3-1为例，张三的优先级别最高，因为他在"权力""作用""利益"上都是H水平；李四和王五的优先级为2，因为他们都有两个H；陈六的优先级为3，只有一个H；马七的优先级为4，他没有H。

表3-1 干系人排序表

干系人姓名	部门/单位	职务	权力（H/M/L）	作用（H/M/L）	利益（H/M/L）	参与度（H/M/L）	优先级
张三			H	H	H	M	1
李四			M	H	H	M	2
王五			H	M	M	H	2
陈六			M	M	M	H	3
马七			M	L	M	M	4
……							

注：如何定义干系人的优先级别，需要每个组织根据自身实际情况设计。

二、评估干系人的支持度

通过干系人分类维度组合的矩阵可以分析出对不同属性的干系人的管理策略，但这还不够，还需要进一步明确干系人当前对项目的支持程度，以及培训管理者期望的支持程度，以便更具针对性地采取行动。

干系人参与评估表能够反映项目不同干系人的当前支持度和被期望的支持度。该表将干系的支持度分为五类：不知晓、抵制、中立、支持、领导。

表3-2为干系人参与评估表的示意。

表3-2 干系人参与评估表

干系人姓名	不知晓	抵制	中立	支持	领导
张三	C			D	
李四		C	D		
王五			C		D
陈六	C			D	
马七			C		D
……					

不知晓：对项目情况不了解，甚至可能不知道这个项目在发生着什么。

抵制：反对项目，因此很可能会对项目施加消极的影响。

中立：既不支持，也不反对，无所谓。

支持：与项目保持一致，能够为项目的开展提供帮助。

领导：积极支持项目。

C：干系人当前的项目支持状态。

D：干系人被期望的项目支持状态。

应通过干系人管理尽可能将所有干系人对项目转变到"支持"或"领导"的状态，最差的情况也是使项目干系人对项目处于"中立"的状态，这样就为项目的开展创造了积极支持的环境。

三、干系人登记表

编制一份干系人登记表有助于培训管理者对影响自己项目或工作的干系人有一个整体的了解（如表3-3所示）。

1. 干系人的基本信息

包括姓名、职位、部门、单位、座机、手机和电子邮箱等。干系人不是来自组织内部，很多情况下都会有外部干系人参与项目，包括客户、供应商等，因此有必要获得"单位"的信息。

2. 分类信息

判断干系人在"权力""利益""参与度""作用"等维度上的程度。

3. 排序

通过排序所获得干系人管理的优先顺序。

4. 项目角色

群体：干系人属于哪个群体，如团队成员、客户、高管、发起人等。

项目阶段：哪个项目阶段与干系人相关。

项目任务：干系人负责或参与的项目任务。

5. 状态

状态代表干系人对项目的支持程度，分为"不知晓""支持""中立""抵制"和"领导"。

干系人支持度的评估结果具有敏感性，因此有必要采取相对保密的方式来呈现。用字母代码呈现干系人的支持度既便于整合信息，也利于保密。

字母代码：

C：干系人当前的项目支持状态；

D：干系人被期望的项目支持状态；

U：不知晓；

R：抵制；

N：中立；

S：支持；

L：领导。

字母组合：

CR：当前抵制；

DS：期望支持；

CN：当前中立；

DL：期望领导。

一般说来，期望的干系人支持度可能是"支持"或"领导"，也可以是"中立"。

表3-3 干系人登记表

序号	干系人的基本信息							分类信息				排序	项目角色			状态	
	姓名	职务	部门	单位	座机	手机	电子邮箱	权力(H/M/L)	作用(H/M/L)	利益(H/M/L)	参与度(H/M/L)		群体	项目阶段	项目任务	当前	期望

四、干系人沟通管理表

干系人沟通管理表用于保证在项目或工作过程中与相关干系人保持适当与必要的沟通（如表3-4所示）。

表3-4　干系人沟通管理表

序号	主要项目干系人	在项目中的角色	基本需求和期望	在项目中的利益程度（H/M/L）	对项目的影响程度（H/M/L）	沟通建议（信息/方式/频度等）
1						
2						
3						
4						
5						
6						
7						

第一，将识别出来主要干系人填写在"主要项目干系人"一栏中。

第二，界定出识别出的主要干系人在项目中的角色，包括发起人、客户、用户、供应商等，将其填写在"在项目中的角色"一栏中。在"基本需求和期望"栏中描述相关干系人对项目或工作的基本需求和期望，相信信息可以通过调查访谈及主观判断获得。在"在项目中的利益程度"一栏用高（H）、中（M）、低（L）来标注不同干系人在项目或工作中的利益程度。在"对项目的影响程度"一栏用高（H）、中（M）、低（L）来标注不同干系人对项目或工作产生影响的程度。

第三，提出"沟通建议"。提出在项目或工作过程中，需要将什么信息，以什么方式，按照何种频度传递给干系人。也可以提出在项目或工作过程中，需要就哪些问题、决策，以何种方式，按照何种频度向干系人请示，与干系人协商或谈判，等等。

传递给干系人的信息一定是符合其需求与期望的信息，这样干系人才有兴趣去了解。因此，对不同干系人，即使是传递同样的项目信息，表述的角度也可能是不同的。

沟通方式强调按照符合干系人信息接收习惯的方式传递信息。在沟通中，信息发送失败，责任在于信息发出方。按照对方习惯的沟通方式传递信息，信息才容易被对方读取。因此，有必要了解对方习惯的沟通方式，是习惯纸质报告，还是习惯口头汇报、电子邮件，等等。

频度指按照何种频率向干系人传递项目或工作的信息。不同干系人对信息要求的频度是不一样的。比如，对领导可能一个月汇报一次比较合适；对有紧密合作的其他部门，也许需要两周一次；对项目团队内部的成员，可能一两天就需要一次，等等。信息传递过于频繁，接收人会不胜其烦；信息传递频度过低，接收人无法及时获取所需信息。

第四章　如何启动一个培训项目

第一节　启动培训项目的条件

一、培训项目立项需要考虑哪些条件

<案例>

培训项目立项到底需要具备哪些条件

<案例人物>

李明——某生产制造企业培训主管

张海——某生产制造企业销售部总监

王强——某生产制造企业人力资源总监，李明的直接领导

<案例详情>

　　上午，销售部总监张海给李明打了个电话，请他马上去谈个紧急的培训项目。李明匆匆赶到张海的办公室。张海说，最近销售部离职率有所增长，甚至个别销售分部员工离职率达到了40%，给销售部的工作造成了很大影响。为了改善这一状况，张海认为应该立刻开展两个培训项目。一是对各销售分部经理的管理能力进行培训，因为直接上级一般都是造成员工离职最主要的原因。另一方面，对全体销售人员进行企业文化、职场正能量方面的培训，提升销售人员的气势和忠诚度。李明觉得张海说得很有道理，认为销售部是公司最重要的部门之一，必须尽快帮助销售部解决这个问题，体现培训的价值。

　　由于是计划外项目，需要获得上级批准才能立项。李明找到自己的顶头上司人力资源部总监王强，向他汇报了情况。李明原本以为能够轻松获得王强的支持，没想到，王强反问："你确定这个项目具备足够的立项条件吗？"

　　"立项条件？难道张海提出的理由还不充分吗？"李明一脸茫然，"培训项目立项到底要具备哪些条件呢？"

不少失败的培训项目都有一个相同的问题——项目立项过于随意。

由于在项目立项时多是跟着"客户"表述的需求走，跟着感觉走，并没有考虑项目立项是否具备必要的条件，从而发起了错误的培训项目，导致项目在立项时就已经注定了其失败的后果。

上述案例中的李明经历的就是这种情况。他只是在听取了"客户"——销售总监张海对问题的描述和判断，没有认真思考和分析，就匆匆忙忙准备满足"客户"的培训需求。如果不是直接领导力资源总监王强的提问"你确定这个项目具备足够的立项条件吗？"他依然没有意识到培训项目的立项是需要一定条件的。

那么，一个培训项目立项时到底需要满足哪些条件呢？可以通过六个问题来判断培训项目是否符合条件。

第一，是谁发起的培训项目？

项目发起人在组织中的职级越高，影响力越大，所发起的项目就越需要被重视，优先级也越高。当我们面对众多的培训项目需求时，发起人职级的高低可以作为项目优先级排序的一个考量因素。

第二，为什么要发起这个项目？

发起项目是要解决某个问题，提升业务收益，落实战略需求，还是其他什么原因？可以此分析发起人发起项目的初衷。但是在很多情况下，初衷可能只是反映问题的表象，而非问题的本质。在上述案例中，销售总监张海的初衷是希望通过两次培训活动解决人员流失率高的问题。根据张海的判断，人员流失主要是由于销售经理的管理问题及销售人员的职业态度。这也就是张海要求李明组织这两场培训的初衷。

第三，造成现状的原因是什么？

通过这个问题，可以分析和探寻造成表象问题的根源。培训工作只有解决了问题的根源才可能是有效的。在上述案例中，销售部离职率高，为了改善这一状况，销售总监张海认为有必要开展两个培训项目，一个是对销售分部经理管理能力的培训，一个是对销售人员职场态度的培训。张海认为，这两个问题通常都是组织中人员离职的原因。但张海的判断是否正确需要通过进一步调查和分析才能明确。如果李明没有认真探寻销售人员离职的根本原因，而只是按照张海的意见组织培训活动，很可能解决不了离职率提升的问题，还会使自己陷入培训效果不佳的困境中。通过对销售人员离职现象的研究，李明发现造成这一问题的根本原因是：销售人员待遇与行业平均水平相比过低，针对销售人员的绩效考核制度设计不公正、不合理。这与张海想当然的推断是完全不同的！

第四，这个问题通过培训可以解决吗？

提出这个问题的目的很明确——并不是所有问题都是通过培训能够解决的。如果不是培训可以解决的问题，就不具备项目立项的条件。在上述案例中，销售人员的离职率增长是由于其对薪酬水平和绩效考核制度不满。那么这两个问题可以通过培训解决吗？销售人员接受培训后，能对薪酬和考核制度满意吗？如果不能，那么培训有用吗？事实上，这两个问题是培训无法解决的。在这种情况下，如果坚持培训立项，就是在给自己"挖坑"。当培训管理者发现培训并不能从根源上解决问题时，应当拒绝培训立项。当然，在拒绝时，要有理有据地向需求方解释自己的专业判断，并向需求方提出解决问题的建议。比如，李明在拒绝张海的培训立项要求时，向其说明员工离职的根本原因，并建议通过薪酬的调整和考核制度的完善来消除销售人员的不满情绪，从而降低员工的离职率。如此，培训管理者不仅能避免让自己陷入困境，同时还能向"客户"展现自己的专业水平。

第五，这个项目在资源、预算、时间、技术等方面是否可行？

如果"客户"提出的培训需求合理，可以通过培训解决。那么，就还要追问：这个项目在资源、预算、时间、技术等各方面是否可行？如不可行，也说明项目不具备启动的条件。比如，准备开展某个专题的培训项目时，发现很难找到能够交付培训的适合培训师，培训预算一天只有五千元，"客户"却希望安排市场价格一天两万元的培训师授课。在这种情况下，为了实现项目的立项，培训管理者需要与"客户"协商，寻求对方的让步和妥协，找到双方都能够接受的解决方案。否则，这个培训项目还是不能立项。

第六，期望培训获得什么结果？

培训管理者要和"客户"达成一致，明确项目的目标和可交付成果。项目的目标和可交付成果一方面是"客户"认可的，另一方面也应该是培训管理者通过努力可以达成的。如果在项目立项阶段无法就目标和可交付成果与"客户"达成一致，最后大概率的还是培训管理者为不满意结果负责。

二、培训项目立项审批

建议在组织内建立培训项目立项审批流程，以此保证培训项目的立项不是出于"客户"随机的念头和个人喜好，也非基于口头协议，而是有正式流程保障的"官方"项目，并且项目发起人会对其发起的项目承担责任。

只有管理层对项目建议书（申请书）正式审批通过，才意味着培训项目正式立项。

由于培训项目通常规模较小，因此可以根据组织的实际情况和管理要求编制培训项目立项审批标准。如果组织环境尚不能支持采取正式的书面审批流程，培训管理者至少可以通过电子邮件形式获得确认。

培训项目立项审批流程和相关档案保存既体现了培训管理工作的专业性，也可以督促项目发起人认真对待其发起的项目，还有利于保障培训管理者的自身权益。

第二节　让培训项目师出有"名"

让培训项目师出有"名"就是要让培训项目有"名分"。有了"名分"，培训管理者再去做事，别人才能认可，也才愿意去配合工作。

在培训管理实践中，很多培训项目都是在没有"名分"的情况下"裸奔"的。如此，培训管理者在推动这些项目时遭遇推脱、冷眼、不屑也属正常现象，因为"无名无分"，如何被人"正"视？

在项目管理中，一般通过确立项目章程的方式来为项目争取"名分"。

1. 项目章程是有关项目的书面描述

项目章程是对项目性质、项目需求、工作范围、项目目标、交付结果、验收标准、制约因素、假设、前提等内容的书面描述。

2. 项目章程是沟通的书面依据

所有人员在项目章程基础上，基于对项目的一致认识来执行项目。如果在项目执行过程中对一些基本认识产生歧义,项目章程的明文描述可以作为判断依据。

3. 项目章程是任命项目经理的正式文件

项目章程中会明确项目经理的任命,确认由项目经理负责这个项目的实施和完成。

4. 项目章程是项目经理的授权文件

项目章程中会明确在项目执行过程中,为了保证项目完成,项目经理的具体权限。

5. 项目章程应该获得项目发起人的签发

项目章程获得发起人或组织高层管理者的签发,代表组织对该项工作的正式认可。

表4-1为项目章程示意。

表4-1 项目章程

项目名称	
计划开始日期	计划完工日期
项目需求(商业论证)	
项目目标	
可交付成果(项目产品)	
验收标准	
假设与约束条件	
项目经理及授权	
批准人 (签名)	批准日期 年 月 日

在培训管理实践中，并非所有培训项目（工作）的立项都需要正式的项目章程。常规性的培训项目、单次的培训项目等可以没有项目章程，也可以考虑以电子邮件的形式来明确相关事项。

对规模较大且重要程度高的培训项目，建议以正式的书面项目章程形式来明确项目的正式立项。

无论是否有书面形式的项目章程，无论是否用其他的方式来替代项目章程，一定要具备这种启动项目的思维方式。通过这一过程，可以让培训项目（工作）师出有"名"，有"章"可依。

> <观点分享>
> 建立培训项目立项的思维方式，让培训项目（工作）师出有"名"，有"章"可依。

第三节 让培训项目师出有"民"

明确项目章程后，下一步的工作就是要使项目师出有"民"，也就要找到完成这项工作的人，即组建项目团队。

由于培训项目一般规模较小，负责项目执行的人员通常较少，甚至由一两个人来完成，因此这里对培训项目团队的组建不做过多探讨。

在组建培训项目团队时主要考虑的问题有三个。

1. 任命培训项目经理

这一过程可以称为"点将"。

每一个培训项目，无论是一人执行，还是多人协作执行，必须明确一个人对培训项目的结果负责，这个人就是该项目的项目经理。

还需要注意的一点是，任命适合的项目经理比任命项目经理本身更为重要。项目经理会对项目的结果产生巨大的影响，项目经理的人选不能随意。

虽然在培训管理实践中，可能组织中的培训管理者只有几个人，甚至只有一个人，在项目经理的任命上选择可能并不多，但无论如何，具备重视项目经理人选的理念仍是有益的。

2. 在需要的情况下招募项目团队成员

这一过程可以称为"招兵"。

在常规的项目中,项目团队成员主要有两个来源,一是组织内部配备,二是外部招聘。

培训项目团队成员选择的范围比较窄,主要还是培训部门的人力资源。

作为培训项目经理,可以尝试争取项目主要干系人的参与,将项目主要干系人吸纳到一个虚拟的项目团队。项目主要干系人包括培训项目的发起人、"客户"(受训学员的主管)、"用户"(骨干学员代表)、供应商(授课讲师及培训机构对接人员)等。这一做法的有利之处在于以下几点。

(1)及时掌握不同干系人对项目的需求和期望。

(2)增进不同干系人间的互动与交流,加强相互理解。

(3)赢得主要干系人对项目的支持和协作。

(4)整合和调动来自不同干系人的资源。

(5)提升所有干系人对项目的满意度。

3. 获取支持完成项目的资源

这一过程可以称为"买马"。

执行一个项目不仅需要人力资源,还需要物力资源,包括但不限于设备、原料、产品、服务。当然,不同的培训项目对资源的要求也不尽相同。

第四节 让培训项目师出有"鸣"

让培训项目师出有"鸣"指在培训项目开始时就要通过"鸣放"的形式让所有人都知道有这么一个培训项目,而且这个项目已经开始了,与之相关的人员要做好准备支持和配合这个项目。

千万不要出现这样的状况,培训项目已经开展一段时间了,但和项目干系人交流时,发现甚至有人还不知道这个培训项目的存在。

召开培训项目启动会就是在培训项目开始前对项目"广而告之"的最好方式。值得一提的是，培训项目启动会并不是常说的培训课程的开班仪式。培训课程的开班仪式代表培训课程环节的开始，而培训课程环节只是整个培训项目的一个部分。

培训项目启动会的作用不在于带来仪式感，而是其对项目的"广而告之"。

（1）启动会表示项目（工作）的正式启动，可以作为向干系人通告项目（工作）正式开始的一种方式。最好邀请项目（工作）重要干系人出席启动会，由于项目团队在执行项目（工作）过程中一定会涉及这些干系人，因此让其更多地了解项目（工作）情况，有利于其对项目（工作）提供支持和施加积极的影响。

（2）通过启动会向项目团队成员及干系人明确项目（工作）的背景、概况和目标。

（3）通过启动会向项目团队成员及干系人明确项目的组织结构及每个成员应扮演的角色和承担的职责。

（4）通过启动会激励项目团队和主要干系人。

可以邀请相关主管领导出席培训项目启动会，以体现项目（工作）的重要性；向所有人员宣讲项目（工作）的重要意义，表达对项目团队及相关干系人的期望和要求；强调项目（工作）能够给各方带来的成长和发展机会；承诺参与者的收益，等等。培训项目启动会可激发项目团队和干系人的工作热情和荣誉感，为推进项目（工作）创造良好的团队氛围。

培训项目启动会带来的是项目的师出有"鸣"，就是向所有干系人，甚至更广泛的人群通告培训项目（工作）的正式开始。

当然，不要刻板地为所有的培训项目都安排形式化的启动会。相比较而言，启动会更适合规模较大、重要程度较高的培训项目。对常规性的（如新员工培训）或单次的（如单次培训课程）培训项目，不建议召开启动会，可以通过电子邮件、微信群公告、电话/视频会议等方式来向主要干系人通告项目的正式启动及相关项目信息。

<观点分享>

培训项目启动会带来的是项目的师出有"鸣",就是向所有干系人,甚至更广泛的人群通告培训项目(工作)的正式开始。

第三编

培训项目的计划

项目管理遵循"启动、规划、执行、监控和收尾"的管理过程，培训项目正式启动后，下一步的工作就是编制培训项目的计划。

计划是做事的蓝图，为了切实实现工作目标，编制计划是不可或缺的一步。计划涉及的主要内容如下。

（1）工作范围计划：识别出达成目标需要完成的所有活动，并明确如何完成。

（2）项目进度计划：明确需要花多少时间完成项目、什么时间开始、什么时间结束，以及如何对进度进行管理。

（3）人员分工计划：明确在项目中"什么人干什么活"。

（4）资源需求计划：为了实现目标，需要明确在项目过程中使用哪些资源，包括物资、设备、原料等。

（5）成本计划：明确实现目标需要花多少钱，每个阶段需要花多少钱，甚至每个活动需要花多少钱。

（6）质量计划：明确需要把项目做到什么样的标准。

（7）风险应对计划：明确如何应对项目中的意外事件，以保证项目顺利推进。

（8）沟通计划：明确在项目执行过程中如何将信息有效地传递给干系人。

（9）变更管理计划：指对项目中可能发生的变更进行管理的计划。有计划就会有变化，但变化要受到控制。

（10）采购计划：明确为了完成项目中的工作，需要从外部采购哪些产品、服务，以及如何管理这一过程。

（11）文档管理计划：明确如何对项目中形成的文档进行管理。

（12）项目验收和移交计划：明确如何验收项目及移交项目成果等。

以上都是项目管理计划编制环节需要考虑的内容，可以根据实际管理需要，确定哪些是计划的重点，哪些是次要的，哪些甚至是可以忽略的部分。

培训类项目相对于工程类技术类项目而言，复杂性不高、规模不大，因此在考虑培训项目计划编制时，不要求面面俱到。

通常来说，进度安排、成本预算、人力资源和物力资源要求等是大多数培训项目在编制计划时比较关注的内容，以下也主要围绕这几个方面来谈谈培训项目计划的编制问题。

第五章　培训项目的需求管理

第一节　培训需求带来的困惑

一、"神"一样的需求

任何计划都不是闭门造车凭空编造出来的,计划的编制一定要基于需求这个前提。

为了编制出有用有效的培训计划,培训管理者就必须面对一个绕不开的问题——如何把握培训需求。但是,培训需求又是带给培训管理者最多困扰的问题之一。

组织内外部各方干系人对需求的不同期望和理解,造成了需求的"失真"和混乱。最终的结果可以设想,在培训项目结束时没有哪一方"客户"会认为自己的需求被满足了,同时也没有哪一方"供应商"会认为自己应该对结果承担责任。

事实上,对很多培训管理者来说,培训需求问题犹如培训管理工作中的一堵墙。辛辛苦苦探寻培训需求,不是无法得到各方干系人的统一认识,就是被"客户"或领导随意变更,甚至是抛弃。培训需求仿佛是"神"一样的存在,总是让培训管理者备受伤害:好像能看见它,却无法确定那究竟是不是它;想努力去发掘它,却发现每个人都有一个自己心中的它;尽力去抓住它,却无力掌控它;最后终于得到它,却意识到不得不放弃它……

既然如此,还有必要将精力放在培训需求的研究上吗?与之紧密相关的培训需求调查到底有用吗?

二、培训需求调查有用吗

<案例>
需求调查到底有没有用

<案例人物>
李明——某生产制造企业培训主管

周杰——某高科技企业商学院培训业务负责人

孙军——某汽车内饰集团高级培训经理

<案例详情>

快到年底了，李明一直在考虑来年的培训计划，这个事情困扰他很久了。之前做年度培训计划，一般是先进行各部门的需求调研，整理筛选后，上报审批。按说这样做下来的培训计划应该是合理的，但总是有很多问题出现。比如，培训计划是领导批准的，但如果效果不好，领导又说需求没做好；做需求调研时，各部门不是随便填写调查内容，就是拖延或不配合反馈，这样不但需求调查的结果不准确，还耽误了很多时间；要调查的员工人数太多，工作量很大，而且有时调查出来的结果很奇葩。这样的需求调查到底有没有用？

这天晚上，李明约了两位从事培训管理的老大哥出来吃饭。一位是周杰，在某高科技企业商学院负责培训管理工作，有十余年从业经验。其所在企业高层对培训非常重视，商学院在企业内具有很大的影响力。另一位是孙军，在某汽车内饰集团担任高级培训经理。其所在企业有较为完善的培训体系。

席间，李明向他们请教了自己的这个困惑，希望能够找到解决方案。

周杰说："我原来也做需求调查，但后来发现，做了需求调查，花了很多力气，结果也并不算好。后来我就不做需求调查了，依照我自己的经验来设计培训方案，结果似乎大家反而挺满意的。所以，我觉得做不做需求调查并不重要。"

孙军说："我们也有类似的经验。我们认为，花很多时间和精力进行需求调查不值得，因为很多学员都不知道自己想要什么。我们不但比他们更清楚他们想要什么，而且我们还能提前承诺课程带来的效果。事实上，我们这样做也很成功。"

他们的话使李明陷入了更大困惑。不是说需求是计划的基础吗？到底需求调查还有用没用呢？

在分析案例前，先给出答案——培训需求调查一定是有用的。

"没有调查，就没有发言权"，培训需求调查是了解需求的根本手段，而需求又是培训工作有效的基础。

那为什么上述案例中李明请教的两位老大哥都一致认为需求调查没有用，还用自己的实践经验印证了这个观点呢？

事实上，在对培训需求调查作用的争论上，"培训需求调查无用论"并非个别人的观点，不少的培训管理者都持类似的观点。

一些培训管理者可能将培训需求调查的有效性混淆于必要性。如，由于没有掌握培训需求调查的正确方法，无法获得有效的需求数据，从而认为需求调查没有用；由于缺乏管理技巧，在培训需求调查过程中不能赢得各方的支持和配合，无法通过需求调查获取充分、完整、准确的需求信息，因此认为需求调查没有用。

另一些培训管理者可能将培训需求调查结果运用的有效性混淆于必要性。如，由于受到组织管理环境的影响，无法将通过培训需求调查获取的需求信息运用于培训管理工作；由于组织内部管理问题造成需求信息运用的延误，从而造成了信息失效，因此认为需求调查没有用。

还有一些培训管理者可能将培训需求调查误认为必须采取某种特定的形式，并因其在某些特定环境下的低效或无效而否定培训需求调查的必要性。上述案例就属于此类情况。

上述案例中的周杰和孙军也持"培训需求调查无用论"。但事实上，他们并没有意识到，凭经验判断企业培训需求的方式也是一种需求调查——专家判断法。不少培训管理者在谈及培训需求调查时，第一印象就是采用需求调查问卷的形式来调查需求。其实，用以调查培训需求的方式有很多，需求调查问卷虽是一种最常见的方式，但也只是众多方法之一。

那么，为什么上述案例中周杰和孙军能够采取专家判断法来获取准确有效的培训需求呢？

第一，他们二人都具备十年以上的培训管理经验，是资深的专业人士。这使他们有能力运用专家判断法准确判断需求。

第二，他们二人所在企业对培训工作都比较重视，而且都建立了相对完善的培训系统。这使他们有可能在日常工作中就已经基于系统的支撑获取了足够多的培训需求反馈，因此不必再依靠形式化的培训需求调查问卷来开展调查。

第三，他们二人对自己所在企业都有比较深入了解，这同样有利于他们对本企业的培训需求做出比较准确的判断。

如果说培训需求调查无用，那么请设想以下几个场景。

上述案例中的两位资深培训管理者"空降"到陌生行业中的一家陌生企业，那么，他们能够仅凭自己的培训管理经验就洞悉该企业的培训需求吗？如果这家企业的组织环境不支持培训工作，通过企业培训系统了解的需求相当有限，他们该如何了解需求？如果"空降"到这家陌生企业中的不是他们，而是"菜鸟级"的培训管理者李明，又该如何获取培训需求？

显而易见，无论对资深培训管理者，还是对资历较浅的培训管理者，都需要通过需求调查获取培训需求。只是对身处不同培训管理成熟度组织中的不同专业能力的培训管理者，其获取培训需求的最佳方式有所不同。

三、为什么是"培训需求管理"，而非"培训需求调查"

一名合格的培训管理者，绝不能将自己定位成组织实施培训活动、提供培训教学服务的照章办事的职员。培训管理者是知识管理者，其价值在于提供基于智力劳动形成的符合组织各级需求与期望的培训解决方案。

那么，如何使培训解决方案符合组织各级的需求与期望呢？

全面研究与认真分析培训需求是培训管理工作有效性的基础，同时也是使任何一个培训项目获得成功的关键。然而，不少培训管理者只是将研究和分析培训需求的环节简单定义为培训需求调查。

影响培训需求有效性的因素通过培训需求调查也可以掌握吗？

在回答这个问题前，不妨先整理清楚与培训需求相关的困惑。

（1）哪些人会对组织的培训项目（工作）产生影响？其各自的需求和期望都是什么？

（2）哪些方式可以发掘对组织的培训项目（工作）产生影响的不同人员的需

求和期望？

（3）如何准确分析和解读通过需求调查获取的培训需求数据？

（4）如何利用对需求数据的统计和分析结果？

（5）如何应对培训需求的不断变更，降低其对培训工作的干扰？

……

这些问题的答案告诉我们，在对培训需求开展工作的过程中，除了培训需求调查，还会涉及干系人识别与分析、需求数据的统计与分析、需求报告编写与确认、需求变更管理等诸多工作。将所有这些有关培训需求的工作进行统一管理，就是"培训需求管理"。

培训需求调查只是培训需求管理的一个环节，虽然重要，但远非培训需求管理的全部工作内容。与培训需求调查相比，培训需求管理在内涵和外延上均有更广的范围，它将更多的与培训需求相关的工作纳入统一管理的范围之中，使培训需求工作的开展更加卓有成效。

<观点分享>

（1）培训需求调查只是培训需求管理的一个环节，虽然重要，但远非培训需求管理的全部工作内容。

（2）培训需求管理包括干系人识别与分析、干系人培训需求调查、需求数据的统计与分析、需求报告与确认、需求变更管理等诸多内容。

第二节　关键培训干系人基本需求与期望分析

谈及培训需求，就不可能脱离培训干系人，因为培训管理者需要了解的培训需求并不是来自某一个主体，而是来自既会受到培训项目（工作）的影响，同时也会对培训项目（工作）施加影响的培训项目（工作）各类干系人。

为了保证培训项目（工作）的顺利开展，培训管理者有必要识别培训项目（工作）的重要干系人，了解并满足了这些干系人对培训项目（工作）的需求和期望，如此才能赢得其对培训项目（工作）的支持和认同。

虽然每个培训项目都是独特的，拥有不同的干系人，但所有培训项目（工作）基本离不开几类关键干系人。培训管理者一定要对关键培训干系人的基本需求和期望有一个根本的把握，因为这是这些干系人认可的培训项目（工作）的大方向和大原则。如果在大方向和大原则问题上搞错了，工作再努力、再积极、再专业、再高效，也会被认为是无效忙碌，无法赢得相关干系人的支持和认同。

组织培训项目（工作）涉及的关键干系人主要有七类：高层管理者和组织决策者、部门主管（受训者的直接领导）、受训者、培训机构、培训师、培训管理者、培训管理者的直接领导。

那么，这几类干系人对培训项目（工作）的基本需求与期望是什么呢？

1. 高层管理者和组织决策者

作为组织中的高层管理者，这类干系人更为关注受训者的能力与组织战略要求的匹配，希望通过培训使受训者具备帮助组织实现战略目标的基本能力。

2. 部门主管（受训者直接领导）

作为组织中的中层管理者，这类干系人更为关注受训者的能力对部门绩效的贡献，希望通过培训使受训者具备与其岗位职责要求相适应的能力，并以此帮助部门实现绩效目标。

3. 受训者

作为培训的对象，受训者更为关注具体工作问题的解决和个人工作能力的提升，希望通过培训解决工作中的实际问题，提升自己在工作中所欠缺的能力，为自身职业发展赢得更多机会。

4. 培训机构

作为培训专业服务供应商，培训机构更为关注业务发展，希望通过向客户提供令其满意的专业服务赢得信任，并基于此获得更多的业务机会或建立长期合作的业务关系。

5. 培训师

作为培训课程的交付人，培训师更为关注给受训者带来的影响，希望通过培训使受训者产生积极的改变。

6. 培训管理者

作为组织中对培训项目（工作）结果负责的人，培训管理者更为关注培训项目（工作）为组织带来的价值，从而为培训管理工作在组织内部赢得更多美誉与影响力。

7. 培训管理者的直接领导

在不同的组织中，培训管理者的部门归属不尽相同，其直接领导也有所不同，可能是人力资源总监、培训总监、人事行政总监，也可能是其他中高层管理者。由于培训管理者的工作绩效直接影响其所在部门及直接领导的工作绩效，因此，培训管理者的直接领导更为关注培训项目（工作）给其部门带来的加分。直接领导应该被视为培训管理者的坚定同盟者，并乐意用自己的资源和影响力推动培训工作的完成。

第三节　干系人需求调查与数据分析

一、实施培训需求调查

对一个培训项目而言，没有培训需求调查，培训就会流于形式。"好的开始，是成功的一半"，将培训需求调查这一步走好，培训项目的成功就有了前提保证。

实施培训需求调查主要涉及两方面的工作：一是明确培训需求调查对象，二是有效实施培训需求调查。

1. 明确培训需求调查对象

对一个培训项目来说，需求调查的对象主要包括以下几类培训干系人。

（1）高层管理者和组织决策者。

高层管理者和组织决策者对培训的关注点集中于培训能为组织战略目标的实现带来什么贡献。由于高层管理者和组织决策者更多地从整体层面思考组织的能力建设问题，因此对某一特定培训项目（工作）的需求，可能缺乏具体和清晰的表述。其需求和期望应被看作给该项培训项目（工作）定下的基调，是工作的大方向。培训管理者必须遵循这个大方向开展培训项目（工作）。

需要说明的是，高层管理者和组织决策者在不同规模的组织中可能存在不同的定义。对规模不大的组织，高层管理者和组织决策者指组织的最高管理层；对规模较大的组织，高层管理者和组织决策者可能指二级或三级组织的最高管理层或业务单元的最高管理层。这些人一般是培训管理者可以与之直接沟通的，至少是培训管理者直接领导能够直接沟通的。

（2）部门主管（受训者直接领导）。

部门主管（受训者直接领导）对培训的需求和期望也是培训需求调查的一个非常重要的方面。作为受训者的直接领导，部门主管在组织培训体系中扮演的是承上启下的关键角色。一方面，与高层管理者和组织决策者相比，部门主管直接接触基层业务，更清晰地了解受训者的能力与组织要求的差距；另一方面，与受训者相比，部门主管能够用更为全面的视角去考虑如何通过培训提升整个团队的能力，而非满足团队成员的个性化需求。在很多情况下，部门主管对培训项目的实际影响往往超过了组织高层。

培训能够帮助员工获得能力的提升，员工能力的提升又影响部门的工作绩效，最终对部门主管的工作绩效产生影响。从这一角度来看，受训者所属部门主管应该有意愿配合与支持培训工作，甚至积极参与其中。但在培训管理实践中却存在这一推论的不少反面例证，即部门主管（受训者直接领导）常常不配合不支持培训工作。实际上，造成这种状况的原因并不是部门主管无视员工培训的重要作用，而是培训消耗了大量部门资源（培训预算、人工成本、误工成本等），却无法带来所期望的结果，从而使部门主管对培训工作产生了负面的认知和消极的态度。

（3）受训者。

受训者是培训的主体对象，其对培训需求的表达通常是非常具体的，甚至是繁杂和凌乱的，并带有较强的个性化色彩。为了避免培训管理者在大量纷乱的信息中迷失方向，同时也为了保证培训需求调查环节的可操作性和执行效率，可以选择部分骨干员工，而非对每位受训者进行需求调查。

既然没有一个培训项目是能够满足所有人员的全部需求的，那么就应该把培训的注意力集中在多数学员或重点学员的需求上。

除了以上三类关键的培训干系人，也可以在培训需求调查中参考来自其他干系人的信息。

（4）培训管理者。

培训管理者本身也是培训项目的关键干系人。作为培训项目的规划者，培训管理者需要结合全局与细节来思考培训工作的开展。有经验的培训管理者常会基于企业战略要求、资源限制、以往经验，以及自身判断，首先形成一个培训项目的初步方案，然后再根据需求调查的结果来调整、充实和完善这一方案。

（5）培训管理者的直接领导。

培训管理者在组织中的职级一般不高，因此培训工作的推动离不开其直接领导的支持。相对于培训管理者来说，其直接领导具有诸多优势：更高的管理职级使其有更多的可能性获得来自高层的信息；更为清晰地理解组织战略及领导意图；更了解组织中部门间的互动关系和权力博弈；更理解公司政治对培训工作可能带来的影响；很可能具备丰富的培训实践经验。因此，在培训需求调查的过程中，保持与直接领导及时的信息交流，寻求来自直接领导的意见和建议，不但能够保证培训工作方向的正确性，而且能够使培训管理者少走弯路。

（6）培训机构/培训师。

在必要的情况下，外部专业培训机构/培训师也可以被纳入需求调查的工作中。一方面，可以从外部获得更多的专业建议；另一方面，也可以了解外部专业机构/培训师对实现培训目标的专业能力。

2. 有效实施培训需求调查的要点

（1）掌握基本的培训需求调查的工具。

培训需求调查的方式不只是需求调查问卷。对不同的调查对象、不同的调查目的、不同的调查场景、不同的条件约束等，采取适合的方式进行需求调查，才能获取更为准确的需求信息。

有效的需求调查应该力图做到对不同的调查对象采取符合其沟通习惯和特点的调查形式。对于高层管理者和组织决策者，需求调查适合采取一对一访谈的形式，虽然预约其时间并不是一件容易的事情，但如果某一培训项目对组织有重要意义，组织高层不会拒绝个别访谈要求，甚至会主动要求安排这样的环节。对部门主管

（受训者直接领导），培训需求调查采取个别访谈、问卷调查、核心群体（集体面谈）等形式都是可以的。对基层员工，问卷调查与核心群体（集体面谈）相对比较适合。

（2）掌握需求调查的基本步骤。

总体上可以归纳为三大步。

第一步，设计需求调查的内容和形式。内容就是调查中要询问的各种信息，形式就是采取的调查方法，是问卷调查，个别访谈，还是其他什么方式。

第二步，对不同人群采取适合的方式进行需求调查。当调查的方式更符合调查对象的特点时，调查的过程才会更高效，调查的结果才会更有效。

第三步，澄清初步调查获得的模糊需求。并不是需求调查获取的全部信息都可以作为有效信息来处理，对其中可能存在歧义的、难以理解的、模糊不清的、不完整的信息，要向调查对象进行澄清，直至信息能准确反映需求。

二、培训需求调查的基本方法

将重要的培训干系人识别出来后，下一步就是对每一类干系人进行培训需求调查。上文分析的各类关键干系人对培训项目（工作）的期望是基本层面的需求，在这个基本层面需求之上，还会有针对某个培训项目（工作）的更为具体和特定的要求。这些要求需要通过需求调查进行挖掘、界定和澄清。

可以根据不同干系人的人群特点和沟通特点设计相应的调查方式，常见的需求调查的方式包括个别访谈法、核心群体法、问卷调查法、专家判断法、工作观察法、资料分析法、标杆法、非正式沟通法，等等。

1. 个别访谈法

个别访谈法指通过一对一的单独交流了解调查对象的培训需求的方式。个别访谈一般比较适合重要干系人，特别是组织高层。

第一步，在访谈前应该先设计好访谈提纲（如表5-1所示），不能在访谈期间才临时考虑问什么问题。

设计的问题可以从多角度探寻调查对象的看法和观点。

（1）通过提问确认事实：您的下属在培训管理工作上经常出现的问题有哪些？请举例说明。

（2）通过提问探寻期望：您希望通过此次培训提升培训管理者的哪些能力？

（3）通过提问探寻结果：您期望通过培训，学员在培训管理上有哪些行为的改变？

（4）通过提问澄清观点：有关培训需求不清晰的问题，您能再具体说一下吗？

（5）通过提问确认观点：您的意思是，培训需求不清晰更多是培训管理者缺乏需求调查的能力和工具造成的吗？

……

表5-1 访谈提纲

培训项目	培训管理者实务能力进阶		受训部门	培训部
受访人	HRVP	访问时间	2020年6月30日	调查人	培训主管李明
问题内容		结果记录		
您发起本次培训的初衷是什么？				
您希望通过此次培训，提升培训管理者的哪些能力？				
您认为，目前培训管理工作中主要的问题有哪些？请举例说明。				
您期望通过培训，学员在培训管理上有哪些行为的改变？				
对于本次培训，您最为关注的结果是什么？				
……				

第二步，实施访谈。

（1）开场问候。访谈者与访谈对象寒暄，双方准备进入访谈状态。开场内容包括自我介绍，说明访谈的目的和所需占用的时间，并承诺访谈内容的保密性等。

（2）访谈实施。按照准备好的访谈提纲开始访谈。访谈者并不一定要按照提纲中的问题顺序提问，可以根据访谈对象的回答调整问题的顺序，以便访谈更为流畅。此外，访谈者既要尽量问完所有拟定的问题，同时也要控制好访谈的时长。

（3）告别感谢。访谈结束，对访谈对象的配合表示感谢。

第三步，跟进访谈的结果。

（1）将访谈结果整理成书面的访谈记录。

（2）请访谈对象对书面整理出来的访谈记录进行确认、修正或补充。

（3）对访谈对象的支持表示感谢，维护好双方关系。

2. 核心群体法

核心群体法简单说就是一对多的需求调查形式。从受训者中选择核心群体，将其聚集起来统一访谈，沟通和了解受训群体的主要需求。也可以通过调查问卷等方式对核心群体进行需求调查。当受训人数众多时，采取这种方式能够提高需求调查的效率，同时调查结果产生大的偏差。

3. 问卷调查法

问卷调查法就是用书面的需求调查问卷获取调查对象培训需求的一种形式。

问卷调查法适用范围较广，可以对组织中的不同群体进行需求调查。问卷调查法也是培训管理者最常使用的一种需求调查方式。

根据实际情况的需要，可以对所有人员采用通用的调查问卷，也可以针对不同调查对象群体设计相应的调查问卷。

4. 专家判断法

专家判断法指由相关领域的资深专业人士根据自己的经验进行需求判断的方法。对培训工作来说，资深专业人士可能会涉及组织内部相关专家、组织内部资深培训管理人员、组织外部（培训机构）培训管理专家等。

比如，资深的培训管理者可以根据专业经验判断应该在哪些方面安排企业的培训工作。在本章第一节的案例中，周杰和孙军作为资深的培训管理者就是运用专家判断法来判断本企业培训需求的。再如，资深的业务专家可就本部门人员所需的业务能力提出培训意见。

5. 工作观察法

工作观察法是对工作现场发生的问题、事件或行为进行观察和记录，并以之分

续表

析培训需求的方法。

一般分为公开观察和隐蔽观察两种方式。

公开观察即调查人员在调查过程中公开身份，被调查者知道有人现场观察自己的言行。比如，安排生产管理专家到车间现场走走看看，以此发现工人在操作中存在的各种问题。

隐蔽观察即调查人员在调查过程中不暴露自己观察者的身份，被调查者不知道自己的行为已被观察和记录。比如，采用隐蔽观察的方式了解客服人员处理客户投诉时的行为表现就比较适合。这样可以避免调查对象刻意调整自己行为，掩盖问题。

工作观察记录表能够帮助我们将观察到的情况记录下来，并进行分析（如表5-2所示）。

表5-2　工作观察记录表

观察者		被观察者	
日期		地点	
观察的工作或任务			
观察的目的			
观察到的行为或问题	问题背后的原因		是否需要培训

6. 资料分析法

资料分析法就是培训管理者对所掌握的有关文件、材料、数据等多方面资料进行分析，从而发掘培训需求的方式。

用以分析培训需求的资料包括但不限于：组织发展战略及工作报告、组织经营的历史数据、培训工作的历史数据、市场及产品规划信息、问题报告、绩效记录、员工离职面谈记录。

7. 标杆分析法

标杆分析法指通过分析同行业先进企业的培训方案，吸取借鉴经验，结合自身实际情况形成培训需求的方法（如表5-3所示）。

表5-3　标杆分析表

对标对象				
对标背景分析				
员工类别	培训内容/课程	培训形式	培训师	效果
中高层管理者				
基层管理者				
骨干人员				
技术人员				
生产人员				
销售人员				
工程人员				
市场人员				
财务人员				
人力资源人员				
后勤行政人员				
……				

采用标杆分析法应注意对标对象的选择。如果对标对象在组织规模、发展阶段、培训管理成熟度、培训预算、企业文化、人员素质等多方面与本组织差别较大，则对标的实操性和效果会不尽如人意。

8. 非正式沟通法

以上所列举的几种培训需求的调查方式都较为正式。它们有一个共同的缺点就是，在正式（官方）的环境下调查需求，调查对象可能会因为感受到压力或其他原因，不愿意去透露真实想法。

非正式沟通可让人轻松、不设防，通过这种方式可以获取更为真实的需求，也可以印证通过其他方式获取的需求，从而帮助培训管理者更全面、更准确地把握需求。简单来说，不以官方名义进行的正式沟通都可以归为非正式沟通。

通过非正式沟通方式发掘需求的方法很多，比如与同事闲聊时、用餐时等。

值得一提的是，在进行需求调查的过程中，根据具体情况将不同的需求调查方法组合搭配运用，效果更好。比如，可先通过个别访谈、电话访谈等形式了解高层及部门管理者对培训的期望和要求，然后通过调查问卷对调查对象的需求进行基础性了解，之后再运用核心群体法了解骨干员工的意见和建议。对异地调查对象可以采用电话会议或视频会议来进行调查。为了印证对培训需求的推断，还可以咨询组织内部资深的专家……

三、培训需求的数据分析

培训需求调查工作结束后，就是对调查数据进行分析与整合。

1. 数据分类

培训需求数据来自不同干系人，影响力各不相同，对培训发挥影响的角度也各不相同。总而言之，不同干系人的需求对培训项目（工作）的导向不同。因此，有必要先将培训需求数据来源分类，再依据每类需求所代表的工作导向分析和整合所有数据。

培训需求数据的来源总体上有三类人群：高层管理者和组织决策者、部门主管（受训者直接领导）、受训者。那么，每一类人群的需求数据具体代表的工作导向是什么呢？

（1）来自高层管理者和组织决策者的需求数据。

来自高层管理者和组织决策者的需求数据代表"定性需求"。

"定性需求"就是给出了工作的大方向，但没有给出完成工作的具体方法。高层管理者和组织决策者关注的是培训项目（工作）对组织战略目标实现的贡献，因此会结合战略要求给培训项目（工作）指出大方向。这个大方向就是培训项目（工作）的总体指导思想，它为培训项目（工作）解决的是"做什么"的问题。

比如，企业的短期战略目标是在三年内将其产品的市场占有率从目前的5%提高到10%，基于这一战略要求，高层管理者和决策者要求在产品销售上实现巨大突破。为了配合战略要求，未来三年内培训部的主要精力就应该集中在有助于提升产品销量和员工销售能力的培训方面，而不应过多关注其他的培训方向，如领导力、通用管理。

当"做什么"被来自高层管理者和组织决策者的需求数据界定后，培训项目（工作）必须沿着这个方向开展，必须在这个圈子里"折腾"。

（2）来自部门主管（受训者直接领导）的需求数据。

来自部门主管的需求数据，更像是一种"定量需求"。

部门主管比高层更加熟悉基层的业务，同时也比基层更理解组织战略意图。总体上，部门主管需要根据组织的战略意图制定具体的战术方案，为培训项目（工作）在既定的大方向上开展工作提出更为明确的实现路径。来自部门主管的数据为培训项目（工作）解决的是"怎么做"的问题。

比如，为了推动实现在三年内将企业产品的市场占有率从目前的5%提高到10%这一战略要求，高层管理者和决策者指出了加强销售方面培训的大方向。但销售能力的提升有很多方面，如大客户销售、渠道销售、互联网销售、门店销售、电话销售。部门主管相对更了解基层操作，因此其需求可以反映出具能应该提升哪个方面的销售能力。如开展对大客户销售能力提升的培训对产品销量的提高贡献最大。这样，部门主管的需求数据就给培训部提供了一条执行战略意图的最佳途径。

（3）来自受训者的需求数据。

来自受训者的需求数据，也是一种"定量需求"，而且是更为关注细节的"定量需求"。由于受训者是培训的对象，最清楚在具体的操作上究竟有哪些问题与难点，培训管理者需要结合受训者的具体需求来实现部门主管提供的最佳路径。受训者的具体要求为培训项目（工作）解决的是"怎么做会更好"的问题。

比如，为了推动实现在三年内将企业产品的市场占有率从目前的5%提高到10%这一战略要求，高层管理者和决策者为培训工作指明了培训大方向——加强销售能力，部门主管一级的需求数据确定了在销售培训这个大方向上的明确路径——大客户销售能力的提升。受训者的需求数据则表明面向大客户的销售能力的提升主要存在什么问题，是不懂得如何开发大客户，不懂得如何有效介绍产品，不懂得如何维护客户关系，不懂得如何与客户谈判，还是不懂得如何促单，等等。培训管理者根据受训者提供的需求数据就能够设计出符合需求的大客户销售培训项目了。

以下再做一次综合分析。

企业从A点出发，可以到达BCDE不同的点。高层管理者和组织决策者根据企业的战略要求，选择要到达B点。那么A→B就是大方向；培训工作一定要沿着这个方向推进，否则就会远离目标。在A→B大方向确定后，部门主管需要考虑的是，结合企业实际情况，从多条道路中选择一条从A到达B的最佳路线。当从A到达B的最佳路线选定后，要研究这一路段的状况，是大路，还是小路；是山路，还是水路；是上坡，还是下坡；是沼泽，还是峭壁，还要明确为了顺利到达目的地需要的能力。最后，结合受训者目前所具备的能力与所需能力，就可以知道提升哪些能力的可以帮助受训者顺利通过既定路段并抵达终点。

如果把一个培训项目比作从A点到达B点的一次行动，那么，高层管理者和组织决策者决定的是去哪里，即B点；部门主管（受训者的直接领导）决定的是从众多方案中，选择一条从A点到达B点的具体路径；受训者必须具备沿着具体路径从A到达B的相应能力；培训机构能够做的是，在选定的路径上，提供从A点到达B点的最佳行进方案，即哪一段步行，哪一段慢跑，哪一段乘车，哪一段坐船等；培训师要做的是，使受训者获得通过从A点到达B点每一路段需要的技能；培训管理者就是统筹负责这一行动的项目经理。

> <观点分享>
> （1）来自高层管理者和组织决策者的需求是"定性需求"，说明"做什么"。
> （2）来自部门主管（受训者直接领导）的需求是"定量需求"，说明"怎么做"。
> （3）来自受训者的需求是"定量需求"，说明"怎么做会更好"。

2. 数据统计

数据统计就是将纷乱众多的调查数据整理集合起来，以便发掘典型与共性因素。来自组织高层的需求数据相对来说是比较单一的，通常会以比较笼统的形式呈现出来；来自部门主管（受训者直接领导）的数据更为具体，但想法也更多些；来自受训者的数据多是细节的要求，相对繁杂零乱。

数据统计的过程就是将相对集中的需求汇总出来，将小众或个性化的需求剔除出去。有时，受训者提出的培训需求可能并不与工作密切相关，而是与其个人兴趣相关，这些就是需要剔除的数据。

同时，也千万不要奢望通过一次培训解决所有问题。为了保证培训的质量，建议控制单次培训的主要问题关注数量，三至五个问题比较合适。

特别需要注意的是，如果小众或个性化的需求来自组织高层（也可能包括部门主管），则需要引起培训管理者的重视。培训管理者有必要通过进一步沟通澄清这些需求并探讨可能的解决方案。

第四节　培训需求报告的形成与确认

将所有通过需求调查获得的信息与数据进行整理、统计与分析，培训需求就浮现出来了。培训管理者需要在此基础上形成一份书面培训需求报告来清晰描述所获取的信息。这份书面需求报告只是初步成果，还需要进一步完善。

为了保证培训需求报告的准确性并赢得各方干系人的认可，培训管理者应针对初步培训需求报告与各重要干系人群体（组织高层、部门主管、骨干学员等）进行一次甚至多次沟通、协商、修改、调整和完善，并最终形成一份能最大限度满足各方干系人期望的正式的书面培训需求报告。

培训需求报告应获得组织高层或培训项目发起人的确认。需求确认是需求管理中很重要的环节，也是培训管理者常会忽略的一项工作。

书面批准是最好的需求确认方式。被批准的需求报告将成为编制培训项目解决方案的基础，同时也将是组织评价培训项目（工作）的重要依据。

在培训实践中，由于缺乏组织环境的支持，在很多情况下，可能连书面的培训需求报告都没有编写，更不用说对需求报告的书面审批了。但这不妨碍培训管理者用规范管理的思路，以变通的方式逐步实现管理规范化。例如，企业尚没有形成书面确认培训需求的规定,可以通过电子邮件向组织高层或项目发起人申请需求报告的批准。获得对培训需求报告的书面确认也是培训管理者自我保护的一种方式。

培训管理者需要理解的是,培训需求报告是需求管理的工具,其功能是使各培训干系人就需求达成共识,并确认这种共识。有了需求报告,培训管理者才"师出有方",各方就培训需求有争议时也能"有理可依,有据可查"。很多培训项目的失败都可以归因于培训需求不清晰。

> <观点分享>
> (1)需求确认是需求管理中很重要的环节,也是培训管理者常会忽略的一项工作。
> (2)被批准的需求报告将成为制订培训项目解决方案的基础,同时也将是组织评价培训项目(工作)的重要依据。

第五节　将培训需求转化为培训内容

一、将需求转化为工作任务

当培训需求通过需求报告得以界定并获得各方认可后,下一步就是把需求转化为可以具体执行的活动——工作任务。

培训需求是针对期望结果的描述,并没有明确怎么做才能达到期望的结果。培训管理者必须对达成期望结果所需的工作进行分析,将需求转变为具体的工作任务,才能去执行和操作。

比如,每个女孩子都有瘦身的需求,但通常很难成功。为什么呢?一方面,可能是需求不明确。只是有一个瘦身的美好愿望,但用多长时间减重多少斤却没有明确目标。是一个月减重十斤呢,还是十个月减重一斤?没有明确的目标,不能对结果进行评估,也就没有了行动的动力。另一方面,有明确需求,比如,一个月减十斤,但是没有把这个明确的需求转化为具体的工作任务,只是把需求写出来贴在墙上,然后什么也不去做。

为了达到一个月减重十斤的目标,就需要把这个需求转变为可以执行的工作任务。比如,每天快走一万步(走了九千九百九十九步也不算达标);每周去健身房锻炼三次，每次至少两个小时（锻炼的次数不够，时间不足，也不算达标）；每天饭量控制为之前的四分之一。将这个能够实现一个月减重十斤的具体任务识别出来并执行，实现目标的可能性就增加了。

对照培训项目（工作）的管理来看。

通过培训需求报告确认需求后，要把能够实现需求的相关任务识别出来，形成培训的解决方案，按照这个解决方案组织培训活动，就能满足培训的需求了。因此，培训解决方案一定要忠实于已经获取且被各方确认的培训需求，不能随意修改。当然，这并不代表需求不可以变更，而是强调需求的变更必须受到控制和管理。

有时候，为了避免各方干系人对培训项目理解的分歧或是不合理的期望，有必要在培训解决方案中明确指出，为了实现培训目标，哪些培训内容在本培训项目的范围内，哪些不在范围内。通过这种方式，可将各方干系人对培训项目的期望限制在可行的范围内。

比如，组织一次对初级销售人员销售能力提升的培训项目。为了实现项目目标，需要做的是组织一系列包括销售技能、沟通与谈判技能、产品知识、基础销售话术训练等在内的培训活动。为了避免对项目范围可能出现的误解，可以在明确必要的项目活动的基础上，强调哪些培训内容不在本项目的范围内。

（1）这个项目是针对初级销售人员的，不是针对中高级别的销售人员的，也就是说，中高级销售人员不是这个项目的培训对象。因此，即使在培训期间有部分中高级销售人员也被要求参加这个培训，但其反馈意见不应该作为评估这个项目的有效数据。

（2）这是针对销售能力提升的培训项目，不是针对领导力、团队管理的培训项目。也就是说，这个培训项目不会满足不在项目范围内的要求。因此，项目结束后，不应该从领导力、团队管理的角度来评估这个项目是否达成了培训的目标。

二、培训解决方案的构成

对不同组织来说，由于其管理规范不同、培训管理成熟度不同、组织环境不同等多方面因素，培训解决方案的编写要求也不尽相同。但通常情况下，一份培训解决方案主要包括以下组成部分。

（1）培训项目发起的背景。说明为什么要组织本次培训活动，是解决某个具体的问题，是提升某项专业能力，是培养人员的综合素质，还是其他什么原因。同时，说明项目是谁（哪个部门）发起的，是针对哪个受训人群的。

（2）已确认的培训需求。通过培训需求调查，最后获取被各方确认的培训需求并列举出来。在需要的情况下，也可以简述需求获取的经过，即需求调查采取的方式、调查的过程，以及培训需求确认的过程，以此体现培训需求的准确性。

（3）培训项目的整体设计。不少培训项目都是由一两门课程组成的，也有一些培训项目可能涉及较多学习方式。无论是什么方式，都可以在方案中的相应位置标注出来，指明某个内容是为了响应哪一个具体的培训需求。

（4）培训内容的呈现。如果是课程教学形式，就呈现相关课程的大纲；如果是其他形式，如拓展活动，就呈现活动的内容安排；如果是读书分享会，那就呈现具体内容安排。

（5）师资安排。对推荐使用或已确认使用师资的详细介绍。

（6）预计的培训时间。根据具体情况，可以将培训实施时间详细到或季度，或月份，或某周，甚至是明确的日期。

（7）培训预算。包括培训费（师资课酬+培训服务）、培训场地费用、物料设备费用、餐饮费用、交通食宿费用，以及其他可能发生的费用。

第六章　分解培训项目工作

第一节　为什么需要"切苹果"

一个樱桃，可以一口吃下去；一个小苹果，也可以轻松地几口吃下。但如果苹果太大，吃起来就费劲儿了，你可能会把它拿在手上先转上两三圈，然后再找个看上去比较容易下口的位置咬。

如何才能更为方便地吃一个大苹果呢？答案是将苹果切成小块来吃。

一项工作，如果不太复杂，处理起来就比较容易，如果项目比较大、比较复杂，处理起来就不那么简单了。

假如把较大、较复杂的项目（工作）视为一个大苹果，那么，为了比较容易吃掉它，就可以将其切成小块来吃，这个方法在项目管理中被称为"工作分解"。

我们很难一下子就将困难、繁杂的工作处理好，有时还很可能找不到处理问题的头绪。当把这些工作分解为小部分时，每个小部分的工作难度降低了，也更容易入手。

分解的本质就是将不易管理的复杂工作分解为多个更便于管理的小任务，以化整为零的方式实现更为有效的管理。

掌握工作分解的方法，培训管理者就能将培训项目（工作）化大为小、化难为易、化繁为简了。

> <观点分享>
> 分解的本质就是将不易管理的复杂工作分解为多个更便于管理的小任务，以化整为零的方式实现更为有效的管理。

第二节　WBS——切苹果的"刀"

工作分解是项目管理中非常重要的思想。为了对工作进行有效分解，项目管理提供了一个有力的工具——WBS。WBS是英文Work Breakdown Structure的缩写，中文译为"工作分解结构"。

WBS将项目按一定的原则自上而下逐步分解成更小的单元。项目分解成任务，任务分解成一项项具体工作，再把每项工作分配到每个人的日常活动中。即：项目→任务→工作→活动。

对这样的分解过程，有几个重点需要说明。

1. WBS以可交付成果为导向进行工作层级分解

分解都是以达成项目最终目标为目的的，同时，分解是有层级的，是从上至下一层层分解下去的。

2. 分解每下降一个层次就意味着对项目工作的定义更详细

定义更详细指分解每下降一个层次，分解出来的工作就更为细小，对工作的认识也就更为详细。由于下一层次是对上一层次的进一步拆分，因此当某项工作向下分解为更细小的工作时，其分解出来的更细小工作的数量一定不小于2，否则就没有分解的必要了。

3. 分解出来的所有活动的总和定义了项目总范围

项目的总范围指，为了完成项目目标需要做的所有工作。分解出来的所有活动都是以实现项目目标为目的的，这些活动就是为实现项目目标要做的所有工作。

4. 每个任务原则上分解到便于管理为止

如果项目规模比较大，就不太容易估计出完成它所需的资源、成本、时间，管理它就会困难，当把每项工作分解到能够比较准确地估计出这些要素的程度，就足够我们来实施管理，分解也就可以停止了。这时如果继续分解，分解太过细小，反而不利于管理。因此，分解也要适可而止，便于管理就可以了。

5. 工作包

工作包（Work Package）指当将工作分解到便于管理为止时，工作分解结构最底层的那些不再分解的活动。基于这些不再分解的活动,我们能够相对准确地估算和管理工作成本和活动持续时间。

此外,还有两点值得引起注意。

第一,WBS是有层次的,没有层次的活动列表不是WBS。也就是说,如果把一项工作分解成多个更小的个体,但它们之间没有层次关系的话,这只是一种活动清单,而不是WBS。此外,分解每下降一个层次,分解出来的活动个数一定更多,至少是两个。

第二,WBS之外的工作不是项目应该完成的工作。WBS中的活动都是基于项目成果的实现从上至下一层层分解出来的,所有这些活动都对最终项目成果的达成是有贡献的。如果某项工作并不是分解出来的活动,那么它就不是项目应该完成的工作。如果做了这项多余的工作,不但对项目成果的实现没有任何帮助,还会消耗项目的资源、成本和时间。所以一定不要去做那些不在WBS中的活动。

第三节　WBS化大为小的妙用

一、如何创建WBS

1. 工作分解示例

我们通过图6-1来详细说明如何运用工作分解的方法来创建WBS。

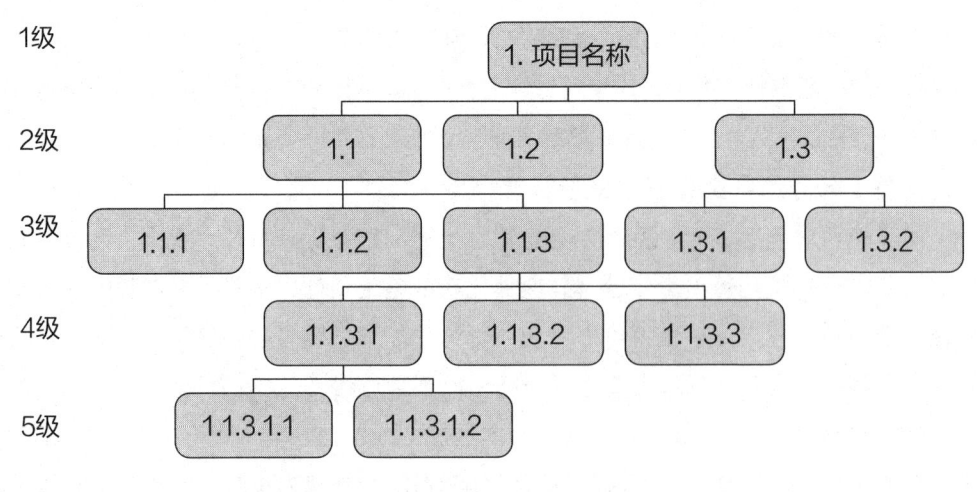

图6-1　某项目WBS工作分解示例

1级：项目名称。

2级：为了实现这个项目，将这个项目分解成了"1.1""1.2"和"1.3"三项大任务。这是第2级分解。

3级：将第2级的任务向下分解，得到第3级工作。图6-1中，第1级的三项任务中除了"1.2"外，"1.1"和"1.3"两项任务又再次分解为五个更小的工作"1.1.1""1.1.2""1.1.3""1.3.1"和"1.3.2"。这是第3级分解。

4级：将第3级中的工作再向下分解，得到第4级的活动。以"1.1.3"这项第3级的工作为例，它又向下分解为"1.1.3.1""1.1.3.2"和"1.1.3.3"这三项更小的活动。这是第4级分解。

5级：将第4级中的活动再向下分解，得到第五级更为细小的活动。以"1.1.3.1"这项第4级的活动为例，将它再继续分解，得到了"1.1.3.1.1"和"1.1.3.1.2"这两个活动。这就是第5级分解。

每一项工作不再分解时，最底层的活动就是工作包。

工作分解结构中所有工作包的总和构成项目的总范围，即为了实现项目目标需要完成的所有活动的总和。

在图6-1中，"1.2""1.1.1""1.1.2""1.3.1""1.3.2""1.1.3.2""1.1.3.3""1.1.3.1.1"和"1.1.3.1.2"都是工作包，它们构成了项目的总范围，只要把这些任务都完成了，项目的目标就能达成。工作包可以存在于除了第1级（项目名称）以外的各个层级上。

2. 分解步骤

那么，在将一个项目或工作从上至下分解成工作包的过程中，有哪些步骤呢？

第一步，识别和分析可交付成果及相关工作。考虑项目的可交付成果有哪些，为了实现这些可交付成果需要做哪些工作。

第二步，确定工作分解结构的分解逻辑。分解不是随意的，是按照一定逻辑进行的，因此在分解前就需要根据具体工作特点及管理要求，确定一种最适合的分解逻辑。

第三步，实施分解，自上而下逐层细化分解。

第四步，当满足管理的需要时，停止分解，这就分解到了工作包的层级。需要说明的是，工作包并不一定在同一层级，如有的工作分解到第3级就不再分解了，那么工作包的层级就是第3级；有的工作分解到第4级才停止分解，那么工作包的层级就是第4级。项目的总范围就是所有处于不再分解层级的活动的总和。这些工作处于哪个最终的层级并不重要，重要的是，它们是最底层活动。

第五步，确认工作分解是必要的，并且工作分解是充分的。在分解结束后，需要回过头来去检查核实，看看所有分解出来的活动是否都对达成项目成果是必要的，避免把一些不必要做的工作也放进来。如果都是必要的，就再看是否所有该分解出来的工作都分解出来了，是否有遗漏。如果分解有漏项，可能影响项目目标的实现。

再以一个车库建设项目来说明分解的过程（如图6-2所示）。

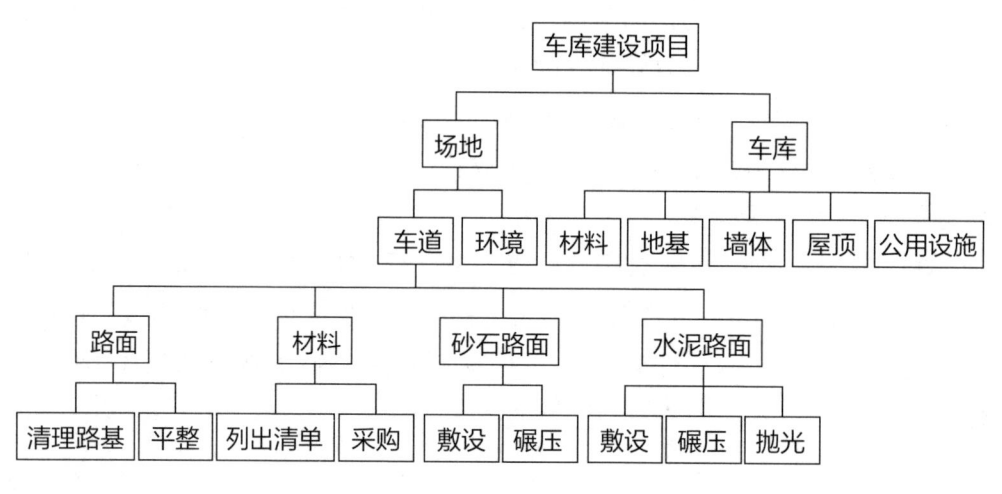

图6-2　车库建设项目工作分解

1级：项目名称——车库建设项目。

2级：为了完成这个项目，需要完成"场地"和"车库"两项建设任务。"场地"和"车库"是分解的第2级。

3级：以"场地"为例，要完成它，就需要完成"车道"和"环境"两项工作。"车道"和"环境"建设属于分解的第3级。

4级：再往下分解，以"车道"为例，将它分解为"路面""材料""砂石路面""水泥路面"四项活动。它们是分解的第4级。

5级："路面"再分解为"清理路基"和"平整"两个子活动；"材料"再分解为"列出清单"和"采购"两个子活动；"砂石路面"再分解为"敷设"和"碾压"两个子活动；"水泥路面"再分解为"敷设""碾压"和"抛光"三个子活动。这些子活动是分解的第5级。

分解到第5级，如果已足够便于管理，就不再分解；如果还有必要再分解，就继续分解，直到便于管理为止。

再强调一下，所有层级中不再继续分解的活动，都是项目的工作包，因而工作包可能位于第2级，也可能是位于第3级，还可能是位于更低层级。

二、分解原则

在创建WBS的过程中，需要遵循以下几个原则。

1. 100%规则：完全细分上一个层级

如果没有做到对上一个层级的完全细分而产生漏项，严重时会直接造成项目失败，不严重也会对项目的进度、成本、质量产生负面影响。

2. 每一项工作应有明确的负责人

一个项目分解出来的细小活动会很多。有的细小活动可由一个人来完成，有的活动则需要多人合作完成。无论哪种情况，对任何一个活动都必须指明一个负责人，由其对这个活动的结果承担责任。千万不能说"这个事情你们两个人负责"，人人有责，就意味着人人无责。

3. 一个工作包只能对应一个可交付成果

如果发现分解出来的最底层不再分解的"工作包"产生两个或以上的可交付成果，就说明分解还不充分，需要继续分解。

三、分解逻辑

1. 按实施过程分解

按照一个项目或工作实施的过程把执行步骤分解出来。

比如，组织一次培训活动，如果按照项目实施的过程来分解，可以分解为需求调研、项目策划、项目组织准备、项目实施交付、项目收尾五个部分（如图6-3所示）。

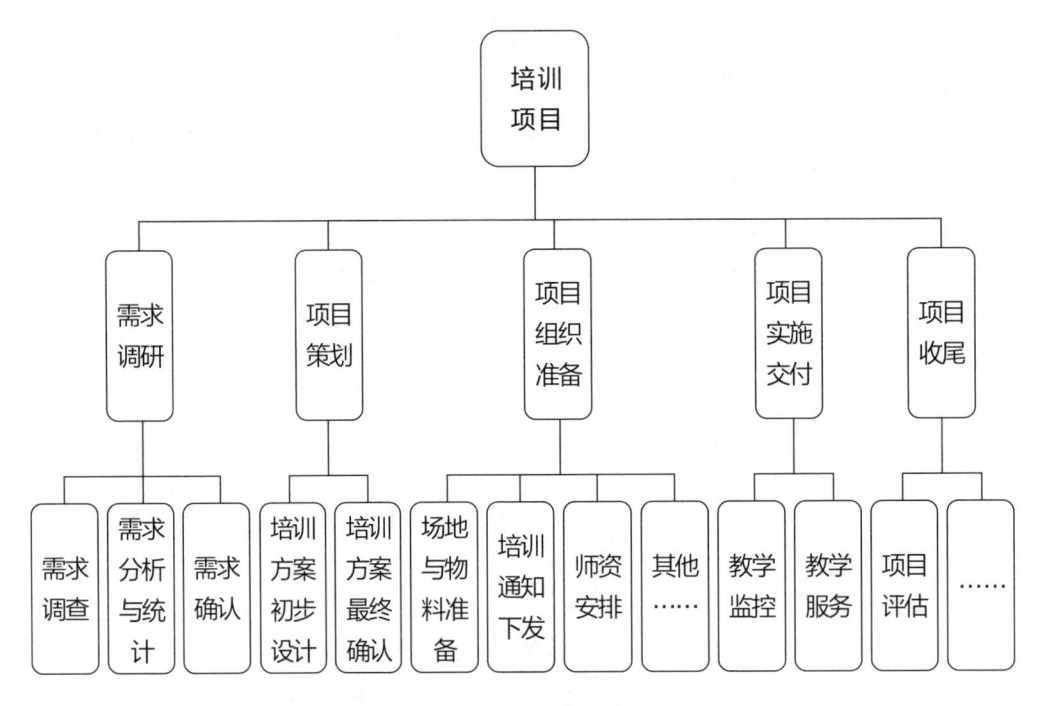

图6-3 按实施过程分解工作

2. 按主要可交付成果分解

按照一项工作最终产出的各项成果来分解，当各项成果实现后，项目目标就达成了。

比如，一个新课程开发项目，如果按照主要可交付成果这个逻辑来分解，就可以分解为需求报告、课程开发大纲、课程PPT、课程附件（模板、示例）、学员手册、讲师手册、测试题、评估结果等八项成果（如图6-4所示）。

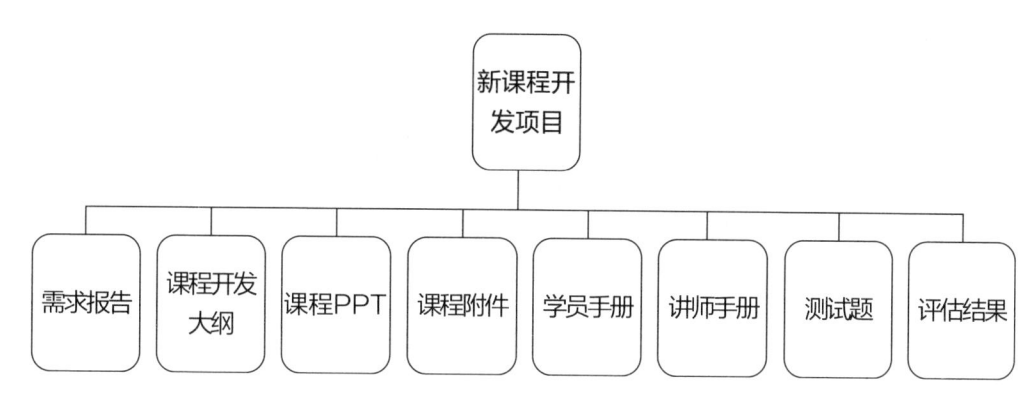

图6-4　按主要可交付成果分解工作

3. 按子项目分解

当一个项目较复杂时，会有很多的头绪，要一下子把所有工作都做好，管理难度比较高，这时就可以将庞大的、复杂的项目分解为一些子项目来分别管理。每一个子项目都有自己的小目标，但每个小目标又是整个项目目标的一部分。

比如，一个组织的年度培训计划可能涉及针对不同学员群体的培训项目，如果按子项目来分解，可能分为高管战略管理项目、中层领导力提升项目、主管能力进阶项目、储备干部培养项目、研发人才培养项目、市场精英培养项目、新员工培训项目，等等（如图6-5所示）。

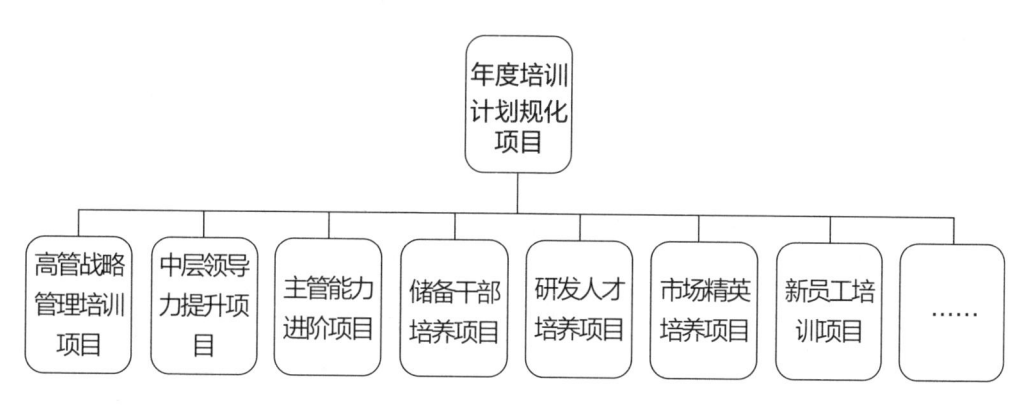

图6-5　按子项目分解工作

4. 按产品和项目功能分解

一个项目会实现一系列产品或功能的开发，因此也可以按照产品和功能进行分解。一个产品研发的项目，如果产品有多个型号和用途，就可以按照产品型号A、产品型号B、产品型号C等来分解，或按照功能1、功能2、功能3等来分解。

比如，设计一个培训课程体系可以按照培训活动的不同功能来分解为更小的培训活动单位（如图6-6所示）。

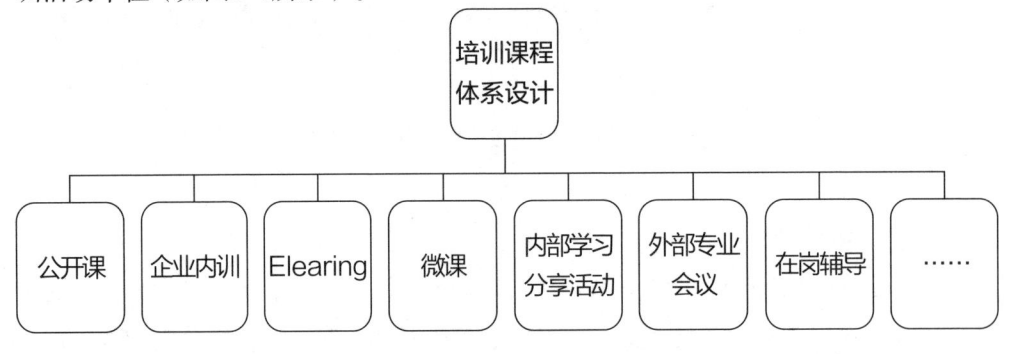

图6-6　按产品和项目功能分解工作

5. 按产品物理结构分解

把组成第一产品的各个物理部分作为分解的单元来进行分解。

比如，可以将培训项目学员手册按物理结构分解为封面、目录、章节内容、附件和封底五个部分（如图6-7所示）。

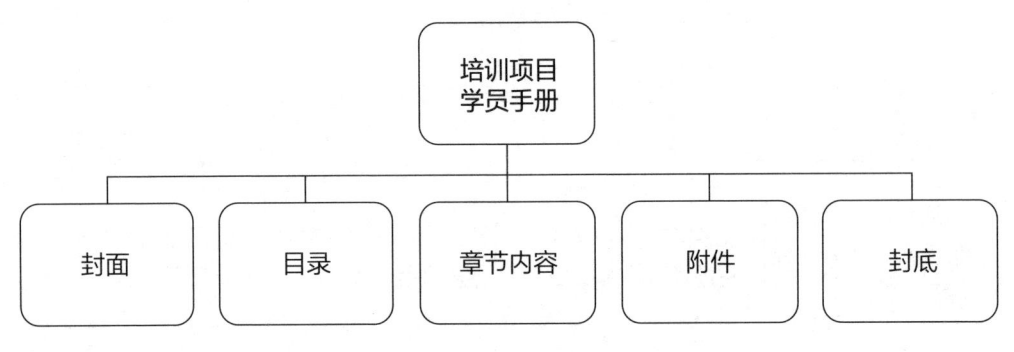

图6-7　按产品的物理结构分解工作

6. 按项目地域分布分解

按照项目所在区域将进行分解，分区域对项目进行管理。

比如，把企业正在实施的新员工培训项目按区域分为华东、华北、华中、华南、西南、西北、东北等七个大区的新员工培训项目分别管理（如图6-8所示）。

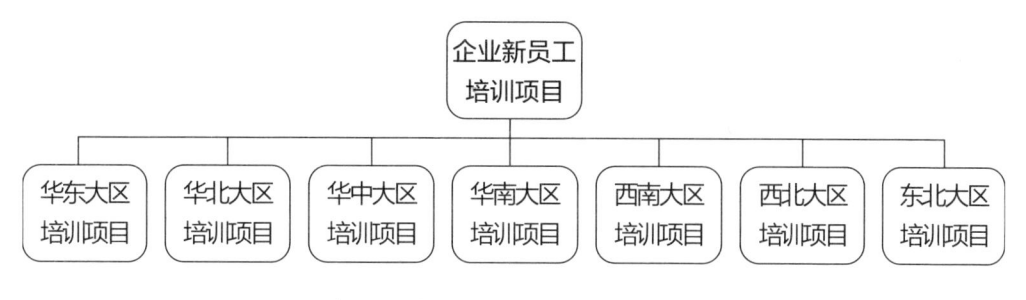

图6-8 按项目地域分布分解工作

7. 按部门和职能分解

按照部门来分解，可以把某一项目分为研发类项目、生产类项目、销售类项目、市场类项目、财务类项目、人力资源类项目，等等。

比如，按照职能来分解，可以把某一组织的培训项目分为研发类项目、生产类项目、销售类项目、营销类项目、财务类项目、人力资源类项目，等等（如图6-9所示）。

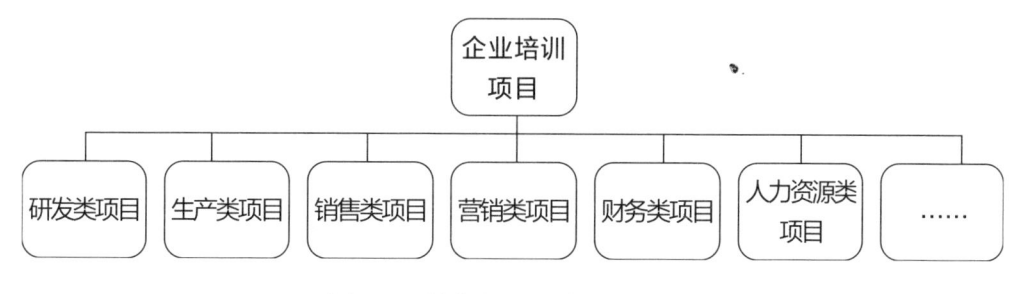

图6-9 按部门和职能分解工作

值得一提的是，有的项目可以以多种逻辑分解，有的项目可能更倾向于某一种分解逻辑。当一个项目可以按照多种逻辑进行分解时，"条条大路通罗马"，不存在哪种逻辑更好，但需要考虑不同组织的管理习惯。比如，对某类培训项目可能A公司习惯于按照项目实施过程的逻辑来分解，B公司则习惯于按照子项目的逻辑来分解。

WBS是项目管理的核心工具，一个培训管理者希望运用项目管理来提升培训管理效能，那么就必须具备工作分解的思想，并掌握WBS的基本操作方法。

第七章　编制培训项目计划

第一节　如何编制进度计划

一、项目管理中编制进度计划的思路

进度是落实任何工作和项目时都必须考虑的重要管理要素，也是衡量项目目标实现与否的四个维度之一，因而进度计划也是项目计划中最重要的部分之一。

项目管理在进度计划编制上有独特的思路和工具。

需要强调的是，项目管理中的项目进度计划编制是基于WBS的分解结果的。事实上，项目管理中所有计划的制订离不开WBS对项目工作的分解结果。

项目管理中项目进度计划编制思路为：第一，通过WBS将项目所有需要完成的活动分解出来，但WBS只是将所有活动识别出来，并不能体现各项活动间的相互关系；第二，按照逻辑，将所有分解出来的活动根据发生的先后及相互依赖关系排序；第三，考虑在各项活动中投入的相关资源，如人员、设备等；第四，根据活动内容及投入资源，估算各项活动的用时，即完成该活动所需要的时间；第五，所有活动间逻辑关系有了，各项活动所需时间也有了，就可以以此为依据制订整个项目的进度计划了。（如图7-1所示）

WBS → 活动排序 → 资源估算 → 时间估算 → 进度安排

图7-1　项目进度计划编制思路

总体说来，相对工程、研发、房地产、IT、软件等项目，培训项目（工作）在规模、复杂程度上都不算高，虽然进度计划编制相对容易。因此，在此不对培训项目进度计划编制做深入探讨。更为重要的是，项目管理的方式能够带给培训管理者

一种进度计划编制的新思路，同时也有助于其从多角度审视和验证进度的安排。

二、两种进度管理工具

在项目管理中，有两种常用的进度管理工具——甘特图和里程碑图，掌握这两种管理工具有助于培训管理者从整体上清晰明确地掌控培训项目（工作）的推进进度。

1. 甘特图

甘特图（Gantt Chart）又称横道图，是由亨利·甘特于20世初期开发的。甘特图通过条状图来显示随着时间变化工作任务的完成情况。

甘特图横向表示时间，纵向表示活动（项目），线条表示每项活动的用时。

下面以一个大型商务会议的组织筹备工作为例简要说明（如图7-2所示）。

横向代表时间，是组织筹备一次大会所需的全部时间。时间单位为日期，以星期划分时间段，图中所示共9周，45个工作日。

纵向代表筹备一次大会要完成的主要活动，并从上至下按照先后顺利排列，图中共是11项需要完成的主要活动。

用黑色的线条在图上标示每项活动从什么时候开始到什么时候结束。

这样就能直观地展示组织筹备一次大会需要完成的活动和完成每项活动的进度了。

在时间上，是采用日、星期、月，还是季度，甚至是年度作为时间单位，主要的依据是该项目用时的长短以及管理的要求。如果一个项目用时比较短，只有两三周时间，那么以星期为单位规划进度就太粗疏了，无法起到有效管理的作用，因此有必要细致到以日为单位。如果一个项目用时比较长，几个月、半年甚至更长，那么以日为单位规划进度，又太细了，管理上会烦琐低效，因此以星期、月为单位比较合适。

甘特图不仅能够直观呈现出活动项目和进度安排，而且对进度进行管控。当我们在项目的某一个节点评估进度状态时，甘特图还可以呈现实际进度和计划进度的对比。管理者可以通过甘特图非常便利地掌握和评估整体项目的进展情况，每项活动的进度状态（提前、滞后，还是正常进行），并有的放矢地施加管理措施。

甘特图简单明了，也可以作为向高层干系人汇报项目进度的工具。

第三编　培训项目的计划

我们还可以根据需要，在甘特图上增加更多的管理要素，扩展和细化其管理功能。图7-3为功能扩展的甘特图示例，增加了"开始时间""结束时间"和"负责人"项目，如此能够对相关的项目工作进行更为细致的管理。

活动	时间（日期）								
	6.4—8	6.11—6.15	6.18—6.22	6.25—6.29	7.2—7.6	7.9—7.13	7.16—7.20	7.23—7.27	7.30—8.3
立项启动	━								
文案策划		━━━━━━━━							
会场选定			━━━━━						
网站新闻发布与更新				━━━━━━━━━━━━━━━━━━━━━━━━━━━━━━━					
演讲嘉宾邀请				━━━━━━━━━━━━━━━━━━━━━━					
参会人员邀请				━━━━━━━━━━━━━━━━━━━━━━━━━					
赞助商开发				━━━━━━━━━━━━━━━━━					
物料准备						━━━━━━━━━━━━━━			
媒体邀请							━━━━━━━		
资料印刷								━━━━━━	
食宿安排								━━━━━━	
会场布置									━

图7-2　某大型商务会议组织筹备工作甘特图

105

活动	开始时间	结束时间	2018年 6月 4—8	11—15	18—22	25—29	7月 2—6	9—13	16—20	23—27	30—31	负责人
立项启动	6.4	6.6	━									张三
文案策划	6.7	6.22		━━━━━								李四
会场选定	6.18	7.6			━━━━━							王五
演讲嘉宾邀请	6.25	7.27				━━━━━━━━━━						赵六
资料印刷	7.23	7.31								━━		孙七
会场布置	7.30	7.31									━	陈八
……												

图7-3 功能扩展的甘特图

2. 里程碑图

里程碑（Milestone）指事件、项目活动、检查点、决策点，及可交付成果等对项目有较大影响的工作节点。通过建立里程碑和检验里程碑的到达情况，能够控制项目工作在关键节点上的进展，以保证项目目标的实现。里程碑图可将这些重要的工作节点可视化。图7-4为某大会组织筹备工作里程碑图示例。

"里程碑事件"描述的是组织筹备大会的各项主要活动带来的阶段性成果。"日期"显示每个重要成果计划达成的最终期限。

里程牌图可用于对项目重要活动的进展进行监控和管理。里程碑图关注项目的重要阶段性成果和关键节点，也适合用于向高层汇报项目工作。

里程碑事件	日期							
	6.6	6.22	6.25	7.6	7.20	7.25	7.31	8.3
启动会	◆							
文案定稿		◆						
场地签约				◆				
演讲嘉宾名单确认						◆		
网上新闻发布			◆					
参会人员名单确认							◆	
赞助商签约					◆			
媒体参会名单							◆	
会刊交付								◆
房间预订确认								◆
背景板安装								◆

图7-4 某大会组织筹备工作里程碑图

第二节 如何对资源进行计划

一个项目或一项工作所需的资源既有人力资源，也有物力资源。提前对项目（工作）所需资源进行计划，能够让我们做到心中有数，保证项目（工作）的顺利执行。

一、人力资源计划——用什么人做什么事

人力资源计划，主要考虑的是依据项目工作开展的要求，提前安排好所需人员，即明确在项目过程中什么时候需要什么样的人以及如何及时获取所需的人员等，其目的在于保障项目实施中有足够的、合适的人可用。

一张项目人力资源计划表可以帮助我们从整体上把握项目的人力资源需求。表7-1为某项目人力资源计划表的示例。

用"年度"和"季度"划分项目时间段,将项目所需的所有人力资源岗位识别出来,同时确定相应人员的能力要求,再根据项目的实际需求确定每年(季度、月)每个岗位所需的人数。还可以统计每年(季度、月)所需的人力资源总数、现有人数、缺口人数、缺口人数获取办法、备注等信息。

表7-1 某项目人力资源计划表

年度		2020				2021				对人员的要求
季度		1	2	3	4	1	2	3	4	
岗位识别	设计师									
	产品工程师									
	工艺工程师									
	质量管理人员									
	测试人员									
	技术维护人员									
	生产工人									
	后勤人员									
共需人数										
现有人数										
缺口人数										
缺口人数获取办法										
备注										

我们还可以编制项目的人员分工计划。责任分配矩阵表是呈现人员分工计划的便利工具。表7-2是以某培训项目为例的项目责任分配矩阵表。

R=直接负责,I=参与,A=审批。

横向为参与该培训项目的八类干系人,纵向为基于WBS分解出来该培训项目的两级工作内容。同时,我们还要确定每项活动中不同干系人的角色,即谁负责、谁参与、谁审批。

比如,"需求确认"这项任务,由培训经理负责执行(R),公司相关领导审批(A),人力资源总监和部门经理参与(I)。应该获得人力资源总监和部门经理对需求的确认，受训员工虽然也是重要干系人，但主要参与需求调查环节，不参与需求确认环节。

2006年9月底，我被任命为项目经理，负责策划和组织一个高层次的管理论坛。大会预计500人参加，会议的演讲嘉宾除了国内的专家和企业家，还有来自美、韩等国的专家和企业家。大会还伴有展览等附加活动。从开始筹备到大会举行有不到两个月的时间。当时，我就是用一张功能扩展的项目责任分配矩阵表来实施管理的，简单高效。（如表7-3所示）

表7-2 某培训项目责任分配矩阵表

WBS		培训经理	人力资源总监	公司领导	部门经理	受训员工	采购部	财务部	本部门同事
需求调查与分析	需求调查	R	I	I	I	I			
	需求确认	R	I	A	I				
供应商选择	培训方案招标	I	A				R		
	培训方案选择	R	A	I	I		I		
	供应商确认	R	A		I		I		
合同管理	谈判	I	A				R		
	签约	I	A				R		
	款项支付	I	I	A				R	

续表

WBS		培训经理	人力资源总监	公司领导	部门经理	受训员工	采购部	财务部	本部门同事
培训实施	培训实施准备	R	A						I
	培训现场管理	R	A			I			I
	培训后跟踪	R	A			I			

表7-3 某论坛组织工作责任分配矩阵表

编号	工作	内容	起始时间	结束时间	负责人	参与人员	报告对象	情况通报	备注
1	论坛文案编写	包括论坛文案的滚动更新调整与下发							
2	合作协议编写	包括联合主办、协办、媒体合作及代理协议标准版编写与修改							
3	嘉宾邀请	邀请演讲嘉宾、对话嘉宾、主持嘉宾							
		对话嘉宾辅导							
4	嘉宾邀请函	文案编写与修改							
		邀请函联合签名获取							
		邀请函设计与制作							
5	合作单位联系	联合主办							
		协办							
		媒体合作							

续表

编号	工作	内容	起始时间	结束时间	负责人	参与人员	报告对象	情况通报	备注
6	设计与宣传	广告设计与刊登，包括广告设计、来宾照片获取、设计公司联系等							
		论坛签到券、logo、折页、背板、易拉宝、资料袋、参会证、餐券设计							
		嘉宾照片与简历汇总							
		论坛合作单位 Logo 获取							
		会刊设计与制作							
		制作用于发送电子邮件的论坛文案页面							
		论坛英文网页制作							
		论坛新闻稿编写							
		论坛专栏官网发布							
		媒体接洽与管理							
7	门票销售	论坛销售计划制订与销售工作分解							
		销售活动开展							
		销售过程监控							
8	论坛免费客户邀请	确定论坛免费客户邀请原则与人数比例							
		编制免费客户邀请计划与名单审核							
		商学院院长邀请跟进							
9	会议资料印刷	演讲嘉宾 PPT 讲义收集							
		资料印刷							
		图书订购							

续表

编号	工作	内容	起始时间	结束时间	负责人	参与人员	报告对象	情况通报	备注
10	会场安排	参会通知下发							
		酒店协调，包括会议房间预定与安排、会议用餐安排							
		酒店房间确定，包括备用低价宾馆的确定、参会人员住宿登记卡编制下发							
		指示标志安排，包括座位布置、背板、易拉宝安装、绿植、鲜花安排							
		参展易拉宝及资料获取							
		同传工作室搭建、设备租赁							
		展位设置与布展、相关图书的展示安排							
		纪念照片PPT制作							
		演讲稿播放文件制作							
		后勤工作	外国专家讲稿翻译						
			论坛同声传译和交互式传译人员联系						
			速记人员联系						
			设备准备包括授课设备、音响、灯光、现场技术支持、摄像						
			嘉宾台签制作、相关资料打印、会刊资料运送等						
11	论坛秘书处	对外联系工作的官方接口							
		参会人员报名统计与实时更新							

续表

编号	工作		内容	起始时间	结束时间	负责人	参与人员	报告对象	情况通报	备注
12	嘉宾接待	外宾	嘉宾接待计划编制							
			嘉宾接待							
			嘉宾食宿交通安排							
		内宾	嘉宾食宿安排							
			嘉宾联系方式汇总							
			嘉宾联系人会前电话确定、提醒其准时出席							
			会议现场嘉宾接待							
	参会人员接待		包括接待参会者、分发会议资料、现场款项收取、发票开具、咨询台安排、服务热线安排、领引、参会人员代表证检查、会场维护、餐券检查							
			签到簿							
			会议接待流程设计与分工安排							
			会议接待排练							
	合作单位接待		联合主办单位接待							
			协办单位接待							
			支持单位、代理单位接待							
		媒体接待	确定邀请名单与预算							
			现场接待							
13	会场统筹总控		特别是突发事件处理							
14	合作晚餐会		渠道与合作单位安排及人数统计							
			晚餐预订							

表7-3中，除了项目的主要工作内容和相关干系人两个基本要素外，还增加了

其他的管理内容，如活动的"起始时间"和"结束时间"，用以监控各项活动进度，"备注"用以说明未尽事宜。

此外，在项目推进过程中可用不同颜色表示各项活动的状态。红色为急需解决或需高度关注的任务；蓝色为需要推进和引起关注的任务；黑色为已完成、尚待完成或正常进度中的任务。

作为项目经理，我在论坛组织过程中，保持着对这个责任矩阵表的实时更新，并在更新后的第一时间邮件发送给相关的项目干系人，以便每个涉及项目工作的人员都及时清楚地了解相关情况，包括整个项目的进展、面临哪些问题、自己所负责或参与的项目活动的进展、其他项目活动的进展，以及自己所负责或参与的活动对整个项目产生的影响，等等。

这张表看上去并不复杂，但对有效履行项目经理的职责并圆满成功地完成论坛的组织工作起了非常大的帮助作用。

二、资源需求计划——用什么来做事

除了人力资源外，机器、设备、材料等物力资源也是保证项目实现的必要条件。资源需求计划既包括人力资源，也包括物力资源。

在编制资源需求计划前，首先需要考虑完成项目需要哪些资源。对项目所需的资源进行分析的依据就是通过WBS分解出来的项目最底层的工作包，工作包是最便于对所需资源进行判断的层次。

我们仍然可以用图表的方式来实现管理。表7-4为项目资源需求依据表。

表7-4 项目资源需求依据表

WBS 工作任务	资源需求（量）0				备注
	资源1（人力）	资源2（设备）	资源3（材料）	……	
工作包1					
工作包2					
工作包3					
……					
工作包n					

表7-4中最左栏标注WBS分解出的工作包，横向根据每个工作包的工作判断完成其所需的各种资源。各工作包的同类资源相加，就得到完成整个项目所需的该类资源总量。

还可以从另一个角度来统计完成一个项目每种资源在不同阶段的需要程度（如表7-5所示）。每个项目阶段所需的资源可以根据该阶段所需完成的工作包对资源的要求来判断。

表7-5 项目资源需求分类统计表

需求资源种类	需求资源总量	项目阶段（时间）					
资源1							
资源2							
资源3							
……							
资源n							

第三节 编制培训项目预算的两条路

如果我们利用WBS将项目分解为工作包，那么，每个工作包的成本就比较容易准确地估算出来。将每个工作包的成本预算从下至上逐层汇总，项目总的成本就估算出来了。这是从下至上编制项目预算的思路。

还有一条是"老路"，也就是从上至下编制预算。整个项目的预算是直接给定的，为项目经理可根据项目工作的分解结果分配预算。但预算就那么多，够不够，合不合理都不会变，就是要基于这个预算想办法完成项目目标。

在培训管理工作中，如果将从下至上和从上至下两种方式结合起来考虑项目预算的编制，会有更好的效果。

通过基于WBS的从下至上的方式，培训管理者能够有理有据地向组织提出预算要求。反过来，组织可以根据实际情况，以从上至下的方式调整和审批预算，并要求培训管理者在审批后的既定预算范围内完成工作。

从下至上和从上至下两种预算编制方式能够相互补充，帮助我们更科学合理地对成本预算进行管理。

以下分析如何基于WBS的分解从下至上编制项目预算，以举办一次生日晚会为例来说明（如图7-5所示）。

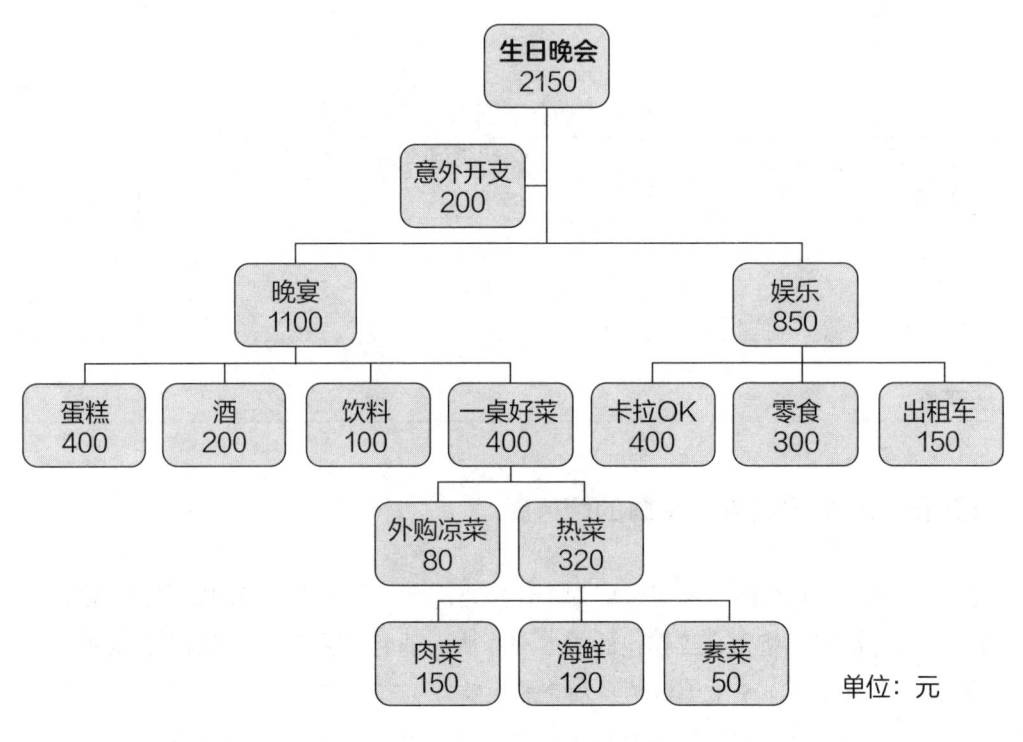

```
                    生日晚会
                     2150
                       │
                    意外开支
                     200
          ┌────────────┴────────────┐
         晚宴                      娱乐
        1100                      850
   ┌─────┬─────┬─────┐      ┌─────┬─────┐
  蛋糕   酒   饮料  一桌好菜  卡拉OK  零食  出租车
  400   200   100   400      400   300   150
                   ┌──┴──┐
                外购凉菜  热菜
                  80    320
                     ┌───┼───┐
                    肉菜 海鲜 素菜
                    150  120  50
```

单位：元

图7-5　生日晚会预算分解

组织一次生日晚会，到底需要花多少钱呢？

事实上，花多少钱是取决于主办者想在生日晚会办多少事。

比如，我计划生日晚会的活动由"晚宴"和"娱乐"两部分组成。那么，先将"生日晚会"分解为"晚宴"和"娱乐"这两项。"晚宴"计划买一个蛋糕、做一桌好菜、再买点饮料和酒水，那么"晚宴"就可以进一步分解为"蛋糕""饮料""酒水"和"做菜"四项。其中,一桌好菜计划包括热菜和凉菜。如此,"做菜"又再进一步分解为"凉菜"和"热菜"两项;"热菜"又有"肉菜""素菜"和"海鲜"三项。在"娱乐"方面,我计划大家一起打车去唱卡拉OK,再买点零食,边唱边吃。这样,"娱乐"活动就可以分解为"零食""卡拉OK包间"和"出租车"三项。

当将所有实现"生日晚宴"的活动都分解出来后,就可以估算每项活动所需的费用。所有不再分解的活动都处于工作包层级,对每个工作包成本的估算又是相对容易和准确的。一层一层推上去,就能够得到"晚宴"需要1100元,"娱乐"需要850元。由于项目中都存在不确定性,因此再加一项"意外开支"200元。这样,举办一次生日晚宴的总成本预算就出来了,是2150元。这就是基于WBS的从下至上的项目成本预算的思路。

再来看一个将项目管理的分解思想运用于实际生活的案例。表7-6是婚礼筹备项目管理表的示例。通过此表,能够很容易地将一个婚礼筹备项目的人员分工、进度及成本等要素整合起来并实现高效管理。

我的婚礼就是自己作为项目经理来管理的。实际上,管理的效果非常不错,充分实现"多快好省"的项目目标。

表7-6 婚礼筹备项目管理表

主项	子项	内容	负责人	完成期限	预算	是否完成	实际支出	备注
婚纱摄影	选择影楼	比较和确定婚纱影楼						
	婚纱摄影	传统并有特色						
礼服及婚戒选购	礼服	购买男女双方婚礼礼服						
	化妆品	购买化妆品						
	婚戒	选购婚戒(手表)						

续表

主项	子项	内容	负责人	完成期限	预算	是否完成	实际支出	备注
酒楼预定	选择酒楼	初定满堂红						
	订桌	预定婚宴时间、统计邀请人数、预定桌数、预定菜单						
		酒水、香烟、瓜子、花生、糖果购买						
	其他	就婚宴程序、场地安排等与酒楼方确定						
请柬、喜糖准备	请柬与喜糖选购	选购请柬、喜糖、糖袋						
	喜糖分装	喜糖分装入袋						
	请柬发送	书写请柬、发送请柬						
婚床选购	婚床选购	选购婚床						
	床垫选购	选购床垫						
新房装饰	选购新房装饰品	包括喜字、拉花、气球、彩带、鞭炮、留言簿、胸花等						
	新房装饰	选购安装空调						
		装饰新房，包括婚纱照等						
婚礼现场准备	婚礼现场布置	装饰和布置婚礼现场，包括背景环境布置、气球门、红地毯、技术设备安排与调试、香槟塔等						
	婚礼幻灯片制作	制作婚礼现场所用幻灯片、挑选音乐						
	现场技术支持	负责现场播放幻灯片、音像设备调试等						
花车安排	花车预定与安排	可通过租赁或朋友帮助安排花车						
	花车布置	布置花车						
	接送安排	安排花车接送时间、行驶路线等						

续表

主项	子项	内容	负责人	完成期限	预算	是否完成	实际支出	备注
婚礼仪式	婚庆仪式策划	自行策划，力求有新意、有意义、有创意						
	伴娘、伴郎确定	邀请伴郎、伴娘						
	婚礼新娘妆	给新娘化妆						
	婚礼总协调	负责婚礼仪式全部过程顺利进行						
	婚礼主持人确定	选择和邀请婚礼主持人						
	婚礼现场协调	负责各环节协调安排						
	来宾签到	来宾签到留言，礼金收取						
婚礼摄影摄像	摄影摄像确定	挑选并邀请摄影摄像人员						
	现场跟拍	对婚礼进行全程跟踪拍摄						
	设备准备	租借摄像机、购买磁带						
总计								

第四节 年度培训计划的编制

年度培训计划的编制是培训管理者每年都会面对的一项重要培训计划工作。

一、是基于岗位能力要求，还是基于问题解决编制计划

在进行年度培训计划编制之前，首先需要思考一个问题：是基于岗位能力要求，还是基于问题解决编制年度培训计划？

"基于岗位能力要求"指培训计划是根据各岗位能力的要求来设计的，而"基于问题解决"指培训计划是根据工作中出现的问题来设计的。"基于岗位能力要求"的培训项目关注使受训者获得与其岗位要求相匹配的能力。"基于问题解决"

的培训项目聚焦使受训者获得帮助其解决工作中面临的实际问题的能力。

通过"基于岗位能力"的培训，受训者能够获得与其岗位匹配的能力，但也只是让其具备执行岗位工作的必要和基本的能力。在获得岗位基本能力的同时，受训者获得了完成其岗位工作的合格条件（或可称为"门槛条件"），而非充分条件。这种情况下并不意味着受训者一定能圆满完成自己的岗位工作，在工作中受训者依然会受到各种非岗位基本能力要求的因素、困难的挑战。只有"基于问题解决"的培训项目，才能使受训者具备解决相关实际问题的能力，才能使受训者在有资格从事其岗位工作的基础上，做好工作。

因此，我们在开展年度培训计划的编制工作时，需要同时考虑"基于岗位能力要求"和"基于问题解决"两方面的要求。

二、年度培训计划需考虑的因素

1. 年度培训目标

年度培训目标也就是年度培训的重点方向和主要要求是什么。

年度培训的重点方向和主要要求一般来源于以下几个方面：各类重要的组织文件对未来组织发展的描述，可能涉及组织发展战略、组织变革要求、产品与市场策略、人才发展要求等；组织高层对来年培训工作提出的明确指示；组织高层在各类重要场合对人才发展、培训工作期望的阐述……

这些信息指明了培训工作在来年，甚至以后较长一段时期的大方向。这个方向一定不能错，否则培训工作就无法发挥推动组织战略目标实现的重要作用。

2. 培训对象

虽然整体上来说，组织的全体员工都是培训的对象，但由于战略调整、市场开拓、组织变革等多方面的原因，每一年培训的重点人群可能会有所不同。因此，在编制年度培训计划时，一定要思考哪些人群是来年的重点培训对象，要在培训资源上对其有所倾斜，不能简单地向所有受训对象平均分配资源。

3. 年度培训内容

年度培训内容考虑的是来年培训活动主要涉及哪些领域，以及哪些知识、技能和态度。年度培训内容的规划与组织的战略要求、重点培训人群、培训预算，以及可能存在的限制和约束条件都有联系。需要综合考量年度培训内容的设置。

4. 年度培训课程

年度培训计划中一个最为核心的子计划就是年度培训课程计划。

培训课程可分为常规性课程和非常规性课程两大类。此外，培训课程，或者更为准确地称为培训活动，并非仅以课程的形式体现，可以是课堂教学式的培训活动，也可以是非课堂教学式的培训活动，如拓展培训、经验分享会、读书会、兴趣小组、游学，甚至是轮岗，等等。

可以这样理解，年度培训目标是培训的大方向，年度培训内容是这个大方向下的培训应该涉及的领域，年度培训课程是在每个领域中更为具体的培训活动。

5. 培训类别

培训类别与培训形式容易混淆，也没有明确一致的界定，在此暂且将其定义为内训和外训大类。

内训就是各类组织（甲方）自己发起和组织的培训活动；外训就是培训机构或外部（乙方）发起和组织，需求方派员参加的培训活动。

6. 培训形式

很多人单纯地把课程理解为培训，其实它只是培训的一种最为常见的形式。

培训的形式很多，包括课程培训、拓展培训、E-Learning、微课、经验交流会、会议论坛、导师制、轮岗、教练与辅导、读书会、学习社群、兴趣小组、游学参访、非学历教育，甚至是参加志愿者活动，等等。

简单地说，有助于受训者能力提升的方式都可以成为培训形式。

7. 培训师资

培训师资方面主要考虑的是，在什么样的培训活动中，安排什么样的师资来交付培训内容。一般把师资分为内部师资与外聘师资两大类。

8. 培训时间

对培训时间主要考虑两个方面。

一是年度培训计划的实施时间，什么时间开始，什么时间结束。时间可以界定到具体的月份，有条件时也可以界定到具体日期。

二是各具体培训活动的实施时间。由于具体的单项培训活动的开展受到各方因素干扰的可能性很大，因此建议具体培训活动的培训时间不需要确定到准确的日期，有条件时可以界定到具体的月份或季度。

9. 年度培训经费

对年度培训经费主要考虑来年的培训预算有多少，该如何进行分配的问题。当然，培训经费的分配既要考虑全局，更要配合组织要求有所倾斜。

国有企事业单位与民营企业有不小的区别。国有企事业单位在培训经费使用上的条件比较多，但计划执行的稳定性相对较好；民营企业更为灵活，但计划执行过程中的变化较大。

10. 计划外的培训活动

年度培训计划是提前编制的，在执行时常常会遇到突发的、急需解决的问题，因此在编制年度培训计划时，应预留一些经费和空间来处理可能发生的临时性培训需求，也可以专门建立相关的培训管理制度来应对此类状况。

三、培训要素的分析与选择

1. 内训与外训

内训与外训是培训的两大类别。

内训由组织（甲方）根据自身需求主动发起，并由其自身负责组织实施。内训主要包括由培训机构或其他外部组织（乙方）提供培训服务的内训、内部师资授课实施的内训、基于电子化学习方式的内训，以及组织内部开展的各类正式或非正式的学习活动。

外训由培训机构或其他外部组织（乙方）发起、策划和举办，不同的组织根据自身需求派人员参加。外训主要有短期公开课、中长期研修项目（如总裁班项目、EDP学习项目）、讲座沙龙、会议论坛、游学、参观考察、拓展培训等形式。

了解内训、外训类别，有助于培训管理者结合企业实际情况设计最适合的培训方式及培训方式的组合。表7-7所示为对内训、外训的特点、优势和劣势的基本比较。

培训活动采取内训或外训，还是内训、外训相结合的方式，表7-7提供了依据。例如：受众群体大或存在的共性问题多，以内训为佳；受众群体小或受训者的个性化需求强，以外训为佳；受训学员的管理职级高，以安排其参加外部高端培训项目、会议、论坛为佳；受训学员的管理职级低，可多考虑以内训的形式来培训……

表7-7 内训和外训对比分析

培训类别	特点	优势	劣势
内训	• 培训的定制化设计基于组织的个性化需求与问题 • 比较适合面向组织中较大人群的共性培训需求	• 人均培训成本较低 • 可以安排较多人员参加，培训受众广 • 受训人群较广，培训结果对组织产生的整体影响大 • 培训能够更大程度地结合组织的实际情况和个性化需求 • 相对易于对参训人员的学习进行管理和监督	• 培训绝对成本相对较高 • 受众广，因此培训失败带来的影响大 • 培训涉及干系人多，操作复杂，不可控因素多 • 无法满足组织中受训者的个性化培训需求
外训	• 培训内容主要面向某一类受训人群的共性需求，如中层管理者、销售人员等 • 比较适合面向组织内部少数人群的个性化培训需求	• 操作简单（如只需要安排合适的人选参训即可） • 有利于受训者与组织外部人群进行交流、分享经验 • 培训风险小（由于同一组织参训人数有限，即使培训效果不好，影响也不大） • 适合满足组织中不同人员的个性化培训需求	• 人均培训成本比较高 • 成本高，同一组织外派参训人数较少，受众群体较小 • 受训人数有限，培训结果对组织产生的整体影响较小 • 重点在于满足个性需求，因此培训内容零散，培训不系统 • 不易对外派人员的学习进行管理和监督

2. 内部培训师与外部专业培训师

培训师资的选择也是培训活动组织实施的一项重要工作，不妨也通过对比的方式表对内部培训师与外部专业培训师进行分析（如表7-8所示）。

培训管理者在考虑师资选用时，除了要了解内、外培训师的优缺点，还要考虑培训师资的可获得性。某些特殊行业或新兴行业的某些培训专题很难在培训市场找到合适的外部师资。在这种情况下，不得不考虑放弃或暂缓这一专题的培训安排，或是从内部着手培养相关的师资并逐步开发相关的课程。

表7-8 企业内部培训师与外部专业培训师对比分析

师资来源	优势	劣势
企业内部培训师	• 熟悉本组织和本行业的情况 • 实操经验丰富，培训内容实用性强 • 配合培训灵活度相对高、及时性较强 • 培训成本低	• 经验多局限于本组织或本行业，对跨组织或跨行业的实践缺乏了解 • 经验导向，过于关注细节 • 理论能力不强，总结不系统，课程高度不足 • 课程设计相对简单、课件制作粗糙 • 课程呈现能力弱 • 无法专注于课程开发与培训授课 • 授课意愿与动力不足
外部专业培训师	• 熟悉行业或专业的发展及最新状况（理论、技术及趋势） • 接触各类组织及行业多，外部经验和最佳实践分享多 • 理论能力强，课程结构完整、课程设计完善、课件制作精良 • 课程呈现能力强 • 专注于培训，课程开发与授课意愿强，工作投入度高	• 对客户的实际运作与业务特点缺乏足够了解 • 课程内容可能趋于泛泛，与客户的实践对接不足，实用性较差 • 配合培训的灵活度相对低、及时性较弱 • 培训成本高

在内、外部培训师的选择上，结合表7-8的分析，可以做以下的考量。

（1）需要系统学习的知识、技术、工具与方法，以外部专业培训师讲授为佳。

（2）旨在提升理论修养的课程，以外部专业培训师讲授为佳。

（3）要求较高的通用类课程，以外部专业培训师讲授为佳。

（4）规范性强、标准化高的技术类课程，以外部专家作为培训师讲授为佳。

（5）高级技术类课程，以外部专家作为培训师讲授为佳。

（6）要求不高的基础性通用类课程，以内部专职培训讲师讲授为佳。

（7）部分特色通用类课程，以内部专职培训讲师或高管人员讲授为佳。

（8）实操性要求高的中、初级技术类课程，以内部专家作为兼职培训师讲授为佳。

（9）产品培训类、业务培训类课程，以内部专家作为兼职培训师讲授为佳。

（10）新员工培训类、企业文化类课程，以内部专职培训讲师讲授为佳。

以上仅为大家选择内外部培训师时提供一些参考，可灵活掌握，不宜生搬硬套。

3. 线下、线上及移动学习

培训管理者在进行培训规划时，还需考虑采用线下形式，还是线上形式，或是线下加线上的形式（如表7-9所示）。在互联网与移动通信技术飞速发展的今天，有必要将借助网络平台和移动设备培训的形式考虑进去。

表7-9　线下、线上及移动培训对比分析

培训形式	优势	劣势
线下培训	• 符合大多数人群的学习习惯 • 易于管理和监督学员的学习 • 便于多种教学形式相结合 • 互动性强，学员参与度高 • 适合几乎所有培训内容	• 培训成本相对较高 • 受时空条件的影响大 • 培训组织难度相对大
线上培训	• 受时空条件的影响小 • 培训成本相对较低 • 组织培训相对容易	• 不符合多数人的学习习惯 • 较难管理和监督学员的学习 • 多采用单一的课堂教学形式 • 互动性差，学员参与度低 • 培训内容受限制大（以知识、理论讲授为主，较难开展实操性要求高的培训活动）
移动学习	• 符合年轻人获取信息的习惯 • 受时空条件的影响小 • 能够吸引年轻人的注意力 • 培训成本很低 • 信息获取的效率高 • 适合满足个性化的培训需求	• 内容浓缩度要求高，不易把握 • 内容碎片化倾向大，不系统、不完整 • 外部课程品质参差不齐 • 优质课程开发难度大，除内容专家外，还需要专业技术人员的配合 • 单向灌输，无互动 • 更适合非正式学习，效果不易保证

目前线下培训仍是主流，线上培训由于其受时空影响小和低成本的优势，也越来越多地被企业应用。相信在未来，线上加线下的形式将逐渐成为主流，线上学习将更多地被应用于各类组织的培训方案中。

以移动端设备，特别是手机终端为学习平台的移动学习方式，也获得了发展，以微课形式为主体的移动学习更适合个体的非正式学习，可作为正式的线下和线上学习的补充。移动学习的方式在很大程度上满足了学员的个性化学习需求，极大地提升了学员获取信息的效率，但由于缺乏统一有效的组织和管理，其效果有待验证。

总体来说，在未来一段时间里，线下学习依然是主要方向，线上学习的地位将越来越赢得各类组织的重视，将从"打酱油"角色转变为线下学习的真正搭档。移动学习如何做到与线下、线上正式学习形式有效结合，还需要在实践中不断探索。

四、培训课程规划

课程规划是培训规划最重要的部分，绝大多数组织的培训活动基本是以培训课程的形式来实现的。在进行培训课程规划时，要考虑的主要因素包括培训对象、专题领域、具体课程设置、培训课时、实施时间、培训形式、师资安排，培训预算等。

（1）培训对象：可按照高层，中、基层管理者，储备干部（骨干员工），普通员工等划分对象人群。员工人群又可按照职能细分为研发部、生产部、工程部、市场部、销售部、客服部、财务部等。

（2）专题领域：涉及不同的专业和技术，包括通用管理与领导力、战略管理、营销与销售、人力资源管理、财务管理、项目管理、团队建设与管理、职场通用技能、物流与供应链、生产管理、金融与投资、专业技术等。

（3）具体课程设置：结合组织战略及各方干系人需求调查的结果，整理出每个培训专题领域模块的具体课程名单。

（4）培训课时：每个课程的具体授课时长，可以以天或小时为单位。

（5）实施时间：每门课程计划实施的时间。年度培训课程计划中具体课程实施时间不要求精确到具体的日期，精确到季度或月份即可。

（6）培训形式：包括内训（内训课程、分享研讨、业务辅导等），外训（短期公开课、中长期研修项目、会议论坛、参观访问等），线上（E-learning课程等）或线下等。

（7）师资安排：是内部培训讲师授课，还是外部专业培训师授课。

（8）培训预算：每门课程或每次培训活动的成本，包括培训费、交通费、食宿费、场地费、培训物料费、茶点费等。

将这些主要规划内容逐项分析、识别和明确后，可以通过一张年度课程规划表呈现出来（如表7-10所示）。

表7-10　年度培训课程规划表

培训对象	专题领域	课程名称	培训课时/天	实施时间	培训形式	师资安排	培训预算/元	备注
企业高层	战略管理	商业模式与创新	2	2024.1	会议论坛	—	24000	4人，含交通、食宿费用
	领导力	卓越领导力	2	2024.6	内训	外聘讲师	70000	部分中层可参加，含各项费用
企业中、基层管理者	通用管理与领导力	卓有成效的管理者	1	2024.4	内训	内部讲师	4000	含餐费、资料费
		领导力与影响力	2	2024.3	内训	外聘讲师	60000	含各项费用
储备干部（骨干员工）	基本管理技能塑造	打造卓越执行力	2	2024.5	内训	外聘讲师	50000	含各项费用
		高效能人士的七个习惯	0.5	2024.9	读书会	—	1000	培训经理主持，含图书费、茶歇
研发部	研发管理	研发流程管理	2	2024.10	公开课	外聘讲师	14000	2人，含交通、食宿费用
	项目管理	产品研发项目管理	3	2024.11	内训	外聘讲师	70000	所有研发人员，含各项费用
			0.5	2024.12	研讨答疑	外聘讲师	6000	

续表

培训对象	专题领域	课程名称	培训课时/天	实施时间	培训形式	师资安排	培训预算/元	备注
生产部	生产管理	5s生产管理	1	2024.7	内训	外聘讲师	35000	全体生产人员，含各项费用
		班组长能力提升	1	2024.8	在线课程	—	2000	购买课程账号
工程部	项目管理	工程项目管理	2	2024.9	公开课	—	14000	2人，含交通、食宿费用
		工程项目管理	0.5	2024.11	课程分享	内部师资	1500	项目组长，含课酬、茶歇、资料费
	安全管理	工程施工安全管理	0.5	2024.1	讲座	内部师资	1500	主管以上，含课酬、茶歇、资料费
市场部	营销管理	营销策划与创新	1	2024.4	研讨会	—	14000	2人，含交通、食宿费用
		微信营销	1	2024.8	外部免费课程	—	—	2人，含餐费
销售部	销售管理	大客户销售管理	2	2024.5	公开课	—	21000	3人，含交通、食宿费用
	渠道销售	渠道开发与管理	2	2024.7	公开课	—	14000	2人，含交通、食宿费用
	团队建设	打造狼性销售团队	0.5	2024.11	光盘		1000	购买光盘
客服部	商务礼仪	客户服务商务礼仪	0.5	2024.2	光盘	—	1000	购买光盘
	客户服务	客户服务经验交流	0.5	2024.6	分享会	内部师资	2000	内部专家主持，含专家费、餐费
财务部	财务管理	合理避税	1	2024.2	在线课程	—	2000	含购买课程费、餐费、资料费
行政部和人力资源部	公文写作	Office软件应用	0.5	2024.3	讲座	外聘师资	8000	含课酬、餐费、资料费

续表

培训对象	专题领域	课程名称	培训课时/天	实施时间	培训形式	师资安排	培训预算/元	备注
内部兼职培训师	内训师培训	TTT	2	2024.6	内训	外聘师资	60000	含各项费用
	按需设计						78000	培训应急费用
总计			3				554000	

以上是一个比较简单的示例，培训管理者可以根据管理需要，增加或删减表中科目。基本原则是，尽量通过一份表单就清晰地呈现培训课程及相关活动的主要信息，做到有效管理。

五、突破小量培训规划障碍的思路

培训实践中常常遇到这样的情况，受企业实力限制，能为培训投入的预算和资源很少，每年只能实施零星的培训。面对这种状况，特别是那些更多借助采购外部培训机构的服务来实施内训的企业，培训规划似乎显得多余。这类企业的培训管理者一般都是在年底或年初制订计划时，确定一两门课程就万事大吉。但这一工作方式带来的后果是，培训管理者被各种困惑干扰，"今年还能安排什么新课程""今年培训的内容似乎和去年雷同""培训总是零敲碎打，没办法系统化""培训为何一直浮在表面，无法深入""培训预算那么少，能做的就是找两门课程而已"……

陷于这样的处境，主要的原因是：过于将目光聚焦当前，忘记了抬头眺望一下未来。实际上，只要将培训规划的视野拓展到三至五年，就完全有可能将零星的培训课程组合成一个有机的整体，使各部分相互依存，相互支撑，形成合力，功效倍增。此外，这一方式更有利于培训管理者将培训规划与组织战略有机地结合起来。

举例来说，企业要求通过项目管理培训提升组织的竞争力，从而帮助企业赢得更多的项目，实现业务发展的五年计划，但是企业项目管理不规范，项目管理人员理论水平普遍不足，因此计划委托外部专业培训机构实施内训。同时，企业内部的项目管理内训师团队尚未建立，且企业的培训预算只够一年采购两次外部项目管理培训服务。

针对这一现状，培训管理者在规划培训时，不能只考虑当年进行哪两门课程的培训，而应将每年两门课程的安排放置到一个三至五年的培训方案中进行统一考虑。

解决方案可以采取如下思路。

第一年，先安排"项目管理基础导入"课程，让项目管理人员及相关人员学习项目管理的基本的知识、原理、工具、技术和方法，统一对项目管理的理解，营造项目管理的组织氛围。课程可以设计为三天，用充分的时间打下基础。第二次课程安排在导入培训后半年，就培训后的项目管理实践进行研讨。用一天时间，由学员汇报和分享实践成果，提出工作中遇到的难题，外部专家点评并答疑解惑。同时，在企业内部挑选有潜力且有意愿成为培训师的项目管理专业人员组成项目管理师资团队，为他们安排TTT培训课程，组织和指导他们进行课程的开发，通过举办内部小型的讲座等形式提升他们的授课技巧，并在实践中逐步开发内部课程。

第二年，引入项目管理软件的学习"用Project帮你管项目"，第二次课程为应用该软件三个月后的"Project软件应用答疑"。同时，内部项目管理师资团队为员工进行初级项目管理课程培训。安排内部培训师有目的地参加外部公开课，引进并内化相关课程，开发和建立内部课程体系。

第三年，根据项目管理人员的需求，设置两门项目管理专项技能提升课程，如"项目需求管理""项目风险管理"。同时，内部项目管理培训师开始进行更多相关项目管理课程的讲授。在内化外部课程和开发新课程的基础上，继续完善内部课程体系。

第四年，重点提升项目经理的软技能，安排如"跨部门项目团队管理和沟通协作""项目经理的领导力"课程。同时，内部项目管理培训师团队初步成熟，内部项目管理课程体系初步建立。

第五年，关注组织级项目管理能力的构建，设置"项目组合与多项目管理""企业项目管理体系建设"课程。同时，内部项目管理培训师资团队已经基本能够满足中基层项目管理人员的培训需求。在此基础上，学习和内化高级项目管理课程，开发和打造企业的项目管理品牌课程。在满足对内培训的基础上，甚至可以尝试对外部人员开展营利性培训。

以上的例子仅是一个粗略的参考，以此来说明的是，即使培训预算有限，只能进行和小量培训，但如果能从更高的视角、更大的范围统筹、思考和规划培训工作，就有可能跳出小量培训带来的"零敲碎打"，从而做到合小为大、集零为整、化无为有。

六、年度培训计划的具体编写

年度培训计划的编写规范，不同的组织有不同的要求，国有企事业单位对年度培训计划方案的结构、内容要素和行文会有较为严谨的要求，民营企业相对更为灵活。

整体说来，一份年度培训计划主要包括四大要素：封面、目录、正文、附件。

1. 封面

培训计划的封面应能为读者提供该文件最基本的信息，封面设计应有助于引起读者的阅读兴趣。不少培训管理者只重视计划内容的编写，对封面的处理过于简单，常常只写上"某某培训方案"。其后果是，读者可能在看到封面的同时就失去了阅读它的兴趣。因此，对培训计划封面的设计绝不能随意和马虎。

培训计划封面的设计主要考虑两个因素，一是封面的文字内容，二是封面的包装。封面的文字内容用于向读者传达有关该计划的最基本信息；封面的包装用于抓住读者的眼球，激发读者的阅读兴趣。同时，封面的包装也是一种很好的营销工具，有助于树立培训项目（工作）的品牌形象。

年度培训计划的封面文字内容主要包括报告名称、编制部门、日期及审核部门等元素和信息。

封面的包装涉及对文字字体、字号、颜色，配图，排版形式，设计风格等多方面因素的综合考虑。重要的培训计划，在条件允许的情况下，最好能请专业的设计人员协助设计。如果不具备条件，培训管理者也应该尽量保证封面的视觉舒适度。

封面是培训计划的脸面，影响读者对文件内容专业度的第一印象，也是文件编写者专业程度的体现。

2. 目录

一份年度培训计划可能总共没有几页，为什么还需要目录？

目录的作用一方面是导读，文件正文内容越多，导读越重要；另一方面，目录是一份文件规范性的象征，虽然文件正文的内容不多，但目录可以让读者感受到严谨和规范，也有助于加深读者对文件编写者专业态度的认识。既然要通过目录进一步体现文件的专业性，那么目录的编排就一定要规范。

3. 正文

正文就是年度培训计划主体内容，是最为重要的一个部分，包括但不限于计划概要，依据，培训原则、方针和要求，培训目标，培训内容、课程设置、师资安排、培训预算，培训实施计划，培训效果的评估。

（1）计划概要是概括性地说明计划制订的背景。

（2）依据是说明为什么这样制订计划。

（3）培训原则、方针和要求是培训工作开展的基本方法、指导方向和要求。

（4）培训目标是培训工作预计达成的结果。

（5）培训内容、课程设置、师资安排、培训预算等内容可以在分别描述的基础上再以一张课程计划规划表来整体呈现。

（6）培训实施计划主要是对年度培训计划的具体实施工作做出安排。

（7）培训效果的评估主要对培训效果评估的维度和方法进行界定。如果组织已经有一套培训效果评估的既定制度，这个部分就不用再写入年度培训计划中。

4. 附件

附件主要用于呈现不适合在正文中描述的更详细的信息、数据、图表及其他事项，如具体培训课程的大纲、师资简介。以下为年度培训计划示例。

××公司年度培训计划方案

一、封面

本部分包括封面名称、编制部门、编制日期，以及审核部门等元素。

二、目录

三、正文

（一）计划概要

本计划主要内容包括2021年度培训工作具体内容，培训活动安排、时间安排和费用预算等。编制本计划的目的在于加强培训教育工作的管理，提高培训工作的计划性、有效性和针对性，使培训工作能够有效地促进公司经营目标的达成。

（二）计划依据

制订本培训计划的依据包括能力素质模型、公司重点战略课题、最新的培训需求等。

（三）培训工作的原则、方针和要求

1. 培训原则

（1）内训为主、外训为辅。

（2）各部门通力协作。

2. 培训方针

以"专业、敬业、服务、创新"的企业文化为基础，以提高员工实际位技能和工作绩效为重点，建立"全面培训与重点培训相结合、自我培训与讲师培训相结合、岗位培训与专业培训结合"的全员培训机制，促进员工培训机制、员工发展和企业整体竞争力的提升。

3. 培训要求

（1）满足公司未来业务发展需要。

（2）满足中层管理人员及后备人员的发展需要。

（3）满足企业内部培训系统发展和完善需要。

（四）培训目标

1. 培训体系目标和培训时间目标

2. 培训内容和课程目标

3. 培训队伍建设目标

（五）培训体系建设任务

（六）2021年培训课程计划

    1. 2021年培训课程规划总表

    2. 2021年培训课程规划表（按部门）

    3. 2021年培训课程规划表（按人员）

    4. 2021年培训课程规划表（按项目）

    5. 相关培训活动、课程大纲及师资简介（课程大纲及其他详细信息见附录）

（七）重点培训项目

（八）培训费用预算

（九）项目实施计划

（十）培训效果的评估

四、附录

    1. ……

    2. ……

第四编

培训项目的执行与监控

第八章　培训项目的营销管理与有效沟通

第一节　培训也是需要营销的

一、"沟而不通"的困惑

虽然在少数组织中,培训部、培训中心或企业大学的培训管理者借助来自高层的有力支持,可能在培训管理中处于相对强势的地位,但在更多组织的培训实践中,培训管理者的工作努力却使其处于尴尬的境地——剃头挑子一头热。一方面,培训管理者对培训工作干劲十足,热情高涨,忙得热火朝天、不亦乐乎;另一方面,组织内部对培训的响应却是波澜不惊,甚至是冷漠无视。

培训管理者在与组织内外部各方干系人沟通交流时,会碰到不少阻力,具体表现为以下几种情况。

(1)向上沟通"无位"。培训管理者在组织内部的管理职级不高,处于中层(偏低)位置,甚至只是基层管理者。这样的管理职级让培训管理者在工作实践中不容易获得与高层领导沟通的机会,即使有机会直接沟通,高层领导也常常顾不上培训工作。

(2)平级沟通"无力"。由于培训管理者的管理职级可能低于中层管理者,在沟通时无法与对方对等。而且,对方是培训管理者在组织内部的"客户"和"甲方",培训管理者是"乙方",客户是"上帝","甲方"总比"乙方"有优势、更强势。

(3)向下沟通"无权"。培训管理者在与基层人员沟通时,由于与没有任何管理上的从属关系,对方并不十分顾忌来自培训管理者的要求,认为"你管不着我",有兴趣、有心情、有闲暇就多配合一下,没兴趣、没心情、工作忙就敷衍了事。

培训管理者面对类似的问题,培训工作肯定不好做,也肯定做不好。

那么,为什么组织中存在大量沟通不畅的状况呢?

是培训管理者自身沟通能力的问题吗？培训管理者都缺乏沟通能力吗？

绝大多数培训管理者认为，由于必须通过大量的沟通来推动工作，因此自身的沟通能力应该是普遍高于组织平均沟通水平的，至少也要达到平均水平，否则这项工作就没法做。同时，由于工作的性质，培训管理者经常会接触组织中各级人员，因此这一群体在组织内部的知名度也是比较高的。

但是培训管理者所具备的较强沟通能力和较高知名度似乎并没有为其带来顺畅的沟通。为什么培训管理者具备了较强的沟通能力，仍然会"沟而不通"呢？

沟而不通就是，你将培训的信息、要求传达给了对方，但没有对对方产生作用，没有产生结果或行动。比如，培训管理者组织一个培训活动，也通知相关的受训人员来参加，对方收到这个信息，也表示会来参加，但最终没有出现。

"沟而不通"不是培训管理者缺乏沟通能力造成的，而是沟通过程并没有对沟通对象产生影响造成的。培训管理者最为缺乏的其实并不是沟通能力，而是影响力，特别是对被沟通者的影响力！

> <观点分享>
> 培训管理者最为缺乏的其实并不是沟通能力，而是影响力，特别是对被沟通者的影响力！

二、培训管理者影响力的来源

如何能增加培训管理者的影响力来改善这一局面呢？

在回答这个问题前，先来了解一个对培训管理者在组织中影响力进行的测试。

有四张不同颜色的纸片，黄色纸片上写着"我有很大的影响力"，橙色纸片上写着"我有相当的影响力"，绿色纸片上写着"我只有很小的影响力"，白色纸片上写着"我几乎没有影响力"。将纸片按照黄、橙、绿、白的顺序平行贴在墙上。每个学员获得各色空白纸片各一张，他们的任务是，选择与本人影响力相同或最相近的那个颜色的空白纸片，并在其上写下两种认为造成这种情况的原因，然后将这个纸片贴到墙上同样颜色的那张纸片的下方。所有学员都完成后，就可以找出每种影响力程度所占比例。

测试结果显示,"我只有很小的影响力"比例最大,"我有相当的影响力"居第二位,"我几乎没有影响力"和"我有很大的影响力"的占比相当。

1. 选择"我只有很小的影响力"的培训管理者给出的原因归纳
- 理念不同,领导不认可,部门不重视
- 向领导汇报工作少
- 与各部门沟通较少,与组织中其他人员关系建立不够
- 他人不知道培训部在做什么
- 性格内向,表达能力弱
- 不是一线部门
- 职位低,专业能力不强
- 对业务不够了解
- 培训体系不完善
- 别人不信任
- 没有证明培训价值的有力证据
- 只是在被动执行领导指定的培训工作
- 公司的"背锅侠"

2. 选择"我有相当的影响力"的培训管理者给出的原因归纳
- 利用一切机会宣传培训
- 大环境支持培训
- 高层管理者重视和支持
- 直接领导支持
- 能够与不同人员很好地沟通
- 人脉资源
- 参与制定规章制度
- 有绩效打分权
- 分管领导有权威

- 培训独立运营
- 管理职级较高
- 资历深
- 专业能力强
- 专业，积极，分享
- 培训带来价值
- 业务部门愿意参加培训

3. 选择"我有很大的影响力"的培训管理者给出的原因归纳
- 与各层级人员保持友好的合作关系
- 专业
- 领导眼中的"谋士"，部门主管眼中的"专家"，员工眼中的"教授"
- 能够发现问题并给出可行性建议
- 有权"有钱"有资源

4. 选择"我几乎没有影响力"的培训管理者给出的原因归纳
- 没有培训环境
- 高层管理者不懂培训
- 直接领导不为培训争取利益
- 员工对培训没兴趣
- 职位低
- 不与受训对象直接沟通

在以上各类与影响力有关的因素中，与沟通能力相关的项目很少。测试者列出的与其影响力强弱有关的因素各不相同，但通过分析可以归纳为三大类。

第一大类：培训工作是否得到管理层的支持？是否被赋予相应的管理权力？是否有较完备的体系的支撑？这几个问题揭示影响力与培训管理者的职权力有关，也即职权影响力。

被赋予的权力越大，职权影响力也就越大，职权影响力受限于职权的范围，无法超出范围发挥影响力。职权被取消，相对应的影响力也就消失了。

如何让组织赋予培训管理者更多的话语权，以此来提升其职权影响力呢？答案是让高层领导真正认识到培训工作的重要价值和让高层领导看到培训工作带来的切实结果。

第二大类：培训管理者是否专业？培训工作是否能体现其自身价值？这两个问题体现的是专业影响力。专业人士、技术权威更容易获得信任，当其工作结果给组织带来了绩效和贡献，其被信任的程度就更高。

如何提升培训管理者的专业影响力呢？在培训工作中从各方面展示专业能力和体现专业精神；不断通过培训工作成果来体现自身的专业价值；持续学习提升专业修养。

第三大类：培训管理者是否宣传培训工作，是否在组织中充分传递培训工作信息？是否帮助组织各级成员建立起对培训的正确认知？这几个问题涉及如何让组织内部成员更好地认识和了解培训工作，理解培训工作，从而认同和支持培训工作。

如何能让组织中成员更好地认识培训工作呢？大力加强对培训工作的宣传和推广，让组织中的每个人都知道什么是培训；为什么需要培训；培训部门正在开展和计划开展哪些培训项目；有哪些培训项目与自己相关；培训部在工作中付出了哪些努力，遇到了什么困难；自己能为培训工作提供哪些支持和帮助；培训工作产生了哪些结果，哪里可以看到……

三、做好培训离不开营销

培训工作涉及组织内部不同层级、不同部门和不同人员，需要大量跨部门沟通与协作，只靠培训管理者自身努力工作是远远不够的。培训管理者必须排除个人英雄主义的单打独斗思想，最大限度地调动各方面人员对培训工作的关注与支持，争取所有能对培训工作产生影响的群体为培训工作施加积极影响。

1. 培训管理者影响力能否提升取决于培训工作能否带来价值与贡献

这种价值和贡献不体现在工作过程中，而体现在工作成果上，即培训对企业带来的影响和变化。培训工作无论如何努力高效，如果最终无法落实为成果，都是无用的。做了无用的事，也就无法产生有用的影响力。

2. 培训管理者影响力的提升必须基于他人对培训工作的了解和理解

如果培训管理工作干得热火朝天，别人却问："你们培训部总是那么忙，到底在忙些什么呢？"如果大家根本都不了解有关培训工作的信息，又如何理解培训工作，更别提支持培训工作了。

培训工作要引起关注，既要用工作结果说话，还要大张旗鼓地宣传。让组织里所有人都了解：培训工作已经做了什么，正在做些什么，准备做些什么；付出了哪些努力，取得了什么成果；遇到了什么困难，需要什么样的支持；有什么制度、规范和要求；对组织个人有什么益处，等等。

简而言之，培训也是需要营销的！

培训管理者要做好培训工作，一定要树立起培训营销的理念。将培训管理从传统"推销"转变为通过"营销"来赢得组织成员自发自愿的支持与参与。

<观点分享>
一方面，培训管理者影响力的提升在于培训工作带来的价值与贡献；另一方面，培训管理者影响力的提升必须基于他人对培训工作的认识和理解。因此，要做好培训工作，必须同时做好培训的宣传工作。简而言之，培训也是需要营销的！

第二节 培训营销的三个要素

可以通过对三个问题的解答建立起对培训进行营销的基本思路，Who：对谁营销？What：营销什么？How：如何营销？

一、Who：对谁营销

培训营销最主要的对象是培训工作涉及的各方重要干系人。

培训干系人，或直接参与培训项目（工作），或其利益因培训项目的实施受到积极或消极的影响，同时，培训干系人也对培训项目、项目可交付成果和项目成员产生影响。

对培训干系人进行营销的目的就是使其对培训工作产生积极的影响，降低其对培训工作的消极影响。

对培训项目（工作）来说，一般面对三类主要的内部干系人：组织决策者和高层管理者、部门主管（受训者直接领导）、受训者（培训对象）。

组织决策者和高层管理者是组织战略的制定者，同时也有可能是培训项目的发起人。他们掌握着培训项目的"生杀大权"。没有来自组织决策者和高层管理者的支持，你很可能都不知道培训项目是如何失败的。

部门主管（受训者直接领导）一般指部门管理者，是培训对象的主管。他们在三类内部干系人中，起承上启下的连接作用。同时，在各类组织中也不乏由部门直接发起培训项目的情况。缺乏部门主管的配合，你会发现你的培训项目（工作）几乎无法开展。

受训者（培训对象）就是参加培训的学员。他们可能是基层管理者、骨干员工和普通员工，也可能是组织中高层管理者这里更多地将其视为基层管理者、骨干员工和普通员工。与其他两类干系人相比，培训对象受培训项目的影响最大，也最为直接。他们对一个培训项目（工作）的评价，在很大程度上决定了它的成败。无法获得他们的认可，你的培训项目（工作）同样容易失败。

二、What：营销什么

关于营销什么，最重要的原则是确保营销的内容与干系人期望相一致。

首先，营销的内容可以是某个具体的培训项目，也可以是全部培训工作。

其次，我们知道，人与人交流时，只有一方对另一方所说的内容感兴趣，沟通的效果才会更好，所以我们在对培训进行营销时，只有宣传推广的信息是沟通对象所关注的，营销才会有效。在向不同的干系人对同一个培训项目进行营销时，应该基于不同干系人的需求和期望来选择适当的角度和切入点与对方沟通。比如：组织决策层关注的是战略层面的问题，那么培训管理者就应该从培训如何推动组织战略实现的角度提供证据；部门主管关注的是部门绩效，那么培训管理者就应该从培训如何帮助员工具备应有的岗位能力这个角度来营销；学员看重培训帮助其解决实际问题和拓展能力的作用，那么培训管理者就应该多强调培训的实用价值和对学员个人职业发展的作用。

最后,培训管理者还要注意营销过程中的信息传递方式。只有符合沟通对象的沟通习惯,沟通对象才能真正接收到信息。

三、How:如何营销

营销对象分属不同的干系人人群,对培训既有共同的关注点,也有不同的期望,因此,在进行培训营销时,既应该有针对所有群体的整体营销的策略,也应该有针对不同人群的个性化营销策略。

第三节 培训营销的策略

一、面向所有群体的整体营销策略

对组织全员进行培训营销的主要目的是为培训大造声势,让所有人"耳闻目睹"培训工作的存在,营造有利于培训的组织环境。

可归纳为四种策略:线下营销、线上营销、制度保障、管理推动。

二、线下营销

1. 给培训项目起个好名字

培训项目有个好名字能很好地激发受训者的参与兴趣。好名字应该符合受训人群的特点,使用其"共同语言"。比如,受训人群是90后,甚至00后,起名时可以考虑借用一些火爆的娱乐节目、影视剧、游戏的名称或是某些流行的网络用语;对70后、80后为主的学员群体,又要换一种思路,用相对严谨专业的名字。

起个好名字,可以征求学员的意见,还可以考虑邀请学员参与起名,甚至发起征名活动,赠送提供好名字的参与者小礼物。这样的活动不但有助于找到更容易被学员喜欢名字,也可以作为培训项目启动前的热身活动,提升大家的参与度。

2. 培训信息发布

一个培训项目启动后,为了引起多方面的关注,建议采取多形式,通过多渠道发布项目信息,包括纸质通知、公告栏、参训邀请函或信件、宣传彩页、易拉宝、海报等。

有能力有条件的企业，可以对每期培训活动精心设计与制作具有视觉冲击力的培训海报及课程宣传彩页。为了形成对读者的持续冲击，每期培训或同一系列培训项目的海报及课程宣传彩页应保持统一的设计风格。培训海报和课程宣传彩页的内容要言简意赅，紧扣"卖点"又不透露过多信息，以引起读者的兴趣和"饥饿感"。

培训海报可张贴在公司、各部门或培训教室的信息公告板上，培训宣传彩页可以分发到部门，也可以放在公司的某个固定区域（如前台）由员工自行取阅。还可以将宣传彩页的电子版发送给员工。

将多种发布培训信息的形式结合起来效果会更好。

提前多长时间发布培训信息可以根据公司的具体情况来确定，建议至少应提前两周。

培训信息发布的对象可以不仅是当期培训的学员，还应该包括培训项目主要的干系人群体，甚至应该尽可能让更多的人了解培训的信息，即使这些群体与本期的培训无关。这种宣传方式要达到的目的就是使培训工作透明化，让员工时刻感受组织的培训文化，潜移默化地树立员工的学习意识。

在选择培训信息发布的形式时，既要根据企业的实际情况，也要考虑到是否容易操作，以及是否能够有效吸引信息接收者的兴趣。

如果不涉及商业保密方面的要求，年度培训规划也可以提前公示给所有员工。

3. 创建培训项目品牌

对一些重要的和有持续性的培训项目可以采取一些方式创建项目品牌，加强影响力。可以给培训项目编写使命、口号，为培训项目设计LOGO，制作培训项目的宣传视频，甚至是在组织中为项目找一个代言人，等等。

4. "扯虎皮，拉大旗"

培训管理者通常管理职级不高，自身影响力不大，但可以借力发声，善用高层的影响力为培训工作"推波助澜"。

以下以一个案例说明。某企业大学工作的一位培训管理者主要负责企业内部培训师队伍的建设。公司要求，中高层管理者必须作为内部培训师承担企业大学的培训授课工作。这位培训管理者用电子邮件向公司指定的一些内部培训师候选人发去了邀请函，并要求收件人在截止日期前填写和提交内部培训师备案表。在截止日期当天上午，仅有寥寥几人按要求反馈了信息。这位培训管理者尝试与其他人员沟通，督促他们提交内部培训师备案表，但对方都有自己拒绝提交表单的理由。由于所有的候选人都比这位培训管理者管理职级高，他也没有办法去采取强制措施。当此工作无法推进时，这位培训管理者的同事建议他把同样的内容重新发送一次，不同的是，这一次发送邮件同时抄送高层管理者和企业大学的负责人。于是，在截止日期当天的下午，所有候选人都提交了备案表。

事实上，可以把"扯虎皮，拉大旗"的方法应用于培训工作的诸多方面中。

（1）争取高层的支持，"借高层的嘴，说我们的话"。

（2）将组织高层领导讲话中或组织战略决策中有关培训的重要精神摘录下来，在培训活动宣介中重点引用，在与部门及员工沟通中强调。

（3）在每次培训活动时，尽可能邀请相关主管领导到场，发言定调，彰显组织对培训工作的重视。

（4）每次培训活动后，要在发布的信息和培训结案报告中图文并茂地展示领导出席培训活动或积极参与学习的场景。

（5）将管理大师、世界五百强企业领袖、企业领军人物等人士有关培训的名言记录下来，牢记在心，在沟通中"不经意地"引述，为项目加分。

（6）熟知各卓越企业的最佳培训实践，需要时可以及时"引经据典"。

……

5. 培训成果展示

通过专门展示板展示培训成果，展示内容包括但不限于培训活动的图片、学员感言、感谢信、培训数据。

6. 树立和宣传学习典型

将表现突出的培训积极分子树立为学习典型，并大力宣传表彰，营造组织内部的学习气氛。学习典型的选择尽量涉及更多的部门，这样更有利于将培训影响力渗透到企业的每个层面。

值得注意的是，学习典型不要只是基层的人员，也要有中层和高层人员。事实上，学习典型的管理职级越高，影响力越大，示范作用就越好。

提升宣传效果的方式有多种。如授予"学习之星"（积极参与学习的优秀员工）、"护航之星"（积极支持培训工作的管理者）等冠名；将这些学习典型的照片及对其的评价展示于"光荣榜"、企业内刊及公司网站显著位置；发放学习奖金，等等。

7. 内刊和培训简报

如果组织有内刊，请尽量为培训工作争取一个版面，借用这块"阵地"来向组织内部宣传培训工作，发布培训项目信息和培训工作动态，展示培训项目成果，转发有关培训的专业文章和实践案例，发表优秀学员的培训感想，等等。只要是有利于培训宣传推广、普及教育的内容都可以考虑在这里发表。

如果没有内刊，在条件允许的情况下，可以创办培训简报来宣传培训工作。根据实际情况，可选择双月刊、季刊、半年刊，甚至是年刊。可将企业内刊发赠给组织的高层领导及各部门。

8. 口碑营销

努力做好每个培训项目，赢得学员的认可。好口碑是影响组织内其他人最动听的语言。可以将学员感言整理出来，通过各种途径发布出去，让学员来影响学员。

三、线上营销

1. 官网、内网、OA系统

利用官网、内网、OA系统等来宣传和推动培训工作，将培训项目信息、培训工作动态、培训工作成果、组织对人才发展和培训工作的方针和要求、专业培训文章、优秀企业培训工作实践等通过这些渠道向组织成员展示和宣传。

对培训认识的普及教育应该被作为在组织内部宣传和推动培训工作的一项重要内容。只有对培训的认识观念发生变化，行为变化才能水到渠成。

2. 微信公众号

可以创建培训工作的微信公众号，以此持续向组织成员推送有关培训工作的各类信息，以及与培训项目相关的专业文章和企业实践。

3. 线上学习社群

以微信群、QQ群、内网交流群等方式，为学员创建线上学习社群，推动学员的持续学习和相互交流，宣传和推动培训工作。

4. 社交工具

利用学员喜爱的社交工具，如抖音、微信等宣传培训（如制作和发布小视频），在轻松的情境下营造培训氛围。比如，发布培训活动信息、培训活动小视频、学员感言、培训活动成果，等等。

5. App

有条件的组织可以开发专门的培训管理App来实现培训管理和宣传。

6. 电子邮件和短信

以电子邮件和短信等形式发布培训信息。

四、制度保障

为了加强组织成员对培训工作的重视和参与，除了用"软"的方式，也需要采取"硬"的形式去影响他们。用相关硬性制度建立起个人利益与培训工作要求的直接关联时，有利于规范组织成员的行为。

1. 与考核制度相结合

将培训与员工的个人绩效相结合：将参与培训作为对每个员工个人考核的一项评估指标，并分配一定的分值。

将培训与管理者的绩效相结合：参与培训工作的力度，部门员工培训的结果都将纳入对管理者的考核。很多卓越的企业都十分重视管理者对员工培训的责任和贡献，如海尔就将参与培训工作作为管理者考核的一项重要内容。

2. 与晋升制度相结合

只有完成了规定培训项目的人员，才能获得晋升到更高一层级工作岗位的基本任职资格。

3. 与内部认证制度相结合

只有完成了规定培训项目的人员，才能获得某一内部认证资质（如项目助理、资深项目经理），而这一资质又将作为其担任某专业技术职务的必要条件。

4. 与积分制相结合

员工获得的培训积分作为衡量员工学习进步的标尺之一，并将积分作为员工晋升和获奖的必要条件，规定晋升和获奖的最低积分。积分制更容易量化和比较员工参与培训的效果。

管理制度将培训与组织成员的个人利益联系起来，有助于推动员工积极参加培训。

五、管理推动

1. 为培训设置"门槛"，让学习成为"荣誉"

不少培训管理者都有这样的经历：不辞辛劳地组织起培训课程，结果很多学员都临时因各种"原因"缺席。为了保证培训课程的出勤率，培训管理者不得不花费很多的时间来督促、央求，甚至"威逼"学员参加培训。如此的学习氛围带来的学习效果可想而知。

仔细想想，有时问题可能在于，没有任何"门槛"使培训项目看起来很"廉价"。人都有这样一种心态，越容易获得就越不在乎，越不容易获得就越珍惜。因此，可以考虑为培训项目增设进入的"门槛"，只有达到一定条件，才能获得学习的机会，例如，每期培训限制学习名额，按照备选学员的业绩水平或综合评定结果来排序和分配培训的机会；某个学员无故缺席培训课程，那么在一定时期内，他将失去参加其他培训的权利。

这种方式有助于使员工由被动学习，变为主动学习。员工自己产生了学习的愿望，并通过内部甄选获得了学习的机会，那么，其学习一定比较积极，效果也自然会更好。

培训"门槛"的设置还能起到控制人数的作用，有利于保证学员在学习期间的充分互动，减少消极学员的不良干扰。

如果设置培训"门槛"的方式在整个组织里一时难以推行，可以将其放到更小的业务单元中试行，以逐步完善相关规则。

2. 找准时机对培训项目进行宣介

培训管理者应该保持对培训营销的敏锐感知，尽可能借助组织内部的各种场合和活动，以适合的方式不失时机地宣介培训项目。

不同组织的情况千差万别，在什么样的场合，采取哪种适合的方式展开培训营销是培训管理者需要思考的问题。如果培训管理者能让组织成员感到"培训总在我身边"，营销的目的就达到了。

分享一个企业商学院的实践经验。这个企业商学院会尽量安排商学院人员列席公司各业务部门的会议，并提前约定好，每个会议结束后利用五分钟时间向在座人员通告培训工作重要动态和培训项目信息，宣介新开发的特色课程，同时征询培训需求和各方的意见及建议。

这种培训部门列席业务部门会议的方式，一方面可以宣传和推动培训工作，另一方面还有利于培训部门掌握第一手培训需求信息。

3. 训后追踪

训后跟踪的作用主要在于推动培训效果的落地。只有培训效果落地了，培训的真正价值才得以体现。

4. 用创新的方式调动学员积极性

培训工作的开展常受到资源的限制和各种条件的制约，因此，培训管理者不得不在有限的空间里想办法辗转腾挪，做好工作，调动学员的积极性。

分享过一个实践案例。

一名培训管理者负责销售团队的培训。销售人员白天外出见客户，因此很难组织起全天，甚至是半天的培训活动。他也曾考虑过下班后开展培训活动，但员工都很抵制。于是，他换一个思路，用午餐时间替代大块的培训时间，以短小实用的专题微课替代完整系统的主题培训。他将自己的想法与销售总监沟通：一周两三次，利用午餐时间来为销售人员组织半小时的微课学习；向参训人员都给提供免费盒饭，还有水果，大家可以边吃边听。销售总监同意尝试一下。结果，免费的午餐吸引了大家的兴趣，第一次组织培训时居然没有人缺席。虽然这种培训的形式相对松散自由，但总比一直无法开展要好得多。而且，微课涉及的专题多是实操指导性强的知识、工具和技术，因此很快赢得了大家的认可，学员也逐渐从为"蹭饭"上课，变成为上课"蹭饭"了。之后，这种方式就成为该公司一种固定的培训形式了。

六、面向不同培训群体的个性化营销策略

培训工作在组织内部主要面向组织决策者和高层管理者、部门主管（受训学员直接领导）和受训学员这三类主要干系人群体，每个群体都对培训有不同的需求和期望，因此，除了整体营销策略外，还应该考虑个性化的营销策略。

1. 组织决策者和高层管理者

（1）多请示。

在培训项目策划初期，积极征询培训项目相关主管领导的意见和期望，为培训定大方向。培训管理者一定要保证努力的方向正确，否则，工作越努力，结果越会远离高层的期望。

多请示还体现为工作积极主动，不能等到领导产生疑问再去请示。

（2）勤汇报。

培训前和培训过程中，要将培训项目的信息以适合的形式及时向相关领域主管领导汇报。无论领导是否有时间和精力去关注这些信息，培训管理者这样做能够向上传达积极沟通、专业做事的工作态度，同时也是经常在领导面前为培训工作"刷脸"的一种方式。勤汇报，领导自然会对培训工作加深印象。

培训后，主动向主管领导汇报培训情况。可按季度、半年度或年度，向分管领导汇报培训工作的情况及相关数据。还可根据需要，向主管某一业务领域的高层管理者汇报培训工作进展，比如，项目管理培训是本年度培训计划中的重点工作，那么培训管理者就有必要向分管项目管理工作的高层领导汇报相关培训工作的情况。

（3）促参与。

尽可能邀请主管相关业务的领导出席培训项目开班仪式并讲话，表达其对本培训项目的重视和支持。在领导无法出席时，可请其指定专人代表出席和讲话。

推动高层管理者成为内部培训师。高层管理者担任内部培训师有很多益处：提高其本人对培训工作的关注与重视；对员工的学习产生非常积极的影响；培训内容与组织实践紧密连接，指导性强；能够通过培训更准确地传达组织的战略意图、经营决策；降低培训成本。

企业实践证明，越是卓越的企业就越重视员工的发展问题；越是优秀的企业

家，就越把人才培养当成自己最重要的一项工作来抓。例如，通用电气将企业的CEO及高管层为管理者授课作为其独特的企业文化，通用电气的高层管理者把为管理者授课视为自己的本职工作。通用电气最受尊敬的CEO杰克·韦尔奇就十分重视和努力推行这种培训文化，坚持在百忙中为通用电气的企业大学——克劳顿管理学院讲授课程，而且授课课时还常常超出规定的课时量。

重点人员重点管理。识别与分析出权限大且对培训项目（工作）影响大的高层管理者，对这类人群进行重点管理，增强与其沟通和交流，加强其对培训项目（工作）的了解，推动其对培训项目（工作）的理解，从而争取其发挥对培训的积极作用，减轻甚至消除其对项目的消极影响。

（4）常献策。

了解同行业中的培训状况，特别要关注竞争对手的培训状况，并及时反馈给相关高层管理者。这些信息既可以为领导提供参考，帮助其更全面地了解竞争对手，也能够作为推动培训工作的依据。

留意收集和整理标杆组织的成功培训经验和实践案例、知名管理学家及企业家对培训的观点、知名商业刊物刊登的培训相关文章等，在适合的时机提供给高层领导参考。这些生动的实践案例、知名人士的观点更容易影响领导的认知。

有意识地收集与培训及组织学习相关的高端讲座、会议、论坛信息，并推介给高层领导参考。很多时候，高层领导并非没有时间或兴趣参加这些活动，而是缺乏渠道去了解相关活动的信息。如果高层领导参加了这些活动，就有可能受到影响，改变其对培训工作的固有认识，从而推动培训工作的开展。

2. 部门主管（受训者直接领导）

部门主管是受训学员所在部门的负责人，是其直接领导。部门主管是组织中承上启下的环节，对上对下都有相当的影响力，是使培训工作真正落到实处的关键干系人。缺乏部门主管的支持和配合，组织高层的培训战略意图无法在部门层面推动开来，员工对培训的对抗和挑战不能得到有效控制，培训效果的落地更只能是培训管理者的一厢情愿。

（1）多沟通。

在培训项目策划初期，积极征询相关部门主管的意见和期望。部门主管的意见和期望指明了培训执行的路径，如果说组织高层告诉培训管理者的是"去哪里"，那么部门主管告诉培训管理者的就是"选择哪条途径到达那里"。

（2）邀参与。

部门主管与高层管理者相比，更了解工作中存在的具体问题；与学员（基层员工）相比，更了解组织的战略需求以及员工能力与部门岗位要求的差距。因此，必须邀请部门主管参与培训需求调查与沟通的环节。

邀请，甚至是要求部门主管全程参加本部门的培训活动，应该使部门主管理解其出席对保证部门学员的学习效果至关重要。邀请部门主管深度参与整个培训活动的各关键环节，提升他们的参与度。及时为其提供有关培训项目（工作）的信息是提升其参与度的好办法。

邀请，甚至要求中层管理者成为内部培训师。不少卓越企业在这方面已有相关制度。比如，在海尔集团，培训下级是各级管理人员职责范围内必需的项目，这就要求每位管理者，从集团总裁到班组长都必须为提高下级的素质搭建培训平台、提供培训资源，并按期进行培训。集团中高层人员必须定期到海尔大学授课或接受海尔大学培训部的安排，不授课则被索赔，也不能晋升。

部门主管成为内部培训师后，能够更好地理解培训工作，自然而然地成为培训管理者的"同盟军"。

（3）重协作。

培训后，向部门主管提供培训报告（纸质或电子版），如有可能，尽可能就培训情况与部门主管进行面对面的沟通，征求改进意见，使培训转化为持续合作。

（4）促关系。

主动为部门主管提供与其专业相关的培训信息，安排相关的外部免费或收费的学习，通过这种方式，加强与部门主管的沟通和联系。如此可使部门主管获得培训管理者提供的服务，反之，部门主管也会配合培训管理者的工作。

加强与部门主管的互动，形成良好的人际关系推动培训工作的协作。加强普及教育，厘清观念，让部门主管理解其所担负的员工培养责任——不是培训管理者而是员工的直接上级对员工成长担负首要的责任。

3. 受训学员

这里的受训学员主要定义为组织中高层管理者之外的基层员工。

学员的需求和期望是对培训内容的具体要求，主要告诉培训管理者，选定了培训方向和路径后，从A点到达B点需要采取的具体方法。

（1）可安排骨干员工参与培训需求调查与沟通的环节。对培训，员工都有其个性化的需求，但纷乱的需求会让培训管理者迷失，并且，任何一个培训项目都不可能做到满足所有人员的需求，所以将关注点聚焦于某些重点人群就显得很有必要。这样既能增强需求调查的操作性，又可保证调查结果的有效性。

（2）不能简单地下发一份培训通知书就强迫学员来参训，而是应该通过清晰表述的问题触动学员痛点，通过强调培训的收益，给学员主动学习的理由。

（3）管理学习期望，提升满意度。不能为了吸引学员参训而随意许诺，将学员对培训的期望提升到不合理的高度。否则，要提升学员的满意度，就有必要将学员的学习期望控制在合理的、可以达到的范围内。

（4）树立典型，通过标杆学员的示范作用，用先进带动后进。

（5）创建学习竞争机制，激发热情。可以尝试将全额培训转为差额培训，为参加培训设置一定的"门槛"，如在通用电气，领导力课程只对表现最优秀的10%员工开放。力争在组织成员中建立一种为了获得学习机会相互竞争的氛围。

（6）为优秀学员提供更多成长机会。优秀学员在未来可以获得更多的培训机会，而表现不好的学员，如无故旷课、迟到早退、不认真听讲、违反课堂纪律、测试成绩不合格等，可能丧失参加其他培训的机会。

聚焦学以致用，推动效果转化。要赢得学员的真心认可，只能用培训带来的价值来说话，推动培训效果的转化才是证明培训价值的终极手段。

为受训学员建立学习社群，推动其在训后持续学习和相互交流。

培训管理者应该努力在培训工作中通过规范、严谨、有序的操作向学员展现专业精神、展示专业能力，从而赢得学员的尊重与认可。

第四节 对培训项目进行有效沟通

一、有效的管理必须基于沟通

项目管理是遵循"启动→计划→执行→监控→收尾"这样一个过程。这一过程的实现并不是自然发生的，在很大程度上，它必须基于项目管理者的大量沟通协调才能开展和推动。

《PMBOK指南》是美国项目管理协会（PMI）颁布的项目管理标准，在全球范围内享有高度的权威性。其研究显示，顶尖的项目经理约有90%的时间花在沟通上。

由此可见，沟通应该被视为项目经理最为重要的一项工作。但是，很多项目经理都忽视了沟通，把注意力更多地放在了具体事务的操作上，从而造成项目执行过程中问题重重。一个项目的完成不能依靠项目经理一个人的努力，它需要项目内外部各方干系人的协作来达成，而沟通是协作的基础。

这个道理同样适用于培训管理领域。培训管理者承担着培训项目经理的职责，如果仅将精力聚焦于培训项目（工作）的具体执行，而不能将相关信息有效地传递给下属、平级、上级等组织中的各方干系人，就很难获得他人的积极响应和配合，培训项目（工作）也就无法卓有成效。

二、培训项目沟通的要领

项目管理中的沟通管理更为关注的是如何保证项目信息在项目推进过程中的顺畅流通。要做到这个要求，信息发布过程就变得尤为重要。那么，对一名培训管理者来说，在培训项目中应该遵循什么样的沟通要领呢？

试用一句话来概括培训项目中的沟通要领：将"正确"的信息，在"正确"的时间，以"正确"的方式，传递给"正确"的人。

"正确"的信息就是符合干系人期望的信息。

只有将符合干系人的期望信息传递给对方，对方才会有意愿去了解，否则就算传递了信息，由于无法引起对方的兴趣，对方也不会关注，沟通也就失败了。如果信息接收者不接收或不理解信息，总体来说，责任在于信息发出方，而非接收者。

为了使信息接收者不抗拒接收信息，应该从接收者愿意接收的角度，即符合对方的需求与期望的角度去描述信息内容。这就导致一种现象，即针对同一事件向不同的接收者发送信息时，就需要从不同角度去表述这个信息。

比如，作为销售培训项目的负责人，将这个项目信息传递给不同的干系人时的侧重点就不同。

在向高层管理者传递这个项目的信息时，是希望其同意批准组织这次培训活动。那么，就需要结合高层管理者的需求和期望描述这个项目，如这个培训活动对实现公司提出的"三年内，将我们产品的市场占有率从5%提高到10%"这个短期战略目标有推动作用，就很有可能获得认可和支持。

在向学员描述这一培训活动并期望其积极参与时，换一个角度描述才有效。如果仍然说："大家都来参加这个培训吧。这个培训太重要了，因为它有助于推动我们公司实现'三年内，将我们产品的市场占有率从5%提高到10%'这个战略目标。"学员们听了就会想："提高到10%与我并没有关系。"因此，此时就有必要换一种描述："这个培训很实用，可以帮助我们解决目前销售中面临的典型难题，比如如何开发客户，如何表述产品的卖点，如何回应客户常见的疑问，如何持续维护好客户关系，如何与客户谈判，如何促单，非常有助于大幅提高销售成单率，最终提升销售业绩，大家也可以多拿提成。"这样就把学员的切身利益和这个培训活动联系起来了，从而有效调动学员参训的积极性。

"正确"的信息还意味着，向沟通对象传递的信息被其正确地理解了。不要单纯地认为，只要把正确的信息传递给对方，对方就能够正确地理解。否则，就会出现类似下面这个小笑话的情况。

语文课上老师布置了一篇作文，题目是《假如我是蜘蛛侠》。小明在课上睡着了，不知道留了什么作业，课后他问了同学小华。晚上，小明在家里绞尽脑汁才写出了一篇《假如我是只猪》。

因此，将信息传递出去后，还应该与对方确认，他对所接收信息的理解是否正确。否则，沟通双方就可能不在共识基础上而自以为是地做着"正确"的事。

"正确"的时间指信息传递不但要及时，而且传递的频度要适合。

向干系人传递信息必须做到及时。信息传递不及时会导致信息失效，失效的信息是没有价值的。同时要注意，与不同干系人沟通的频率并不一样。比如，向领导汇报工作可能是两周一次，与其他部门交流项目信息可能是三天一次或五天一次，团队内的信息交流可能需要两天一次或三天一次，甚至一天一次或两次。如果沟通的频度错了，就会造成信息传递不及时，或干系人被无用信息干扰。

以"正确"的方式沟通指按照符合信息接收者习惯的方式沟通。

沟通有很多的方式，包括会议、小组访谈、一对一面谈、非正式谈话、电话、电子邮件、在线交流、信息通报、纸质报告、短信，等等。

不同人群或个体有其习惯的沟通方式，培训管理者只有按照信息接收者习惯的方式传递信息，信息才会更好地被对方接收，沟通才会产生我们所期望的效果。

比如，向某个领导汇报工作，该领导习惯阅读纸质报告。在这种情况下，如果是很重要的事情，就不要口头汇报了，因为即使口头汇报了，领导也可能无法关注和有效接收信息，就会造成信息传递失真。即便对方貌似听明白了，也很可能最后对你说："刚才汇报的情况，你再提交给我一份书面报告。"如此，大家都浪费了时间和精力，沟通无效。

因此，如果对方习惯口头交流，就采取口头交流的形式；对方习惯阅读，就准备好书面材料；对方愿意非正式沟通，就找个咖啡馆之类的地方聊天，等等。只有这样，才能更有效地达到沟通的目的。

将信息传递给"正确"的人，这个"正确"的人指的就是正确的对象，正确的信息接收人。找错了沟通对象，就算是把信息传递过去也发挥不了作用。

比如，某品牌啤酒大幅提价，作为消费者，你很不满意。于是，你一直拉着便利店的店员讲道理，投诉涨价不合理。实际上，对方对这一事件的发生既毫无办法，也毫无影响力，你的投诉找错了对象。如果真希望表达意见，直接找该品牌啤酒的客户服务部门提意见才更有意义。

> <观点分享>
> 培训项目中的沟通要领是，将"正确"的信息，在"正确"的时间，以"正确"的方式，传递给"正确"的人。

第九章　培训项目的供应商管理

每一个培训项目都可能需要外部不同类型供应商提供的专业服务,这些供应商包括但不限于专业培训机构、独立培训师、场地供应商、印制服务供应商、设备租赁商。其中,对培训项目绩效影响最大的外部供应商是专业培训机构及培训师,因此,以下主要从这两类供应商的角度来展开话题。

第一节　如何看待供应商的角色

作为培训管理者,如何看待其供应商,将影响采取什么态度和行为去开展与供应商的合作,而这反过来也对合作产生影响。

1. 客户与供应商不是"对手",而是"战友"

有的培训管理者更愿意把供应商视为"对手",因此,在与供应商合作的过程中,会不自觉地用"此消彼长"的心态去处理与供应商的关系。在合作中过多强调己方利益,会损害对方的利益,这种方式会让双方为了各自的利益对立起来。

更有益的思路是,着眼于实现共同的项目目标,让双方站在同一条战线上,成为"成败与共"的战友。所以,培训管理者与供应商合作时,应该多想"我们该如何做",而不是"我该如何做,你该如何做"。在争取节省培训成本的同时,也要考虑让供应商有利可图。道理很简单,不挣钱的买卖谁都不会去做。即便有时基于多种考虑在低利润的条件下供应商不得不做,但很难保证供应商会尽力而为。再者,如果供应商无法从业务中获取合理的收益,生存都难以为继,又怎能有余力不断提升自己服务客户的专业能力?

2. 供应商不是"下属",而是"伙伴"

培训领域的买方市场现状造成了甲方(客户)在合作中的优势地位,成为主导的一方。作为乙方的培训机构为了维护良好的客户关系,获得持续的业务机会,常常不得不扮演甲方"下属"的角色。有时，甲方甚至对于乙方"招之即来，挥之即去"，使供应商产生抵触心理，也就难以提供尽心的服务。

用对等合作的视角去对待供应商，供应商也将用"主人翁"的心态去对待和完成自己的工作。

3. 供应商不是盲从者，而是专家

作为供应商，一定要记住，客户之所以选择采购你的服务，不是因为你的态度好，也不是因为客户怎么说你就怎么做，而是因为你具备客户所不具备的专业能力。

供应商要用专业的态度对待客户的要求，不能人云亦云。客户所言正确，供应商须遵循；客户所言有误，供应商不能盲从，要坚持专业的立场，以为客户负责的专业态度提供解决方案，体现专业价值。

因此，从这一角度，培训管理者可以把供应商"能否坚持自己的专业立场"作为选择供应商一条标准。

<观点分享>

（1）客户与供应商不是对立者，而是同一条战线上的"战友"。

（2）供应商不是"下属"，而是对等的"伙伴"。

（3）供应商不是盲从者，而是专业人士。

第二节 让供应商成为项目团队的"第六人"

在篮球比赛中，"第六人"指整个球队最重要的一名替补球员，虽然这名球员不是首发上场队员，但他往往会给球队带来不逊于主力球员的贡献。

在大多数组织里，培训管理人员的岗位设置是很有限的，常常是一个人，至多两或三个人负责整个组织繁重的培训工作，甚至他们同时还要承担培训管理者之外的任务。面对这种情况，充分调动外部供应商的资源为我所用是一种有益的工作策略。

仅靠商务合同是很难让供应商倾尽全力的。为了使供应商成为项目团队的"第六人"，培训管理者必须与其建立"亲如一家"的合作关系。只有这样，供应商才可能为这个"家"付出真诚的努力。

1. 信任供应商

所谓"疑人不用，用人不疑"，可见信任是用人的基础，要相信供应商的专业能力，相信供应商的职业操守，相信供应商会维护你的利益。培训管理者的信任会让供应商担负起责任。

2. 让供应商清楚了解工作计划

希望供应商为我所用，又不把自己的信息分享给对方，是不信任、不开放的态度。供应商不能清楚地了解培训管理者的工作计划，也就无法合理安排资源，及时为培训管理者提供所需的支持。

3. 征询供应商对项目的专业意见和建议

供应商作为外部专业机构，在其专业领域一定具备比客户更强的能力，因此，在项目执行的各个环节，培训管理者应多征询供应商这个"免费"外部顾问的专业意见和建议，避免浪费时间精力走弯路。

4. 及时与供应商分享项目信息

掌握信息被视为一种权力的象征，要使供应商为我出力，必须放下这个权力，将其变成促进外部合作的动力。及时与供应商分享项目的信息，能够使供应商清楚项目进展，主动采取措施提供支持，充分发挥其主观能动性。否则，即使供应商有意愿为客户提供帮助，也不知道需要做些什么、什么时候做、准备哪些资源，只能被动地配合甲方的要求。

5. 保障供应商有利可图

利益是商业合作的基础，如果培训管理者过分挤压供应商利润，带给组织的往往不是成本降低，而是更高的风险。

如果业务利润无法使供应商保证正常运营，供应商还有什么愿望和能力保障为客户提供优质的服务呢？商业合作不是公益项目，不要奢望供应商提供"免费的午餐"。所有的"免费"不是已经在"收费"中获得了补偿，就是毫无价值的"免费"。

6. 对供应商的付出表示感激

商业契约是建立合作关系的基础，但远不是维系良好合作关系的充分条件。培训管理者不能仅用"公事公办"的态度来对待供应商的付出,要对供应商的良好服务表示真心的感激。否则,对方也会以同样的态度回应,不愿意付出商业契约之外的努力。

第三节　监督管控供应商的项目执行

1. 保持与供应商的有效沟通

作为培训管理者,要做到有效监督管控供应商的项目执行,必须先做到及时了解供应商在项目执行过程中的状况。保持与供应商通畅的沟通,是及时获得相关项目执行信息的有效方式。

必要时,可以与供应商协商建立沟通机制,对沟通的方式、内容、频次、时间等提前达成约定,按约执行。

2. 监督管控供应商工作的关键节点

在监督管控供应商的项目执行过程中,对其工作的关键节点需要给予特别关注,因为关键节点都是会对项目执行产生重大影响的环节,相关工作一旦出现偏差,轻则使项目进度、成本、质量、范围超出计划轨道,重则可能导致项目的失败。

3. 监督管控项目是否按照计划执行

项目计划是项目执行的基准,只有严格按照计划执行,才能满足项目的既定目标。对外包给供应商的工作,培训管理者应该按照计划进行跟踪与监督管控,使供应商的工作在计划的轨道上进行。对供应商擅自变更计划的做法,应该及时予以制止。在项目的计划确实需要变更的情况下,应该有相应的变更程序支持变更。随意变更很可能导致意想不到的损失。

比如,由于培训机构方出现临时变故,原定的培训师不能按计划授课,应在对实际状况进行详细了解和评估后,培训管理者再确定是接受更换培训师的建议,还是采取延期举办培训的方法,或其他解决方案。如果同意更换培训师,则有必要追加签署合同附件,对变更培训师可能出现的后果进行处理约定,从而最大限度地控制变更产生的风险。

第四节　选择供应商的要领

中国经济不断发展，本土企业持续壮大，以及受全球经济一体化的影响，众多中国企业对培训的认知经历了从"可有可无"，到"应该有"，再到"必须有"的过程，培训需求日益高涨，这就为培训行业的迅猛发展创造了非常有利的条件。

另外，培训行业是一个"门槛"相对较低的行业。通常，"两三个人，一两条枪"就可以组建一个培训机构。这就造成很多人涌入培训领域，良莠不齐是培训行业存在的一个问题。

一、培训机构的分类

当前培训市场上的培训机构可分为六大类。

1. 中介型培训机构

中介型培训机构是培训机构中占比最大的一类。这类机构的主要特征是没有自有师资，主要以合作形式来获取社会上共享的师资。这类机构也没有自己版权的培训产品，主要通过整合和组合市场上的培训产品为客户提供培训服务。中介型培训机构又可以细分为不同的类型。

（1）"全能型二传手"，这类培训机构一般"什么都做，什么都能做"，只要客户有需求，就去找相应的师资和课程来匹配。"全能型二传手"又是中介型培训机构中占比最大的一类。这类培训机构总体上专业水准不高，多是充当客户与师资间的"桥梁"，对客户的需求主要是简单地传递给培训师。由于缺乏对客户需求的厘清及初步分析的专业能力，因此常常无法准确发掘出客户的真实需求，也不能精准匹配适合的师资。

（2）"专业型"中介机构，这类培训机构主要专注在某个领域为客户提供中介型的培训服务。优点是，虽然仍是组合和整合培训产品，但由于专注于一定的领域，机构主要的运营人员具备较好的专业知识，能够较准确地发掘客户的需求，从而为客户提供具有一定价值，甚至是相当价值的初步专业解决方案。此外，这类机构与师资的合作也比较紧密，大都拥有几个核心师资资源，因而更容易配合客户的需求进行相应的课程设计。随着培训业务的持续发展，这类机构在中介型培训机构中的占比也在不断增加。

（3）"资源型"中介机构，这类培训机构掌控着某一领域或行业的大量客户资源，由于拥有客户资源优势，因此并不十分注重自身专业能力的提升。"资源型"中介机构的规模不一定大，甚至可能只有几个人，但业务却源源不断。

2. 引进型培训机构

引进型培训机构主要以引进国外先进理论和技术进行本土化加工或直接代理国外成熟版权课程为核心竞争力。此类机构的负责人多是与国外相关机构有较紧密联系的专业人士，通常也可能是国外相关机构核心课程的授权认证讲师。从事国外专业资质认证培训的机构及纯外资的培训机构也暂归入这一类型。

3. 研发型（产品型）培训机构

研发型（产品型）培训机构主要立足于研发适合中国市场的原创性课程。此类机构志向高远，是中国培训行业的希望和未来的发展方向，但大多数还处在艰苦打拼的阶段。原创课程的研发和推广都需要一定的投入，也有一定的难度，因此这类机构的数量占比不大。但随着中国培训行业成熟度的不断提升，研发型（产品型）培训机构的数量也在持续增长。这类机构是推动具有中国特色的培训管理发展的重要力量。

4. "忽悠"型培训机构

从某种意义上讲，"忽悠"型培训机构不是纯粹的培训机构，更像以培训课程为产品的销售型公司。它们更为关注的不是产品是否符合客户的需求，而是怎么将其推销出去，其经营理念主要是"只有不好的销售人员，没有不好的产品"。

这类看似比较"低端"的机构却往往都有着不错的业绩表现，其销售能力远超其他培训机构。这也从一个侧面反映出，中国的培训发展在很大程度上还处于相对初级的水平上，不少客户对培训还缺乏正确的理解，对培训产品也缺少基本的判断能力。这类培训机构的市场占比在逐年萎缩。

5. 高校培训机构

高校培训机构或为高校自营对外培训机构（继续教育学院、EDP中心、商学院等),或为挂靠高校的培训机构,其课程及师资多依仗高校资源。依托高校的品牌,这类培训机构收费一般较高,企业中高管研修、MBA、EMBA等项目多采用这种形式。这类培训机构也越来越多地加入培训服务的竞争中。

6. 政府管理部门、行业监管部门、行业协会下属的培训机构

此类机构不仅在本体系和行业开展对内培训活动,也越来越多地开展对外培训服务。要注意识别以这些部门的名义开展业务的培训机构。

以上对各类培训机构的分类及简述只是我的经验之谈和一家之言,供读者参考。

二、培训机构的选择

选择培训机构时需要注意以下几点。

1. 培训机构是否有官方网站,网站设计如何,是否保持更新

官方网站已经成为我们了解一家陌生公司的首选方式,是一个组织对外形象展示的重要窗口。对没有官方网站的培训机构,或是网站正在维护中的培训机构,需要持有高度的警惕。如果培训机构的网站设计毫无创意,内容又凌乱无序,也需要提高警惕,因为这至少体现该机构缺乏与时俱进的思维和专业严谨的气质。培训机构的网站更新缓慢,甚至不再更新,可能是其经营不善或业务停滞的反映。

2. 培训机构是否有带机构后缀的邮箱地址

如果一家培训机构对专业度有较高的自我评价,其邮箱地址却以163.com、sohu.com、qq.com为后缀,那么其专业度应该受到质疑。专业机构都会十分注重自身各方面的专业形象,邮箱地址是其中一个因素。

3. 培训机构是否专注于一到两个领域

很多培训机构在与客户沟通中表示自己的能力超强,对各种培训需求都有能力满足。事实上,只有专注才有可能专业,什么都能做,可能什么都做不好。所以在选择培训机构时,不要以"全"为标准,要以"专"为标准。

4. 判断是"销售型"培训机构,还是"智力型"培训机构

前文对培训机构进行了分类,按照前述分类的思路,在选择培训机构时,尽量选择"智力型"的机构，避免选择"销售型"的机构。研发型（产品型）培训机构、专业型中介机构、引进型培训机构都属于"智力型"机构。

5. 培训机构是否有专业观点，是否能坚持原则

专业机构一定有其专业观点和从业原则。客户采购外部专业机构的服务，正是基于这个原因。培训机构不能只是迎合客户的意愿，而应在必要时坚持自己的专业观点与从业原则，向客户提供自己的专业意见。

6. 培训机构的文案材料编写是否专业

培训机构在与客户建立关系和开展合作的过程中，会提供各种文案材料，包括机构简介、课程宣传文案、机构宣传册等，这些文案编写能够体现该机构的专业能力。

比如，培训建议书是培训机构基于客户培训需求制定的培训解决方案，能够从两个方面上体现培训机构的专业能力，其一，是否具有针对性的培训内容；其二，培训建议书内容的呈现是否合理。如果一家培训机构提供的培训建议书内容设计针对性强、逻辑清晰、结构完整，而非泛泛而谈应和客户需求，那么它应该是比较专业的机构。判断培训建议书的结构是否合理，可根据其是否包含了所有的基本要素来判断，包括是否包含客户简介、客户需求分析、课程基本信息说明（前言、收益、授课方式、课程特色、对象、课时等）、培训课程大纲、讲师介绍、报价说明，以及相关附件等。培训建议书的排版是否专业也是判断培训机构是否专业的依据。有些培训机构的培训建议书的字体字号都不统一，行距忽大忽小，断章断页没有整体考虑，很难让人认为其有能力提供专业服务。

7. 培训机构业务人员的表现是否专业

培训机构的业务人员主要指对外联系的一线人员，他们是培训机构的形象"代言人"，其表现是否专业，直接反映培训机构的管理水平及专业水准。

培训管理者在与培训机构业务人员接触的过程中，要注意他们的服务水平，还要关注他们的专业素质，即他们是否能够清晰准确地介绍本公司的各类培训产品，是否具备一定专业素养来支撑其与客户的沟通交流，是否能给客户带来专业的印象，是否有能力为客户提供初步的专业意见和建议……如果一线业务人员都具备一定的专业能力，那么该机构的专家及培训师一定具备更高的专业水准来满足客户的需求。

我曾担任多家培训机构业务负责人，一直要求和督促业务人员学习与课程产品相关的专业知识，鼓励他们去考取专业认证，使他们最终能够以"半个专家"的身份出现在客户面前。结果是，业务人员不但因具备"半个专家"的专业素养被客户尊重，其对客户的影响力也大大加强，同时也增强了客户和机构合作的信心。

8. 培训机构的行业口碑如何

通过业内的朋友、熟人去了解培训机构的品质是一个不错的方式。对某一机构进行口碑调查时尽量征询多方意见，做到兼听则明。

9. 培训供应商的储备与管理

为了获得更可靠、更便捷的培训服务，培训管理者应该建立本组织的培训供应商数据库，储备一些具有较好资质的合作机构的信息。建议在每个需要的领域至少有两到三家备选机构。储备供应商应该满足基本的供应商准入条件。供应商准入条件由培训管理者根据本企业的相关制度或具体情况设置。还应该对供应商名录中的培训机构进行定期评估，将不达标的供应商剔除或降级备用，空缺由储备供应商填补。

第五节　选择培训师的要领

在培训实践中，除了内部培训师，我们经常会聘请外部培训师进行培训。培训师是"传道授业解惑"者，是将培训内容传递给学员的那个人，其工作的有效性对培训结果影响甚大。

一、培训师的分类

培训师大致可以分为五类：实战派、学院派、认证派、伪实战派、"忽悠"派。

1. 实战派培训师

实战派培训师主要指具备企业实操经验的专业人士，他们在理论上的素养也许达不到学院派的高度，但其课程的实用价值却是后者不及的。实战派培训师是比较受企业欢迎的一类培训师，很多原创类课程是由这类培训师开发的。

2. 学院派培训师

学院派培训师主要指来自高校及科研院所的专家，理论基础深厚。他们所讲的内容通常理论逻辑严密，模型结构合理，但由于缺乏结合实践的有力支撑，因此常常"说的是对的，但却是无用的"。"学院派"培训师一般是高级别培训研修项目的常客，一是其理论研究有助于为高级管理者提供思想指导，二是其专家学者的身份也能提升培训项目的美誉度。

3. 认证派培训师

认证派培训师主要指讲授认证课程的一类培训师。这一类培训师中有具备相当水准的专家，他们大都是某个版权认证课程的引进者，甚至是原创者，由于对认证课程的内容有深入的研究和丰富的实践经验，因此能够较好地将理论与实践相结合。也有不少讲师拥有认证课程的授权证书，但多是只参加过该认证课程的培训，对课程研究并不深入，更多是照猫画虎，对内容的演绎远达不到前一类专家的水平。不少年轻培训师由于缺乏实践经验，也缺乏开发特色课程的能力，会偏爱通过参加认证类培训课程的方式获取讲授认证课程的资质。

4. 伪实战派培训师

这类培训师也具备一定实践经验，但本身并无深厚积淀，讲授的课程多是抄袭、复制或整合他人课程，课程内容只能说是规规矩矩，缺少亮点。这一类培训师能呈现所讲内容的普遍性规律，但缺乏个性化认识和独立观点，其课程与实践的结合比较勉强，给人隔靴搔痒之感。

5. "忽悠"派培训师

主要是指言过其实的一类培训师，这类培训师的共性特点包括滔滔不绝的口才、高昂亢奋的精神状态、夸张丰富的肢体语言、个性化的造型等。其课程内容基本都是经不起推敲的"正确的废话"。对许多销售导向型的组织，这类培训师还是相当有市场的。

6. 专职培训师与自由培训师

培训师还可以根据其与培训机构的从属关系分为专职培训师与自由培训师。

专职培训师是培训机构的固定员工。很大一部分专职培训师就是其所在培训机构的所有者或主要合伙人；还有一部分是较大规模培训机构的认证课程专职培训师。由于有从属关系，所以培训机构对此类培训师的控制力比较强。

自由培训师指不从属任何一家培训机构的职业培训师。有的自由培训师会雇用助理为其联系培训业务，有的挂靠在一家或多家师资经纪平台上，有的干脆依靠口碑营销。大多数自由培训师都有为数不多的核心合作培训机构，有时这种师资合作甚至带有垄断性和排他性。

二、培训师的选择

在选择外聘培训师时可以从以下几个角度来考量。

1. 培训师是否冠名"高大上"

随着培训市场的迅猛发展，进入这一领域做培训师者不在少数，为了在竞争中赢得优势，不少培训师乐于通过为自己打上"人造光环"引起客户的关注。"大师""理论创始人""某某第一人"层出不穷，培训管理者必须学会分辨真伪。对培训"高大上"的称谓保持警觉。

2. 培训师是否有意愿与客户沟通

有的培训师因为培训日程安排较满，不愿抽出时间来与客户深入沟通，只是依靠培训机构来了解客户需求。对这类培训师，培训管理者要谨慎选择。优秀的培训师都十分注重个人品牌及培训给客户带来的价值，会主动配合与客户沟通的环节。缺乏这种职业态度，就是将自己的利益凌驾于贡献之上，是对客户的不负责任。目前，多方（客户、培训机构、培训师）线上电话或视频会议沟通培训需求是越来越常见的形式。

3. 培训师是否能根据需求调整课程内容

没有一剂药是包治百病的，也没有一门课是适合所有客户的，但培训界"一纲应百客"的情况也是常见的。当然，客户不能指望培训师为了一个需求就去开发一门新的课程，但是培训师有责任对其标准课程进行修改与调整，以适应客户的个性化需求。有的名牌培训师只为客户提供标准版本的课程，不愿意根据客户的需求做相应调整，反而向客户承诺"效果没问题"。如果客户只要求小幅提升理论能力或大致了解大环境、大形势，问题还不算太大，但如果客户希望培训结合企业的具体情况，那么也许选择虽不出名但能配合客户进行内容设计和调整的师资为好。

4. 培训师是否一定要具备与本企业一致的行业背景和经验

虽然很多客户在选择培训师时都会有这一要求，但这其实并非培训师选择的必选项，不能对所有课程的培训师都采用这种"一刀切"的标准。

如果是为专业类培训课程选择培训师，那么具备该行业和该专业的相应技术经验和能力是必须的，但如果是通用管理类的课程，特别是通用管理的导入类课程，如"管理者的项目管理思维""跨部门沟通与协作""团队管理与领导能力修炼"等，就没有必要坚持这一要求，因为此类通用课程的核心内容对任何行业都是一样。我们很难要求一个培训师具备多行业的背景和经验，因此这一要求会极大地限制培训师选择的范围，增加实际操作难度，又未必能提升培训效果。

5. 培训师是否要与学员人群的"气质"相符

在选择师资时要考虑受训学员的类型，培训师拥有与学员相同或相似的"气质"，更容易被学员接纳。如对研发或技术人员的培训，内敛谦逊的培训师会比外向张扬的培训师更适合；对销售或市场人员的培训，应该选择善于调动学员热情的培训师；对中高层管理者的培训，要选择具备丰富的管理经验和良好的理论素养，最好是年长一些的培训师……

6. 培训师有哪些培训成果

应了解候选师资的培训案例，如有哪些知名企业和同行业企业接受过其培训，学员评价如何，在了解的过程中要注意识别信息的真伪。

7. 培训师行业口碑如何

通过同行、同事、朋友、熟人等了解备选师资在行业内的口碑，还可以通过互联网搜索相关师资的网络信息，多方面了解，综合比较。

8. 选择培训师领导说了算，还是学员说了算

培训管理者在工作中还会碰到这样的情况，领导外出参加了某个培训，感觉很满意，回来后就特别指示培训管理者联系该培训师给本企业员工开展同样的培训。问题在于，管理者与员工有不同的培训需求，适合领导的培训，未必适合员工。培训管理者与培训师和学员沟通后发现，该培训并不符合学员的需求，便有责任向领导提出有理有据的专业建议，避免组织资源的浪费和不良后果的发生。只是盲从领导的指示，不满意的培训结果将由培训管理者负责。

以一个案例说明。某企业为员工安排了一次销售技巧培训，由于学员都是基层销售人员，因此培训主管选择了一位价格不高，但具有丰富行业销售经验的新锐培训师。学员对培训师所讲的内容感同身受，学习热情也很高。在培训期间，该企业的销售总监到现场旁听了一两个小时。培训结束后，虽然学员的反响不错，但是销售总监认为，这位培训师的水平比较低，所讲的内容也没有什么创新之处，未来的培训必须更换师资。培训管理者未能说服销售总监，只能在接下来的几期培训中调整了师资。结果不但培训的成本增加了，而且更为高端的培训师所带来的培训反馈并不好，培训管理者也被认为组织培训不力。

9. 选择培训师是否必须通过试讲、试听

通过试讲、试听选择培训师是一些组织的硬性规定，但这未必是合理的规定。道理很简单，广受欢迎的师资不缺少培训业务，既没有时间，也不会放下身段来给客户试讲；大多数培训机构无法及时安排客户试听；培训机构也很难安排一个客户到另一个客户的内训现场去听课，即使可以这样操作，培训的课题又可能不一样。

我在负责培训机构运营时曾有这样一个亲身经历。客户是一家有实力的国企，在前期的培训沟通中，客户坚持要求我们推荐的每个培训师到企业试讲，或提供培训师的公开课给他们试听。虽然我们提出，按照这样的要求，培训操作难度较大，而且能够符合合作条件的师资将会很少，无法保证整个培训项目的顺利实施，但对方仍坚持要求。经过一段时间的反复协调，只有很少一部分培训师能够满足试讲、试听的条件，而且基本属于推荐师资中资历与知名度较低的一类。客户的其他几个培训供应商也无法满足这一条件。最后，客户不得不重新接受了我们之前提出的建议，采取授课视频片段及三方会议的形式来了解师资，但大量的时间和精力已经白白消耗了。

10. 授课视频是否真正有助于了解培训师

授课视频可能在一定程度上让客户了解相关培训师的培训风格和授课现场的气

氛，但对公正评价培训师能力的作用很有限，而且有时候甚至还可能起到相反的作用。

培训机构或培训师提供给客户的授课视频通常是精心挑选的，甚至是精心制作的片段。通过这类视频，客户可以了解培训师讲得如何好，但却无法了解他讲得如何差，因为那些令人不满意的场景可能都被删除了。同时，视频更有利于表现型培训师，而很难体现内敛型专业型培训师的优势，三五分钟的视频片段是无法展示培训师专业能力的。还有一些培训师讲授时不允许培训机构录像，如果仅因为视频资料的原因就使这些培训师失去了备选资格，不但对他们不公正，对客户也是不利的，客户会因此失去接触更多优质培训师资源的机会。

11. 在沟通中，提出哪些问题有助于更好地了解培训师

（1）请问，基于我们陈述的培训需求，您是否已经有了一个大致的课程设计思路？在了解客户的基本培训需求后，合格的培训师至少有能力提供大致的课程框架，将复杂的需求简单地呈现出来。这一问题有助于明确培训师的专业水平及课程设计能力。

（2）请问，您的课程与同类课程相比有哪些特点？以此了解该培训师课程差异化设计能力及独特优势。

（3）请问，您的课程通常都会采取哪些教学形式？具体如何安排？有助于了解培训师课程内容的呈现技巧及各环节的设置，保证课程符合学员的需求或特点。

（4）请分别讲述一个此课程的成功案例和失败案例，以及您的感受。通过成功案例了解此课程的价值；通过失败案例了解培训师追求持续改进的专业态度。

（5）我们希望向学习过此门课程的企业了解下相关情况，您是否方便提供两到三家企业的培训负责人的联系方式？通过与接受过该培训师培训的企业沟通，直接了解有关课程的第一手信息。要注意在适当的时机提出这个要求，还要根据培训师的个性考虑是否适合提出这个要求。有的培训师个性比较强，如果随意提出这个要求，很可能会使自己陷入尴尬的境地。

（6）请问，您认为可以从哪些方面来评估学员是否达到了本次培训的基本目标？训后的培训评估表多是从客户的视角来设计的，被评估的对象也多是培训师，由培训师给出评估标准不但能够聚焦培训内容的重点,而且能让培训师感受自己的责任与压力,从而更加认真严谨地准备教学工作。

第十章 培训项目的控制

第一节 培训需求的变更管理

一、需求可以变更，但变更必须受到控制

培训需求的变更是高频率发生的情况。

俗话说"计划不如变化快"，无论计划多么的周密详尽，总会发生变更。培训需求的变更是由项目内外部的不确定性引起的，而这种不确定性是无法消除的。因此，必须接受这样一个事实——只有变才是唯一不变的。

培训需求变更的原因多种多样，高层管理者意愿、客户要求、业务要求、内外部突发事件、外部环境变化等都会造成需求的变更。

培训需求变更一直都是培训管理者的一块"心病"。

既然说"只有变才是唯一不变的"，是不是意味着对培训需求的变更毫无办法，只能被动地接受呢？

回答这个问题前，先看一个案例。

<案例>

明明是你来回变，为什么把责任推给我

<案例人物>

李明——某生产制造企业培训主管

陈平——某生产制造企业研发部总监

马总——某生产制造企业技术与研发分管副总

<案例详请>

经过一段时间的忙碌后，李明落实好了"从技术到管理"的内训课程，找到研发部总监陈平确定实施细节，包括时间、人员、场地、费用等。

还没有等李明的汇报结束，陈总就打断了他的话，说："小李，现在有个新的情况，我们觉得，可能研发项目管理的培训更迫切，因为上周开会，马总对研发项目管理提出了新的要求，所以需要把原来的计划改一下。"

李明："那好吧，我重新安排。"

一周后，李明带着重新设计的研发项目管理培训方案来见陈平。

陈平吃惊地问："怎么这个培训讲师课酬这么高？超出预算了，这可不行！"

李明："我咨询与比较了好多家这个培训主题的供应商，讲这个课程的讲师课酬都比较高，方案里面推荐的师资是我觉得性价比最好的。"

陈平："这个预算肯定太高了。要不这样，你的方案是两天的，咱们压缩到一天来讲吧。"

李明："这样做会影响效果吧。"

陈平："没办法，咱们预算不足，只能这样压缩了，你跟老师说说，尽量多讲点。"

李明也很无奈："那……好吧。"

又过了一周，李明按照陈平的要求重新安排好了一天的研发项目管理培训。他再次去见陈平。如果一切没有问题的话，就可以和这家培训机构签约，下发培训通知，准备培训实施了。

陈平："真是抱歉，我们刚启动了一个研发项目，时间非常紧，可能咱们的这个培训要等一等，等我们项目结束后再开展吧。"

李明无语……

两个月后，马总办公室。

马总："研发团队对我们企业的发展非常重要，之前我也多次强调，要求你们要加强对研发部门的培训工作，为什么到现在还没有执行？研发部在目前新的研发项目中又反复出现已有的管理问题，对我们的工作影响很大。"

陈平："我之前已经要求过培训部提供相关的培训，但不是主题不合适，就是预算超支，后来就拖下来了。"

李明很生气，明明是你来回变，我只是在配合你的要求，为什么把责任推给我？

上述案例中，李明先后多次积极配合研发部总监的培训需求变更，但是最后反而被陈平把责任推到了自己的身上。李明很生气。那么，李明是否被冤枉了呢？答案是否定的。

因为，李明没有对陈平的培训需求变更进行管理和控制，只是被动地接受。也就是说，"培训需求变更并不可怕，可怕的是对培训需求的随意变更"。

首先，培训需求随意变更会使培训计划成为废纸，培训实施的基准总在变化，会使工作迷失方向，努力就变成无谓的忙乱。

其次，培训需求的随意变更会使培训管理者陷入无序和被动的应对状态，工作总是被打断又不得不重启。

最后，培训需求随意变更会对客观评估培训管理者的工作绩效造成消极影响。在很多情况下，这种随意变更并没有正式体现在管理流程中，就很容易造成对培训管理者工作的不公正评价。

培训需求可以变更，但变更应受到控制。

<观点分享>

（1）培训需求变更并不可怕，可怕的是对培训需求的随意变更。

（2）培训需求可以变更，但变更应受到控制。

二、培训需求变更管理流程

必须管理和控制培训需求变更。

一方面，可以建立"变更控制委员会"一类的管理项目变更的内部组织。比如，可以规定，某一范围内的需求变更由培训项目经理审批和确认，如果超出这个范围，变更要求就要获得更高层级管理者的审批，甚至要提交给"变更控制委员会"审批。"变更控制委员会"可由来自高层的管理者组成。

另一方面，在组织内部建立起培训需求变更的管理措施——培训需求变更管理流程。图10-1为培训需求变更管理流程图。

以下对需求变更管理流程做简要说明。

1. 第一步：由于各种原因产生培训需求变更的要求

无论是出于主观原因还是客观原因，结果是培训要求必须变更。

2. 第二步：提交书面培训需求变更申请，说明原因

如果组织环境不能支持书面申请操作，变通方式是，变更提出方以电子邮件提出变更要求并说明变更原因。不要接受变更提出方口头提出的变更要求，口说无凭，出现问题时，就很难说清楚了。

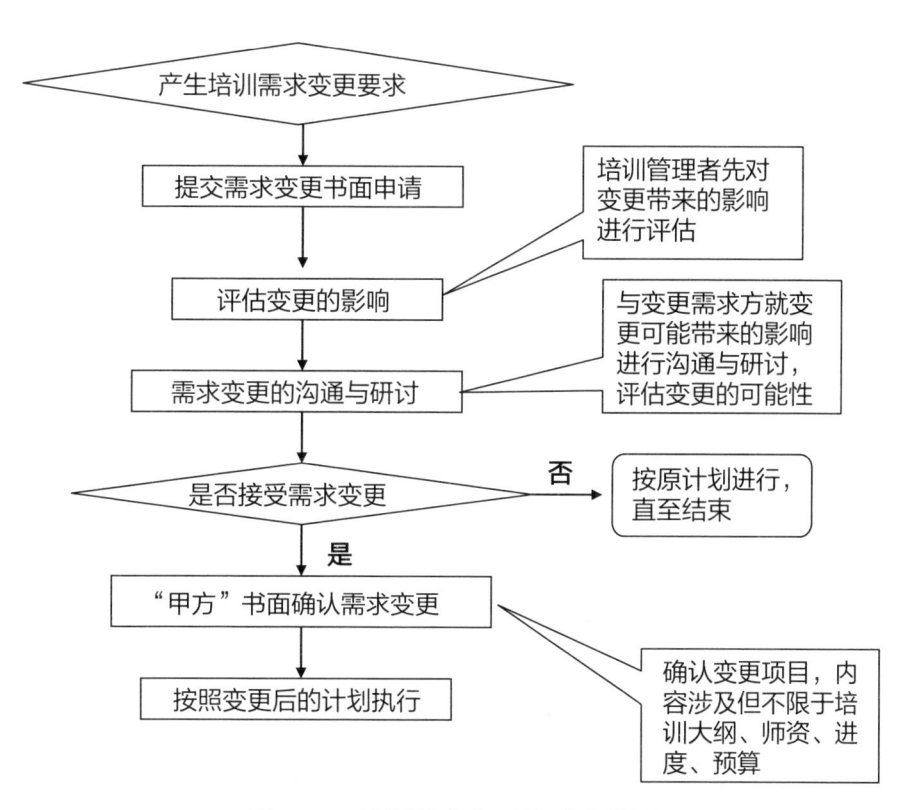

图10-1 培训需求变更管理流程图

3. 第三步：培训管理者评估培训需求变更将产生的影响

培训需求变更提出方不是培训管理的专业人士，他们并不清楚变更会给培训项目带来哪些影响，因此，培训管理者要先从专业角度对其变更要求进行评估。根据不同培训项目的情况，评估可能涉及但不限于内容、时间、成本、师资、资源、质量诸多方面。例如，需求变更是否对培训的成本造成影响？这种影响是否可接受的？是否能够按照新的培训需求找到合适的授课讲师？是否会由于项目需求的变更延期？延期是否可行？需求变更的范围是否超出了客户的权限？……

4. 第四步：培训需求变更的沟通与研讨

与培训需求变更提出方就变更进行沟通，告知其变更会带来的影响，研讨是否能承受变更带来的影响。如果需求变更涉及组织高层关注的问题，则应将相关情况向组织高层汇报。

5. 第五步：双方对是否接受培训需求变更达成一致，做出决策

需求变更提出方了解了变更的影响后，很可能会撤销变更需求，因为他们之前可能没有意识到，自己一个"小小的"变更要求会产生那么大的影响。

双方对变更需求进行研讨后，形成一致决策。

6. 第六步：确认是否变更

（1）放弃或拒绝变更要求。

变更提出方放弃变更要求或培训管理者拒绝变更要求，按原计划执行项目。

（2）接受变更要求。

如果双方达成一致接受变更要求，培训管理者应将变更的内容、所产生的各方面影响，以及变更后的培训方案形成书面文件，提请变更提出方签署确认。超出权限范围的变更要求，需要提交更高一级管理层审批。

如果内部缺乏相应的流程和机制支持书面变更文件的签署，可以电子邮件的方式提请变更提出方确认。书面文件或电子文件既能约束双方的行为，也可以对培训管理者带来保护。

（3）如果变更提出方不签署怎么办。

如果培训管理者多次催促，而变更提出方不做回复（同样保留双方交流的资

料），即代表变更提出方也不愿意为变更的结果承担责任，那么，建议培训管理者继续按原计划推进培训项目。

采取规范的需求变更管理流程很可能出现培训需求变更锐减的现象，因为原本可以无成本无责任提出变更，现在不但变得"麻烦"了，而且有"成本"又有"责任"了，可有可无的变更需求自然就消失了。

第二节 培训项目范围控制

项目范围控制强调的是为了达成项目目标，工作既不能少做，也不能多做，正好满足要求即可。

少做工作，就是工作有漏项，可能会给项目带来灾难性的后果，至少也会对项目的实现产生不小的负面影响。比如，如果忘记邀请授课讲师会直接导致项目失败；如果是忘记印制学员手册，培训虽然还可以进行，但会在很大程度上影响培训效果。

多做工作，带来的是时间、成本、资源等各方面的无谓浪费，这些超出项目范围的工作未必能带来客户满意度的提升，甚至会带来相反的结果。

因此，在项目执行过程中要严格控制项目工作范围，注意避免两种状况的发生，一种是"范围蔓延"，另一种是"镀金"。

范围蔓延（Scope Creep）指没有经过规范变更控制程序，直接增加了超出工作范围的工作，也就是说，客户提出了变更要求，而项目管理者没有通过任何管理流程就认可了客户的变更要求。

<案例>

你是一名软件开发项目的项目经理，客户突然向你提出需要增加一个功能。你认为客户的意见有道理，而且本着让客户满意的原则，在没有经过规范的项目变更程序的情况下，就同意了客户的要求。

一个星期后，你发现，为了帮助客户实现新增功能，项目陷入了困境。新增工作不仅是开发一个功能模块那么简单，还涉及整个软件的架构调整和各功能兼容等诸多问题。项目进度因此延误，同时还消耗了很多成本和资源。

你与客户就此情况沟通，希望对方能为此追加费用，并延迟项目交付的时间。但是客户坚持要求按照合同金额结算，同时还坚持要求按照原定的进度目标完成项目……

镀金（Gold Plating）指在项目范围定义的工作以外，项目团队主动增加的工作。

上面案例的问题在于，没有经过规范程序便接受客户要求增加工作内容而产生矛盾；下面这个案例的问题在于，客户没有提出要求，我们主动为客户多做工作而陷入困境。

<案例>

如果你是一名装修项目的项目经理，业主要求客厅墙面刷大白就好，刷好大白后，你想，这么好的客厅为什么墙面不上涂料呢？正好你手头有一些不错的涂料，你就把客厅的墙面刷上了涂料。

几天后，业主看到客厅的墙面火冒三丈，"墙面只刷大白就可以，为什么还给我上了涂料？刷大白，我有我的用处，你们赶快给我复原！"

结果就是，你多花费了人力、物力、成本、时间，不但没有带来感谢，还引起了客户的极大不满。

为了保证工作不多不少，要在每个项目阶段、重要项目节点及时对范围进行核实。

编制项目工作任务清单是核实项目范围的有效方法。特别是当项目工作从一个阶段进入另一个阶段、在从一项活动转入另一项活动时，任务清单可以有效地帮助我们检查各项工作的完成情况。

培训管理者在组织培训活动时也可以借助编制任务清单核对每个工作节点的工作完成情况。表10-1为培训管理训前准备工作核对清单示例，表10-2为培训师训前准备工作核对清单示例。

表10-1　培训管理训前准备工作核对清单

序号	训前准备工作内容	数量／备注	核对
训前培训管理工作			
1	培训通知下发与确认	确认学员收到并阅读	
2	确认最终参训学员名单		
3	课件或学员手册电子版获取		
4	培训师行程确认		
5	培训师往返机票／车票预订		
6	培训师住宿预订与餐饮安排		
7	培训师接机／接站安排	如需	
8	学员餐饮食宿安排	如需	
9	资料（学员手册、评估表、签到表、条幅、指示牌等）制作和准备		
10	场地预订		
11	其他（如邀请领导出席并讲话）	如需	
教学场地准备			
1	桌椅摆放	按授课要求	
2	学员桌牌摆放	分组或按授课要求摆放	
3	条幅悬挂		
4	空调检查		
5	指示牌摆放	如需	
教学设备准备与调试			
1	电脑准备及调试、电源线		
2	投影仪准备及调试		
3	翻页笔	2节备用电池	
4	电源插座或接线板		
5	麦克风准备及调试	3套备用电池	
6	音响准备及调试		
7	电脑音频线及音频准备及调试	如需	
教学物料准备			
1	签到表		
2	培训课件		

续表

序号	训前准备工作内容	数量/备注	核对
3	学员手册	学员人数+3	
4	培训效果评估表	学员人数+3	
5	白板、板擦		
6	活页夹		
7	白板纸、A4纸	按授课要求	
8	白板笔	按授课要求	
9	学员用笔		
10	学员奖品		
11	其他（如即时贴、胶带、剪刀）	按授课要求	
其他物资准备			
1	照相机/摄像机		
2	水、茶、咖啡		
3	茶歇食品		
4	一次性杯盘/勺子		
5	纸巾		
6	常用药品		

表10-2 培训师训前准备工作核对清单（示例）

一、授课工作准备清单
　　□ 教学 PPT 修改完毕
　　□ 学员手册修改完毕
　　□ 电脑正常工作
　　□ 教学 PPT 检测（动画播放顺序无误、视频播放正常、链接有效）
　　□ U 盘备份教学 PPT
　　□ 移动硬盘电脑资料备份
　　□ 授课案例编写完毕
　　□ 备课（特别注意对已升级修改部分内容的熟悉及与整体内容的融合）
二、个人物品清单
　　□ 身份证
　　□ 笔记本电脑、电源线

☐ 手机（充好电）、电源线
☐ 充电宝（充好电）、数据线
☐ 眼镜、眼镜盒
☐ 翻页笔、7号电池
☐ 教学PPT备份U盘
☐ 水杯、茶叶
☐ 剃须刀
☐ 服装（西服一套、内衣等）
☐ 日记本、笔、书
☐ 旅行箱、双肩背、书包
☐ 现金若干

三、行程安排
☐ 往返机票/车票已预订
☐ 住宿已预订
☐ 查询机场/车站到住宿地的路线
☐ 查询住宿地到培训场地的路线

四、课前准备清单
☐ 教室桌椅按要求布置完毕
☐ 学员提前分组安排完毕
☐ 学员桌牌准备完毕
☐ 投影仪、音响设备、无线话筒调试完毕
☐ 教学物品（A1纸、白板、白板笔、即时贴、纸、笔等）准备完毕
☐ 茶歇物品准备完毕
☐ 学员培训发票开具
☐ 优胜组学员奖品已准备

第十一章　培训项目的质量管理

对所有培训管理者来说，"如何使培训效果落地"是特别需要关注的一个话题，也是最令人困扰的一个难题！

培训效果的有效转化依赖于多方面的因素，但不少培训管理者都将培训效果的转化仅当作一项孤立的任务来看待，没有将其放置于整个培训执行体系中进行系统考虑，造成了"头痛医头，脚痛医脚"的状况，无法从根本上解决培训效果转化的问题。

本章从培训执行的角度来探讨，如何通过对培训过程中质量的有效管理，为培训效果转化提供可控的保障。

第一节　厘清"教"与"学"

事物的发展过程中存在许多矛盾，其中必有一种矛盾的存在和发展，决定或影响着其他矛盾。这种在事物发展过程中处于支配地位、对事物发展起决定作用的矛盾就是主要矛盾，其他处于从属地位、对事物发展不起决定作用的矛盾是次要矛盾。每一对矛盾中都存在力量不平衡的两个方面，其中处于支配地位、起主导作用的方面是矛盾的主要方面，处于被支配地位的方面是矛盾的次要方面。事物的性质主要是由主要矛盾的主要方面决定的。

在培训工作中也存在着各种矛盾并对培训质量发生影响。其中，"教"与"学"应该是对培训质量影响最大的一对主要矛盾，这一对矛盾中包含了培训活动的两大主体——培训师（教的一方）和学员（学的一方）。

在"教"与"学"这对矛盾中，"教"是被动的，因为"教"是基于"学"的需求产生的，是为"学"而教；"学"是主动的，"学"不是因为"教"产生的，是因为有"学"的愿望。有"学"的愿望，即使没有"教"，也可以自学；没有

"学"的愿望，"教"就没了对象。

由此可见，"教"与"学"这对影响培训质量的矛盾中，"学"是矛盾的主要方面，"教"是矛盾的次要方面，因此，"学"比"教"对于培训质量的影响更大。

只有厘清了这个认识，培训管理者才有可能在工作中抓住保障质量的关键因素，而非紧盯次要因素。

在培训实践中存在不少反面案例。例如，一旦培训活动的效果不好，首先受到指责的就是培训师，客户也会一直要求聘请更好的培训师来提高培训活动的质量。但即使培训师的授课获得了学员的认可，客户也仍然会认为培训效果不能落地是培训师的问题。

事实上，着眼于"教"是无法从根本上解决"学"的问题的，不能做好"学"的工作，"教"得再好，也没效果。"教"得好是因为培训师授课质量好，"学"得好是因为学员学习质量好，绝不能简单地把培训师"教"的质量等同于培训项目的质量，"教"的质量只是影响培训项目质量的次要因素，"学"的质量才是影响培训项目质量的主要因素。

为了保障和提升培训项目的质量，培训管理者应将更多的工作努力聚焦于"学"这个因素的管理上，如挖掘学习需求、激发学习热情、管理学习过程、建立学习机制、营造学习环境、推动学以致用。

> <观点分享>
> 为了保障和提升培训项目的质量，应将更多的工作努力聚焦于"学"这个因素的管理上。

第二节　影响培训项目质量的因素

保障培训项目的质量，首先需要找到保障培训项目质量的工作"抓手"。

主要有五种因素会对培训项目的质量产生较大影响，包括学员、培训管理、组织环境、培训师、培训机构。以下探讨如何从这五个因素入手保障培训项目的质量。

一、学员

学员是培训中"教"与"学"这对矛盾的主要方面,对培训项目的质量影响巨大。具体又有哪些方面会对学员的学习产生影响,从而影响培训项目的质量呢?

学员的学习动机、知识背景和学习能力是最为重要的三个方面。

1. 学习动机

学习动机主要涉及价值判断、学习信心和情绪三个方面。

第一,价值判断。价值判断就是学员主观上,能够认识到学习的内容在多大程度上对自己有用。学员越认为学习内容有用,就越能激发其学习动机,反之学习动机越弱。

第二,学习信心。学习信心就是学员是否认为自己具备掌握所学内容的能力。如果学员觉得所学的内容太难,超过了自己的能力,就会丧失学习的信心,从而影响其学习动机。比如,学员是一个动手能力很强的人,但很不擅长文字工作,他就很可能缺乏足够的动机去参加提升写作能力的培训活动,因为他不具备学好的信心,"我就算学了,也不可能超过别人"。

第三,情绪。这里谈的情绪涉及学习态度、学习热情、个人情绪。

学习态度代表学员是否想学的主观愿望,态度端正与否将在很大程度上影响学习的效果。培训时,按时参加课程、认真听讲、严谨作业都是学习态度端正的表现;迟到、逃课、课上随意交谈、看电脑、玩手机、不交作业都是学习态度不端正的表现。以空杯心态来参加培训,积极主动地接收来自培训师的信息,能学会的东西自然就多;抱着"我什么都懂"的态度,看到和听到的总是培训师不如自己的地方,学习就变成了对抗和挑剔。

学习热情对学习具有正向的推动作用。饱满的学习热情能够使学员积极投入到培训过程的各个环节中,如积极参与小组练习,配合培训师的要求,主动提问与回答问题,并能将这种热情传递给其他学员,形成良性互动。学习热情低的学员更像置身局外的旁观者,总是在"冷眼"审视培训过程,忘记了自己也是其中的一员。学员的冷漠还会给培训师带来强烈的挫败感,影响其授课的发挥和投入。

个人情绪也影响学员的学习状态。情绪低落时,学习热情不可能高昂,负面情绪也会传染和影响他人。情绪激动时，内心平静，无法专注于学习。如果学员是被培训管理者"逼"到课堂上的，他就会闹情绪，消极应对，抗拒学习。如果学员上课前刚被批评，情绪不稳定，就很可能无法集中精力……

2. 知识背景

学员的知识背景也对学习效果产生不小影响，只有将"新知"架构在学员"旧知"的基础上，学员才能更好地理解和吸收所学的内容。

比如，学员从不具备项目管理的知识基础，在授课过程中，培训师没有将这个"新知"结合学员的生活经验、工作经历、行业案例和企业实践来讲，就不容易引起学员的共鸣，学员理解和消化"新知"就变得比较困难，也不知道如何才能将之用到自己的工作中。

3. 学习能力

人和人是有差异的，学习能力也是如此。只有承认学员学习能力的差异，才能有针对性地采取相应的措施来管理不同学员的学习，提高其学习效率。

4. 怎么办

为了从"学"的角度入手来保障培训项目的质量，可以考虑从学习动机、知识背景和学习能力三个方面采取相应的管理措施。

（1）提升学习动机：向学员强调学习内容的价值，而不是一纸通知就要求学员参训；给予学员激励，为其提供辅导和帮助，建立其学习信心；营造积极的学习氛围，让大家相互影响……

（2）结合知识背景：为学员提供预习资料；为学员提供预备课程；让不同知识背景的学员组成小组，相互帮助和支持；鼓励学员自己在培训前做一些准备，填补知识空白……

（3）结合学习能力因材施教：尽量安排学习能力相近的学员同期学习；根据学习能力调整课程；多提供练习机会，加强学员的理解和吸收；关注学习能力偏弱的学员，为其提供额外支持和帮助，包括简化学习内容；为学习能力强的学员提供更具挑战性的任务；安排学习能力强的学员帮助相对弱者，但一定注意不要引起矛盾……

"学"是"教"与"学"矛盾的主要方面,也是影响培训质量最重要的因素之一。为了保障培训项目的质量,培训管理者有必要把更多的精力聚焦于对学员的管理上。

> <观点分享>
> (1)"学"是"教"与"学"矛盾的主要方面,也是影响培训质量最重要的因素之一。
> (2)为了保障培训项目的质量,培训管理者有必要把更多的精力聚焦于对学员的管理上。

二、培训管理

可以通过解决六个问题来提升培训管理能力,以保障培训项目质量。

1. 是否具备较完善的培训体系

培训的一个重要结果就是使学员的行为获得积极改变,从而推动绩效的提升。培训能够影响人的行为,但只有持续的培训才有可能改变人的行为,无序、零散、临时的培训活动,即使能在短期内对受训者产生一定的影响,随着时间的流逝其影响会迅速淡化,乃至无影无踪,更别说培训效果的转化了。

完善的培训体系不但可以提供适合的资源保障培训工作的有效执行,保证各项培训活动的有机结合、相互支撑,持续不断地对受训者施加影响,还可以从各方面规范培训的操作与执行,使培训活动在既定的轨道上有序推进。

2. 是否准确把握培训需求

对培训需求进行管理是培训有效性的基本保证。没有对培训需求的准确把握,培训无法做到有的放矢,培训质量也就无从谈起。

培训需求管理就是解决"学什么"的问题,是针对"学"这个主要矛盾的主要方面的,因此,它应当成为培训项目质量管理的一项重点工作。

为了保证培训的质量,即使执行培训项目时时间紧迫,也有必要拿出足够的时间去了解培训需求,之后才是基于所了解的需求设计培训解决方案。

我曾有多年乙方的培训实践经历。不少客户(甲方的培训管理者)都不太重视需求调查的环节，他们找到你便说，"我们最近有个××方面的培训需求，主要是针对××部门和人群的，希望提升他们的××能力……"。当你希望进一步了解需求时，经常被要求，"按照这个先设计一个方案吧，我们看合不合适再说"。但是，如果需求都不清晰，设计的方案能具有针对性吗？培训方案缺乏针对性，能保证培训质量吗？

保障培训项目的质量，对需求的准确把握是重中之重。

3. 培训解决方案是否准确地体现了培训需求

通过培训需求管理过程确认的需求是编制培训解决方案的基准。只有准确体现培训需求的解决方案才能达到培训的目的，也才能保障培训项目的质量。

在培训管理实践中时常发生反例。培训前，培训管理者投入很大精力进行需求调查和确认，但到了编制培训解决方案时，却并不严格遵循需求或是随意变更需求，结果对培训目标的实现造成极大的影响。

4. 培训实施是否遵循培训解决方案

不少培训项目还会出现"挂羊头、卖狗肉"的现象：培训解决方案是一套内容，培训时交付的却是另一套内容，培训师未能遵循培训解决方案修改和调整课程内容，依旧讲授自己熟悉的或通用版本课程。

培训项目质量管理要求培训管理者在培训过程中认真监督对培训解决方案的执行情况，保证每一环节都按照既定方案实现。

5. 培训效果评估是否反映真实情况

培训效果评估是了解培训在多大程度上达成培训目标的方法，如果培训效果评估无法科学准确地反映培训的真实结果，势必给培训项目质量的评价带来干扰。

应从三个方面考虑对培训效果的评估。

（1）评估的设计。评估设计不科学、不合理，就无法反映出真实的培训结果。评估设计既全面、合理、有实操性，还要有针对性，包括评估对象有针对性、评估内容有针对性、评估形式有针对性。

（2）评估对象的界定。要依据评估目的界定评估对象。评估教学效果，评估对象就是"教"和"学"两个方面，不能只围绕"教"进行评估，忽视"学"这个更重要的因素。评估学员的行为转变，评估对象除了学员自身，可能还会涉及其上级、平级、下级、客户等多方面人群。

（3）评估节点的把握。为了更好地掌握培训效果，可以设置多个评估节点，包括训前评估、教学后评估、培训效果转化实践后评估等。

6. 培训效果是否能够转化

如果培训效果不能转化，培训项目就变成了培训教学，只能停留在教与学的层面，不能落实到实践中就无法对绩效产生影响，培训的目的就没有真正达到。

培训执行链上各环节为质量保障所做的努力只是培训项目目标达成的必要条件，培训效果是否能够最终转化才是培训项目目标是否达成的唯一验证。

> <观点分享>
> 培训执行链上各环节为质量保障所做的努力只是培训项目质量目标达成的必要条件，培训效果是否能够最终转化才是培训项目质量目标是否达成的唯一验证。

三、组织环境

培训工作离不开组织环境的支持，以下主要从高层支持、中层参与、基层配合和企业文化四个方面进行简要分析。

1. 高层支持

任何组织中培训工作的开展没有高层领导的支持，可以说寸步难行。

组织的培训大方向都是由组织决策者和高层管理者决定的，沿着这个方向推进，就能获得资源、支持和认可。

如果这个大方向不对怎么办？想各种办法"教育"组织决策者和高层管理者，说服他们，与他们沟通，向他们营销，慢慢影响他们，切忌毫无策略地盲目对着干。

组织决策者和高层管理者给培训工作画出一个"圈子"，圈子的大小取决于他们对培训工作的理解和态度。他们重视培训，这个圈子就大，权限和资源就多，工作就相对好做。

2. 中层参与

中层管理者，特别是部门主管（受训者直接上级）是培训工作在组织中承上启下的环节。

中层管理者比员工更了解企业的战略需求，比高层更了解一线的业务操作，他们是受训者的直接上级，比受训者更了解其能力与岗位要求的差距，更客观地知道其应该接受什么样的培训。

中层管理者作为受训者的直接主管，本身就担负培训基层员工的责任，并且有足够的权限和影响力推动培训工作落地。

3. 基层配合

基层员工对培训工作的认识和理解是培训工作得以实现的保证，要调动起基层员工的积极性，赢得其大力配合，培训工作才能在高层的支持和中层的参与下，在基层获得落实。

4. 企业文化

本书开篇提出了一个观点：培训管理工作的核心任务是"建立组织学习的机制，营造支持培训的组织环境"，其中"支持培训的组织环境"就是针对企业文化而言的，缺乏有利于培训工作的企业文化的支撑，从管理者到基层员工都不会认为培训是必需的和必要的，也不会自觉自愿地支持和配合培训工作的开展。

四、培训师

培训师是培训内容的交付者，虽然培训中"教"与"学"矛盾的主导方是"学"，但"教"对"学"也同样施加影响，在一定条件下，"教"与"学"的关系转化，"教"甚至能变成这对矛盾的主要方面。以下分析影响"教"的一些因素。

1. 专业水平

培训师不具备与教授内容相当的专业水平，就不能保证培训教学的质量，也就无法保障培训项目的质量。

2. 课程呈现能力

课程呈现能力就是传递课程内容的能力，也就是授课的能力。

课程呈现能力不是口若悬河的讲演，甚至是夸张的"表演"，培训师一定要避免把呈现能力当成培训内容，切忌浮夸。当然，恰当的表现能力也是必需的。子曰："质胜文则野，文胜质则史。文质彬彬，然后君子"。意思是，"质朴胜过文采，就显得粗野。文采胜过质朴，就显得虚浮。文采和质朴兼备，才能成为君子。"合格的培训师应该做到"文质彬彬"，肚中有"货"，口中有"言"。

3. 职业精神

缺乏职业精神的培训师对培训不做精心的准备和研究，对不同的企业、不同的客户，都是拿来标准课件就讲，讲完就走。这样的培训师，即使有再高的水平，有再好的授课技巧，所讲授的内容对客户也是隔靴搔痒，无法真正满足个性化需求。

4. 授课遵循既定培训内容

培训需求是基于需求调查获取的，培训解决方案是基于需求编制的，培训内容应该依据解决方案编写，授课应该遵循培训内容。培训师一定要避免讲着讲着就丢开既定的培训内容，又回到自己熟悉和擅长的套路上。

5. 场控和应变能力

培训师应时刻掌握对培训现场的主导权，努力将学员的注意力吸引到学习上，洞悉学习过程中学员的变化并加以控制。一定不能造成：台上"独角戏"，台下玩手机；你讲你的，我聊我的；学员挑战不断，讲师应接不暇；迟到早退，学员来往如入无人之境；互动环节漫无边际，跑题到八匹马都拉不回来……

培训师还应具有现场应变的能力，特别是基于学员对课程的反应，在与培训管理者沟通的前提下，及时对授课环节进行必要调整，以保障培训目标的达成。

6. 个人魅力和亲和力

当一个人接纳另一个人时，才会积极正面地接收对方传递给自己的信息。个人魅力、亲和力有益于提升培训师的职业形象，有助于培训师与学员建立良好的沟通关系，消除学员对抗心理，使学员乐于"观其行，听其言"。

庄重大方的仪表，幽默诙谐的谈吐，谦逊平和的态度，温文尔雅的风度，严谨敬业的作风，广学博识的底蕴，都是培训师个人魅力和亲和力的体现。

五、培训机构

1. 专业能力

客户之所以寻求外部培训机构来提供培训服务,最主要的原因就是外部机构的专业性。

选择培训机构的一条标准是,"能够坚持专业意见比无原则地赞同更重要"。不要以为培训机构"百依百顺"的细致服务就是专业能力。专业能力更多地体现为能够给客户提供专业意见,并能够从客户利益角度出发坚持自己的专业立场,这有时不一定让客户感觉愉悦,却能保证服务品质。

> <观点分享>
> 选择培训机构的标准:能够坚持专业意见比无原则地赞同更重要。

2. 组织和协调能力

培训机构是客户与培训师间的连接环节,负责组织和推进各项培训相关工作,协调客户、培训师及学员间的交流,跨部门、跨组织整合相关资源。缺乏这项基本运营能力,培训工作的开展就会无序,导致培训项目实施中的诸多问题,从而影响培训项目的质量。

3. 客户服务能力

除了常规的客户服务工作,优质的客户服务能力还表现在为客户"排忧解难"的主动性上,这有利于培训机构与客户建立良好和持续的合作关系。

第三节 基于培训执行链的质量保障

很多的培训管理者都把主要精力放在了培训实施交付的环节上,培训项目的质量目标达成需要依靠整个培训执行链上各环节工作结果的支撑。

一、改变对培训执行链的认知

目前,不少培训管理者还秉持着传统培训执行链的观念(如图11-1所示)。

```
需求调查 + 培训实施     缺少了什么?
```

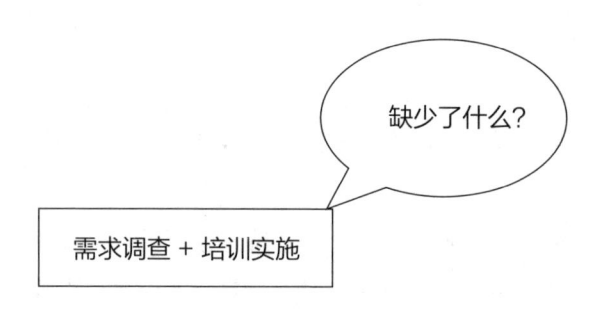

图11-1　传统培训执行链

依照这一观念，开展一次培训活动需要做的工作就是"需求调查 + 培训实施"。也就是说，组织一次培训活动，一般就是先调查需求，然后再组织授课，上完课的同时培训活动也就结束了。

这一传统培训执行链缺少哪些重要的工作环节呢？

培训项目的质量保障基于培训执行链全过程的质量保障，这就要求我们在培训执行链的每个环节上都建立相应的质量保证手段。"培训效果是否能够最终转化才是培训项目质量目标是否达成的唯一验证"，那么就有必要改变对培训执行链的狭隘认识，将培训效果转化的部分纳入培训执行链的管理中。

二、完整培训执行链的管理内容

完整的培训执行链有三个组成部分：训前执行 + 训中执行 + 训后执行（如图11-2所示）。

```
训前执行 + 训中执行 + 训后执行
```

图11-2　完整的培训执行链

1. 训前执行

训前执行类似于传统培训执行链的"需求调查"部分，但是工作内容更为丰富，包括"培训需求管理"与"培训解决方案编制"两项工作。

（1）培训需求管理包括培训关键干系人的需求与期望界定、培训需求的调查、培训需求的分析与统计、培训需求报告与确认，以及培训需求变更管理等工作。每项工作有保证其达成相应质量的标准。

（2）培训解决方案编制应基于培训需求管理的结果，此项工作很可能不是一次性完成的，需要与各主要干系人进行多次沟通与协商，对培训解决方案不断修改和完善，形成各方均认可的培训解决方案。最终，该方案还应该获得组织（发起人）的确认和审批。

2. 训中执行

训中执行类似于传统培训执行链的"培训实施"部分，但比其管理范围更广，包括"培训交付"与"教学管理"两项工作。

（1）培训交付通常为授课的形式，也有其他的形式。培训交付由培训师负责完成，交付质量也由培训师负责。

（2）教学管理由培训管理者负责。为了便于细致管理，教学管理又可以分为教务管理、学员管理、教学监控和教学评估四个部分。教务管理包括场地设施准备、交通食宿安排、资料印制、培训通知、课堂服务等。学员管理包括预习与作业管理、学员签到、学习档案管理等。教学监控包括学习监控与交付监控，学习监控是对学员现场学习状态的监控，并据此实施相应的管理；交付监控是对培训师课程（或培训活动）交付的监控，监控是否按照既定内容交付，是否需要配合现场情况教学临时调整等。教学评估包括教学效果评估调查、学员测评、教学评估报告编写、教学效果结案报告编写等。教学管理工作的分类并无一定之规，适合组织情况并有利于实施管理的分类都是可行的。

3. 训后执行

训后执行主要涉及培训效果转化的推动工作，这个部分在传统培训执行链中是缺失的，下一章中将详述。

第十二章　推动培训项目的效果落地

第一节　培训效果无法落地的根本原因

如何将培训效果落地一直是各类组织高度关注的问题，因为只有培训效果落地才能将培训的结果转化为绩效的结果。但是，真正能做到培训效果落地的组织并不多，要解决这一难题，必须追本溯源，找到影响培训效果落地的因素。

有时提出正确的问题比找到问题的答案更重要。正确的问题能带给我们正确的答案，错误的问题会引导我们在错误的方向寻找答案。以下通过提问的方式来探寻培训效果难以落地的根本原因。

在组织内部都有哪些主要人群最为关注培训效果是否能够转化呢？主要是三个人群。

第一类：组织决策者和高层管理者。他们期望着培训效果的转化能够给组织绩效带来改变，以推动组织战略的实现。

第二类：部门主管（受训者直接领导）。他们期望培训效果的转化能够使员工具备胜任其岗位的能力，为部门绩效做出贡献。

第三类：培训管理者。他们期望通过培训效果的转化体现培训工作的价值，赢得组织内部的认可和尊重，使培训工作在组织内部获得更大空间。

既然这三个人群都如此地重视培训效果的转化，那么请回答以下问题。

第一，组织决策者和高层管理者在培训效果转化的过程中给予培训工作哪些切实的支持与帮助了吗？

第二，部门主管（受训者直接上级）在培训效果转化的过程中给予培训工作哪些切实的支持与帮助了吗？

第三，培训管理者自身在培训效果转化的过程中开展哪些具体的工作来推动培训效果的转化了吗?

如果答案是否定的，那么培训效果无法转化的原因就在于此，培训效果永远不可能自动转化。所有人都强调培训效果落地的重要性，所有人也都关注这个问题并对之品头论足，但却没有人为培训效果的落地真正做些什么。

事实上，在大部分的组织中，上到组织决策者和高层管理者、中到部门主管、下到培训管理者，都没有将培训效果落地当成一件"正事"来抓，没有真正在其推动过程中投入必要的资源和付出足够的努力，如此，培训效果自然无法落地。

因此，培训效果无法落地的根本原因就在于组织中的各类人群没有将培训效果落地当成需要投入资源和精力的"正事"去抓。

> <观点分享>
> 培训效果无法落地的根本原因是没有将培训效果落地当成需要投入资源和精力的"正事"去抓。

第二节 走出培训效果无法落地困局的思路

培训效果无法落地一直是培训管理者最为关注的问题之一，也是使其备受困扰和指责的问题之一。培训的价值就是体现在是否能通过培训效果落地为组织培养具备适合能力的人力资源，从而助推实现组织目标。

以下依然通过提问的方式，从因至果，帮助培训管理者梳理解决这一困局的思路。

一、培训效果无法落地是谁之责

培训效果落地的过程中会涉及多方干系人，提出"培训效果无法落地是谁之责？"这个问题并不是为了指责谁的工作没有做到位，而是希望借此厘清各类干系人人群在培训效果落地过程中应该承担的责任，从而做到人尽其责、各司其职，共同推动培训效果落地。

1. 培训管理者

一个培训项目的培训效果无法落地，在组织内部首先受到指责的就是培训管理者。培训效果无法落地被认为是培训管理者工作能力不足，培训活动组织不力的表现。在面对此类责难时，培训管理者甚至没有勇气为自己辩解，也可能认为是自己的工作出现了问题。当然，培训效果不能落地，培训管理者作为组织内部的培训管理专业人士必须承担自己的责任，但这并不意味着一切责任都应该由培训管理者承担。

培训管理者在培训效果落地的工作中扮演主要角色是规划者、组织者、推动者、协调者和监督者。如果培训效果不能落地，他们应该承担的是规划、组织、推动、协调和监督不利的相关责任。虽然他们是培训效果落地的直接责任方，但不是主要责任方，更不是唯一责任方。

<观点分享>
培训管理者在培训效果落地的工作中，扮演的主要角色是规划者、组织者、推动者、协调者和监督者。

2. 部门主管（受训者直接领导）

如果培训效果不能落地，对于这一状况批评最多、最为不满的可能就是作为受训者直接领导的部门主管了，因为培训活动消耗了部门资源，影响了部门的正常工作秩序，却没有获得有用的结果。

但是，作为受训者直接领导的部门主管可能并未意识到，自己才是培训效果落地最为关键的一环。培训效果落地是发生在培训后的工作实践中的，是发生在部门内的工作岗位上的，而对员工岗位工作担负管理、指导、监督责任的正是部门主管。因此，没有部门主管的直接参与，培训效果落地就不可能实现。

此外，部门主管也是员工培养的第一责任人，帮助员工成长是其应尽的责任。部门主管应该在其部门内部建立支撑培训效果落地的机制，并身体力行地保证这一机制的运转。

这一切表明，不是其他任何人，而是作为受训者直接领导的部门主管才是培训效果落地的首要责任人。同时，培训效果落地的实现带来的是部门工作绩效的提升，也意味着部门主管工作业绩的提升。培训管理者应该使部门主管认识到，他们为培训效果落地付出的"额外"努力不但是其工作职责的必要部分，而且也是对部门和自己都有益的付出。

> <观点分享>
> 不是其他任何人，而是作为受训者直接领导的部门主管才是培训效果落地的首要责任人。

3. 受训者

培训效果落地必须通过受训者的工作实践来实现。受训者是培训效果落地的实践者。没有学员积极地在实践中运用通过培训学到的知识、技术、方法和工具，培训效果就无法落实在行为的改变上，更别说带来绩效的提升了。

但是，受训者不应该承担培训效果落地的主要责任。一方面，受训者的岗位工作任务是由其直接领导安排和管理的，如果直接领导不给受训者创造合适的实践机会，不为受训者营造支持实践的工作环境，受训者就无法实现学以致用。另一方面，受训者不是"自觉者"，管理者不能寄希望于受训者自发自愿地学以致用，就如同不能希望不浇水、不施肥庄稼就能茁壮成长。

> <观点分享>
> 受训者在培训效果落地的过程中充当的是实践者，但不是"自觉者"。

4. 培训机构/培训师

"你们如何才能保证培训效果的落地？"这是作为甲方的培训管理者面对作为乙方的外部培训机构/培训师时常常提出的问题。但是，培训效果落地的过程是发生在甲方组织内部的，培训的对象也是组织内部成员，能够对培训效果落地施加影响的人员，如组织高层、部门主管、培训管理者等也都处于甲方的组织内部。如果处于甲方组织内部的培训管理者及其他具有影响力的干系人都无法使培训效果落地，那么处于组织外部的培训机构/培训师如何有能力保证培训效果落地呢？

　　培训机构/培训师作为外部专业智囊，或直接为甲方提供培训效果落地的解决方案，或参与和协助甲方设计该方案，提供专业的建议、思路、参考案例、工具和方法，并可在有条件的情况下，帮助甲方承担一部分具体工作，如实践指导、问题解答、调查评估等。因此，培训机构/培训师在培训效果落地过程中扮演的是外部专家和技术支持方的角色。

　　培训效果落地是发生在甲方组织内部的，千万不要寄希望于组织外部的乙方对这一过程施加直接影响，因为他们不具备直接干预这一过程的能力。

<观点分享>
（1）培训机构/培训师在培训效果落地过程中扮演的是外部专家和技术支持方的角色。
（2）培训效果落地是发生在甲方组织内部的，千万不要寄希望于外部机构/培训师对这一过程施加直接影响。

5. 组织高层

　　培训效果落地成功与否在很大程度上取决于组织环境的支持。组织内部环境对新知识、技术、工具和方法的应用不支持，缺乏必要的组织制度去维护和推动学以致用，都会给培训效果落地带来阻碍。

　　组织决策者和高层管理者应该从组织的高度去倡导和推动建立支持"培训效果落地"的组织环境，并用组织制度去规范和约束相关行为。同时，他们自己也应该身体力行地加入其中，为培训效果落地保驾护航，为组织成员做出表率。

<观点分享>
组织高层应该倡导和推动建立支持培训效果落地的组织环境，为培训效果落地保驾护航。

二、是否确实需要培训效果的量化数据

培训管理者经常面对组织决策者和高层管理者的质疑：培训后，员工的绩效能得到多少提升？培训能给企业销售额的增长带来几个百分点的贡献？……

组织绩效的提升、产值的增加、销售额的增长等各项经营管理的成果取决于多方面因素，很多时候很难量化地证明培训的贡献。

事实上，每个组织决策者和高层管理者都懂得这个道理，但他们为什么还要提出这类问题？他们确实需要培训效果的量化数据吗？

组织决策者和高层管理者之所以不断提出这类问题主要出于两方面的原因。

1. 没有足够的信息支持组织决策者和高层管理者对培训效果的信心

在整个培训项目（工作）期间，组织决策者和高层管理者对培训项目（工作）的了解一般只在两个节点上，第一个节点是培训管理者就培训活动的组织开展向其提出申请时；第二个节点是培训活动结束后（更多的情况下是在培训课程结束后），培训管理者向其提交教学评估表时。除此之外，组织决策者和高层管理者对培训项目（工作）发生了什么、怎么发生的、正在发生什么、将要发生什么、如何应对和处理等问题都一无所知。他们连借以判断培训项目（工作）状态的信息都很缺乏，又如何能对培训效果产生信心呢？教学评估表上的分数能够保证组织对培训活动投资的收益吗？

因此，组织决策者和高层管理者只能不断向培训管理者提出有关培训效果量化数据的需求来打消自己的顾虑。

2. 看不到推动受训者能力提升的具体措施

通常，培训课程结束便代表一切有关培训项目的工作就结束了，组织决策者和高层管理者看不到培训管理者为推动受训者能力的提升采取的具体措施（也许就根本没有这样的措施）。有了这样的疑问、顾虑，甚至是不满，组织决策者和高层管理者只能向培训管理者提出有关培训效果量化数据的问题来寻求答案。

其实，改善，甚至是改变这个局面并不困难。

一方面，培训管理者应该及时将培训项目（工作）的信息反馈给组织决策者和高层管理者。不仅是教学评估表，可以包括但不限于：培训需求报告、培训项目建

议书/解决方案、培训通知、学习效果测试数据、培训教学实施评估报告、培训效果落地推动计划、培训项目（工作）问题汇报、培训效果转化评估报告、培训项目结案报告。组织决策者和高层管理者掌握了有关培训的充分信息，就能客观评价培训项目（工作）的成果，并理解培训管理者对培训工作的努力和付出。有效的过程管理才能带来令人满意的结果。

另一方面，要建立保证培训效果落地的工作流程，并以实际行动切实推动相关工作的开展。

既有工作推动的计划安排，又有执行计划的具体行动，还有执行期间的监督管控，结果就是可以期待的。

三、培训效果落地是否不需要成本

绝大多数培训管理者做培训预算时，一般纳入直接预算费用的内容包括课酬、师资及受训者差旅费、场地租赁费、物料费、茶歇餐饮费，有时还包括小礼物、受训学员奖品等费用。

仅从培训预算涉及的开支科目就不难发现，绝大部分组织根本就没有将培训效果落地环节的费用作为成本列入预算，这实际体现了组织对培训效果落地的真实态度。

培训效果落地真的不需要任何成本吗？一种情况是，培训效果落地这一过程需要在外部专业机构的参与和支持下开展，培训管理者不能期望免费获得来自外部机构的专业服务，因为外部机构也要为此付出成本和资源。不要相信外部机构承诺免费提供这类支持。即使真能免费，外部机构也会把自己的参与和支持控制在一个非常有限的范围内，无法对这项工作的推进提供实质有力的帮助。另一种情况是，培训效果落地完全由组织内部人员来实施，但即使投入相对较少，资金和其他资源的消耗是不可避免的。

因此，推动培训效果落地工作一定需要成本并应将这部分成本列入预算中。一项工作任务都没有被纳入组织的预算中，组织中的成员会认为它并不是一项必须完成的重要工作。

强调培训效果落地，就应该改变对培训执行链的认识，从"需求调查+培训实施"的传统模式转变为"训前执行+训中执行+训后执行"的完整培训执行链模式，培训预算的范围也应该做出相应的调整（如图12-1所示）。

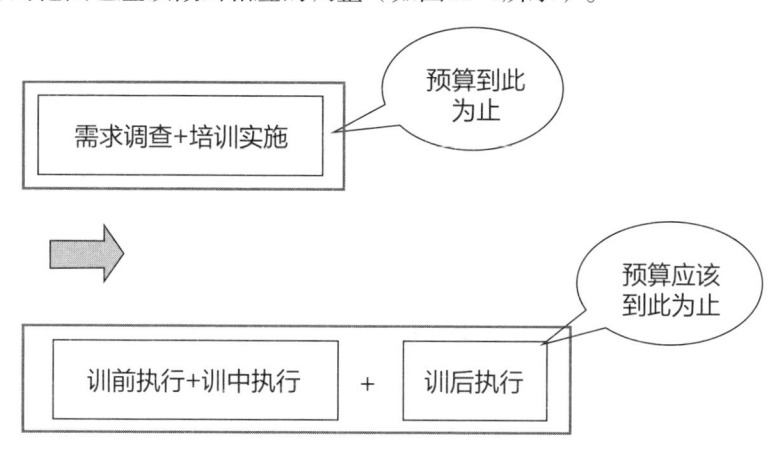

图12-1 培训预算范围的调整

<观点分享>
（1）如果培训效果落地被认为是一项重要的工作，就应该在培训项目（工作）的预算中体现出来，明确为这项工作列项开支。
（2）要强调培训效果落地，就应该改变对培训执行链的认识，从"需求调查+培训实施"的传统模式转变为"训前执行+训中执行+训后执行"的完整培训执行链模式，培训预算的范围也应该做出相应的调整。

四、是否是技术问题造成培训效果无法落地

前文已经表明一个观点，造成培训效果无法有效落地的根本原因是这项工作没有被当成一件需要投入资源和精力的"正事"去抓。

不少的培训管理者面对培训效果落地的挑战时，采取的解决思路是不断尝试各种新的技术方法，希望通过技术更新解决培训效果无法落地的问题。

如果技术更新能解决问题，那么从20世纪80年代至今，培训新技术、新方法、

新工具层出不穷，为什么今天困扰我们的依然是那些四十年前就已出现问题呢？培训需求难以界定，培训需求随意变更，组织高层不支持培训、中层不参与培训、基层不配合培训，培训评估众口不一、培训效果差强人意……

当然，新技术、新方法的运用也确实在一些企业里获得了良好的实践结果，如6D模型（Six Disciplines）、行动学习、引导技术，等等。但是，只要认真研究一下这些案例企业就不难发现，它们的成功都是建立在切实推动培训效果落地这一基础之上的。换句话说，技术、方法是否有效不能停留在理论上，而要体现在对其运用的行动上，行动和实践才能使技术方法带来实效。这也就是大量组织引进了新技术、新方法，依然无法实现培训效果落地的原因。

事实上，新技术、新方法的运用为培训带来的是效率的提升及培训实施方式的多样化，效率高但没效果还是无用的。正如彼得·德鲁克所言："管理的本质不在于知，而在于行。其验证不在于逻辑，而在于结果。"任何方法在逻辑上的完美不能代表它能够带来完美的结果。

因此可以说，在绝大多数情况下，培训效果无法落地并不是由于我们不具备足够的技术和方法，而是因为我们没有真正将精力和资源投放到这项工作中去。如果我们真正动手去推动培训效果落地，即使不采用6D模型、行动学习等结构化技术，只是自己设计一个符合组织特点的"草根"培训效果落地方案，依然会获得具体成果。

再次强调，技术是可赖以解决问题的手段，但不要把技术当成解决方案本身。

<观点分享>

（1）在绝大多数情况下，培训效果无法落地并不是由于我们不具备足够的技术和方法，而是因为我们没有真正将其精力和资源投放到这项工作中去。

（2）技术是我们赖以解决问题的手段，但不要把技术当成解决方案本身。

五、为什么培训效果落地执行难

1. 口号不如行动

口号人人都会喊，但效果不是喊出来的，我们真正应该关注的不是口头的不断重复，而是行动的反应。期望在培训效果落地上获得突破，就一定要把这一环节的工作列入培训的整体计划中，使之在资源（预算、时间、人员等）分配中得以体现，之后还要真真正正地执行。

2. 人少事多

在很多组织里，为数极少的培训管理者必须完成对整个组织所有员工的培训任务，更有甚者，培训管理还可能只是培训管理者所承担的诸多工作之一，因此，可能训前和训中环节的工作就让培训管理者的时间与精力捉襟见肘。此外，常常是一个培训课程刚结束，又要立刻开展另一个培训课程的组织工作，因而对培训效果落地环节的工作只能轻描淡写，简化处理。如果各部门积极支持和配合，也许还有可能推动培训效果落地；如果各部门消极对待，就只能敷衍了事了。

3. 缺乏关键干系人的支持

在推动培训效果落地的过程中，培训管理者面对几类关键干系人：作为受训者直接领导的部门主管、组织决策者和高层管理者、培训管理者的直接上级。

作为受训者直接领导的部门主管来说，一方面他们希望培训效果能够体现在员工的能力提升上，使其更加胜任岗位工作的要求，从而提升部门绩效。另一方面，他们又不愿意因推动培训效果落地而影响员工的本职工作及部门正常的工作秩序。如果培训一直无法证明自己的价值，便很难获得受训者直接领导的真正支持。

大部分受训者可能习惯自己当下的工作方式，不愿意做出改变，除非能够激起其强烈愿望或硬性要求。

组织决策者和高层管理者乐于看到培训效果转化落实为员工的工作能力，愿意在自己的权限范围内提供支持，但是他们通常缺乏对培训进工作的了解，也没有精力直接参与该项工作，因此也就不能为培训工作提供及时的支持。

对培训管理者的上级来说，培训管理者的工作绩效直接影响部门绩效，因此他们会为培训管理者的工作提供支持。培训管理者在组织内部多为中基层管理者，缺乏与业务部门主管对话的平等职级，更缺少与组织高层沟通的渠道。要做好培训工作，必须先获得直接上级的理解和支持，通过向上管理借助直接上级影响力推动自己的工作。

在培训效果落地的推动过程中，培训管理者必须获得以上各类关键干系人的支持和配合，仅凭工作热情和专业精神是无法解决跨部门沟通与协作问题的。

4. "巧妇难为无米之炊"

如果我们没有将培训效果落地纳入组织培训预算之中，在推动这一工作的过程中就会发现，没有相关资源的支撑也无法完成工作。

第三节　高效推动培训效果落地的实用策略

一、训后活动安排

训后活动安排主要是通过一些活动保证学员对于所学内容的复习和巩固。

1. 提交学习心得报告

要求学员在训后提交学习新的报告，可以督促学员对于所学内容进行回顾和复习。这一活动非常重要的一个部分是，培训管理者应该将所有参训学员的心得体会进行整理，形成一份汇总所有参训学员心得体会的心得报告，再将这份汇总的报告分发给所有参训学员，让大家通过这个报告相互学习、取长补短。这种方式也有利于营造学员参与、相互影响的氛围。切记，学员的学习心得报告不能只是收上来了事。

2. 分享学习收获

组织学习分享会，让学员相互分享学习的收获，回顾和复习所学内容。特别是对外派参训的学员，这种形式不仅能够促进其复习和巩固所学内容，还可以让其他员工了解相关内容，有利于学以致用。

3. 提交阶段性实践报告

将培训活动后的一段时间设置为培训效果转化的实践期，并要求学员在此期间实践所学内容。为了有效管理学员的实践，有必要将实践期分为多个阶段，每个阶段要求学员提交阶段性实践报告与相应的工作成果，以此来了解学员的实践收获。

阶段性实践报告的内容可以包括实践行为回顾、个人心得体会、阶段性工作成果展示、实践中问题的反馈等。培训管理者可以为学员提供阶段性实践报告的统一模板，保证学员报告的规范性。

4. 组织学以致用经验交流会

学员在培训活动中似乎都掌握了所学内容，但回到工作岗位上，将其运用于实践的过程中可能出现各种各样的问题，不能有效解决这些问题就会对学员的持续实践活动产生影响。另一方面，学员在实践所学内容的过程中，都会积累一些学以致用的经验和体会，这对其他学员是有帮助的。因此，在培训活动结束一段时间后，可以组织学以致用经验交流会，可以请专家对学员在实践过程中出现的问题答疑解惑；还可以激发学员间实践经验的交流，相互学习、共同进步。

5. 提供材料支持

根据培训的内容，培训管理者收集整理有助于学员巩固所学的材料，并在实践期内持续向学员推送。

6. 开展测试或竞赛活动

通过测试或竞赛的形式来提升学员参与实践的积极性，比如，对TTT培训项目，可以在课程培训后的实践期举办课件制作竞赛、课程开发竞赛、授课竞赛等活动。

7. 建立学习社群

在训后，为学员组织有助于推动相互交流和持续学习的社群。比如，线上的微信群、QQ群、学员内网交流群等，线下的学习小组、兴趣小组等。

只是建立学习社群还不够，一定要对其进行有效管理，鼓励学员互动交流，引导学员分享和讨论，发展积极分子担任学习社群的管理者，让学员影响学员。

二、给予提醒

不少培训活动结束的时候都会要求学员制订学以致用的行动计划，学员在培训现场也多表现积极，表示要积极实践。但实际情况是，学员回到工作岗位后，热情很快就消失了，"课上激动"变成了"课下不动"。

因此，培训管理者有必要对学员进行督促，及时提醒学员保持学习和落实行动。训后持续向学员推送学习资料是提醒和帮助学员保持积极性的有效方法。

提醒学员的方式很多，包括但不限于邮件、电话、微信公众平台、微信群公告、OA系统、短信、纸质文件，为了达到更好的提醒效果，可以将多种形式结合使用。

三、明晰责任

明晰各方在培训效果落地中的责任，使各方能够各司其职。

1. 学员

学员是培训效果落地的实践者，他们应对自己付出的时间和所获得的组织资源负责。有些组织通过培训协议或制度要求明确学员在这方面的责任，如果训后不能达到学以致用要求标准，学员需要自己承担一定比例的培训费用。

2. 培训管理者

培训管理者负责训后效果转化活动的设计、组织、推动、协调与跟进监督。如果相关工作开展不力，培训管理者应该承担相应的管理责任。

3. 部门主管（受训者直接领导）

部门主管（受训者直接领导）是推动学员学以致用的首要责任人，也是最重要的责任人。训后的学以致用发生在部门内部，发生在学员的工作岗位上，作为学员的直接领导，部门主管应该为学员创造学以致用的条件，并指导和监督学员的学习转化过程。比如，学员在课堂上学习了大客户销售技巧，那么，在其回到工作岗位后，主管就应该尽量给其安排与大客户销售有关的工作，这样该学员才有机会学以致用。如果学的是大客户销售技巧，做的是渠道销售，学的东西用不上，自然就无法落地了。

4. 培训机构/培训师

培训机构/培训师为培训效果落地提供技术支持，包括提供培训效果落地解决方案和相关的工具，为学员的实践答疑解惑。在有条件的情况下，培训师还可以引导学员行为改变。

四、反馈与辅导

反馈与辅导是推动学员坚持学以致用的两个要素。

反馈可以维持员工的学习热情和学习投入。如果学员在参训后开始在工作岗位上实践其所学的内容，但是其主管对此没有任何反应，既不说好，也不说坏，那么，学员就很难判断自己的行为是否符合领导的期望，大概率会让停止相关实践。

因此，管理者一定要对员工学以致用的行为做出适当的反应，使员工确认自己的行为是领导所期待和认可的。反馈不需要多么强烈就能对员工起到激励作用，使其投入更大的努力继续践行。比如，几句赞扬、一个鼓励和一个肯定的眼神、竖起大拇指为对方加油……

学员在学以致用的过程中一定会遇到实践上的问题，如果这时能够获取相应的辅导，克服实践中的难题，就能增强学以致用的信心并保持下去；反之，学员的实践问题无法得到解决，他就是有心，也无力继续了。

五、绩效支持

绩效支持就是为强化学以致用提供的帮助，从支持的来源可以分为材料的支持和人员的支持。

1. 材料的支持

能够为学以致用提供绩效支持的材料应该具备的特点：随时随地可使用、简单、可以快速找到答案和建议、与工作相关、具体。也就是说，这类材料必须是简单、方便、明确、实用的。

培训时使用的学员手册属于这类材料吗？不属于。虽然学员手册里包括一些工具和实操方法，但同样也包括一些理论和逻辑的阐述，同时不方便携带和快速查阅。学员手册类似家电说明书，详细介绍家电的组成部分及功能，但对家电的一些基本故障，也不容易借助说明书快速解决问题。

家电说明书中故障解决部分的内容则类似于绩效支持材料。这部分内容不关注家电的结构和功能，但会直接说明家电故障的解决方法。如对家电无法启动问题的解决方法是：第一步检查是否连接了电源，第二步检查电源开关是否处于打开状态，第三步打开家电开关……

因此，绩效支持材料只是说明具体操作方法，不涉及理论讲解。

比如，学员参加客户服务能力提升的培训，就可以为他们整理出一个客户服务的基本流程来，面对某个场景，第一步怎么做，第二步怎么做……面临另一种情况，第一步怎么做，第二步怎么做……把整理出来的具体方法或操作指南提供学员查询，或打印出来分发给学员，让学员贴在工位上随时指导行为。

再比如，制作三五分钟的短视频也是一种方法。学员学习了大客户销售技巧的课程，可将最核心的销售技巧录制成微课，学员去拜访客户前只需浏览一遍这个短视频，就能更好地运用相关技巧了。

2. 人员的支持

与学以致用环节相关的人员是支持学习转化的重要资源，要尽量发挥他们在培训效果落地过程中的作用。这些人员包括管理者、培训师和同伴。

（1）管理者。

管理者是推动学习转化并最终达成结果的最有影响力的资源。为了发挥他们应有的作用，应该做到以下几点。

1）提升管理者对培训效果落地过程的参与度，让他们鼓励员工在实践中应用所学内容。

2）使管理者掌握辅导员工的正确方法。这并不是让他们直接告诉员工怎么做，更好的方式是让他们成为员工成长的教练，引导员工自己去找答案。

3）对学员的主管来说，要让他们意识到自己的参与对推动下属实现学以致用的重要作用，而不是替代员工去解决问题，或不愿意花费自己的时间和精力帮助员工。对组织高层管理者来说，要让他们认识到跟进学习是学员主管的关键职责之一。组织高层管理者应该在组织内部创建为培训项目价值最大化负责的企业文化。

4）要让管理者具备辅导员工的信心。一方面，要使管理者确信，投资于辅导员工的时间是有回报的，而且这也是管理者的职责所在。另一方面，也可以为资浅的管理者提供辅导员工的指南，让他们知道，在什么情况下可以采取什么样的方式来辅导员工。

5）要让管理者更大程度参与学员管理，就有必要让管理者了解培训活动的情况及进展。比如，让管理者清晰了解培训项目的目标及学习任务；请他们在培训活动开展前与员工沟通，准确传达自己对于员工学习的期望和要求；让他们能在课后与员工一起讨论学以致用的具体目标，协助员工制订实践计划；让他们及时了解员工在培训活动中学习表现，等等。

6）在组织内部建立对员工辅导负责的管理制度。比如，主管应该为员工的职业发展负责，并把这项责任作为一个关键绩效指标对管理者进行考核。

管理者毕竟不是培训管理专业人士，要让他们更好地发挥推动培训效果落地的作用，培训管理者既要规范培训效果落地的管理过程，还应提供一些必要的管理工具。

表12-1所示培训效果转化跟进沟通函和表12-2所示培训效果转化跟踪表都是此类工具。

表12-1　培训效果转化跟进沟通函

培训效果转化跟进沟通函

_____部门　_____经理：

您好！

　　贵部门员工_____于____年____月____日至____月____日参加了培训部组织的_____培训项目，本次培训活动重点学习了以下几个方面的内容：

1. _____
2. _____
3. _____
4. _____

　　为达到学以致用的目的，请您在工作中尽量安排实践机会，同时请您费心观察、统计参加培训后的效果，并于三个月后将有关内容汇总填写。

谢谢合作！

培训部
____年____月____日

表12-2　培训效果转化跟踪表

培训项目			培训时间	
学员		部门	部门主管	

培训效果转化跟踪期	年　　月　　日—　　年　　月　　日	
培训内容	应用情况	工作绩效
主管总评		
您采取了哪些措施去推动和督促培训效果的转化		
该学员在培训效果转化过程中出现的问题及困难		
您对改善目前状况的意见和建议		
签名　　　　　　　　　　　　　　　　　　　　　　　　　　　年　　月　　日		

（2）培训师。

在培训项目中，培训师一般负责活动内容的交付（授课是一种最为常见的支付形式）。在培训内容交付的过程中，培训师与学员建立起信任关系。作为学员所学内容的专家，培训师能够对学员产生相当大的影响。为了推动培训效果的落地，应发挥培训师课后的作用，寻找更多让其支持学习转化的方法。

可以安排培训师跟进学员的学以致用过程，对学员进行指导和答疑解惑。在跟进学员的学以致用过程方面，内训师比外聘培训师更适合。外聘培训师可能没有时间和精力参与跟进学以致用的过程，即使参与所需成本也不小。指导和答疑解惑方面，内外部培训师都可以做到，也可借助互联网实现这一功能。

培训管理者可以进一步研究和实践，赋予培训师授课之外的新工作，以使其深度参与培训效果落地工作的推进。

不要把内训师只作为内部兼职授课人员，要有意识地扩展其的培训管理工作范围，将其变为培训管理延长到部门的那一只"手"。

（3）同伴。

在培训效果落地过程中，不能忽视学员同伴的力量。同伴包括参训时的同学、部门中的同事、组织中的朋友或志同道合者等。

一方面，同伴可以相互支持鼓励学以致用的实践；另一方面，学以致用是发生在工作环境里的，不能获得同事新知识、新技术、新工具的支持，一个人是无法坚持下去的。

发挥同伴对培训效果落地的推动作用，可以通过建立学习社群，让学员互帮互助。学习同伴的相互鼓励与分享，有助于知识和经验的充分利用和共享。学员微信群、QQ群、同学会、聚会等都是可以尝试的形式。

此外，要借用集体的能量促进学以致用的实现。同事对新知识应用的反应是学习转化的一个影响因素，因此应该使大家通过正面积极的反馈来激励学以致用的实践。更适合的方式是，尽量让一个团队的成员一起参加培训活动，这样大家在思想、方法上都是同步的，在团队环境中更容易实现学以致用。

六、重新界定培训项目的终点

在传统培训执行链的观念下，培训活动一般结束于课堂教学完成之时，而培训效果的转化却发生于课堂教学结束之后。因此，期望学员在学习后积极开展实践活动，就必须改变他们对培训项目的认识。

在培训项目开始时，就要让学员明确认识到，培训内容交付的结束（如课堂学习的结束）不是项目的结束，其后会有学以致用的实践安排，学员要在期间完成相应的任务。可以在培训项目宣传材料、参训通知书等相关文件中表明培训项目结束的时间和相关实践计划及要求，比如说明何时需汇报及提交可交付成果。这样，学员就能对培训效果落地的过程及其自身的责任有心理准备，有助于营造积极的学习转化氛围。

七、对培训效果转化推动的理性思考

虽然"培训效果转化是培训价值的唯一验证"，但并不意味着所有的培训项目都有必要通过培训效果转化来证明其价值，毕竟培训效果的转化是需要投入人力资源、物力资源、时间、精力的。

依照二八定律，我们有理由认为，组织中20%的培训项目占到所有培训项目对组织绩效贡献的80%，那么，为了使培训项目的投资利益最大化，应该将培训工作的努力聚焦于那20%的培训项目。如果某些培训项目的效果转化带来的成果并不足以对组织的绩效带来很大的影响，那么，也许放弃对其培训效果转化的推动是更为明智的选择。

组织关注的重点培训项目都在20%之列，培训管理者有必要通过这些重点项目的效果转化助推组织战略目标的实现，赢得组织对培训工作的认可。

占组织培训项目总数80%的常规性培训项目，其对组织绩效的影响不是很大，因此，基于对实际情况和收益的考量，可以放弃对其效果转化的推动活动，而将资源集中于保障20%重点培训项目的价值实现。

项目管理的一个核心管理思想就是，"基于科学合理的计划，通过有效的过程管理来导出结果"，也就是说，如果计划是科学合理的，对执行计划的过程的管理又是有效的，那么结果就应该可以达成。对常规性的培训项目进行管理时，可以更多地运用这一理念，通过制订科学合理的培训计划以及积极有效的过程管理来获取期待的结果。

第五编

培训项目的收尾

第十三章　培训效果评估与项目总结

第一节　评估培训项目

培训项目的效果评估即对一个培训项目成果做出的评价。要做到正确评估，需要从多角度来考虑评估的实现，包括评估对象、评估目的、评估人、评估节点、评估方法、评估内容设计、评估结果呈现等。

一、为什么要评估

培训项目效果评估的首要目的就是对项目目标的实现情况做出判断：是否实现了既定目标？在多大程度上实现了既定目标？

这种评估基于对项目实施输出成果的综合结论，只有对培训项目进行了效果评估，才能更清晰地明确培训项目所产生的价值、存在的不足，以及改进的方向。

除了通过评估对项目目标的实现做出判断，评估还有两个容易被忽视的作用。

其一，培训项目效果评估可以被用为在组织内部推动和宣传培训工作的工具。实施培训项目效果评估本身就是培训工作规范化和专业化的一种表现，可以让组织内部的员工看到培训管理工作的努力。通过培训项目效果评估的过程及结果的反馈，可以对学员、培训师、部门经理（受训者直接领导）、组织高层等多方人员产生影响，发挥在组织内部推动和宣传培训工作的作用。

其二，培训项目效果评估可促进沟通与加强干系人管理。向培训项目相关干系人反馈评估结果，可体现培训管理者对相关干系人期望与需求的关注，以此获得干系人的理解和支持，维护良好的干系人关系，保证其在未来对培训工作施加积极影响。

因此，培训管理者绝对不能为了走形式而进行培训项目评估，评估后也绝不能将评估结果作为"机密"束之高阁，而应充分借用评估的时机去推动培训工作的开展。

值得注意的是，考虑到培训项目评估报告可能涉及某些敏感信息，在向不同的培训干系人反馈评估结果时，可以采用不同的版本。不同版本报告的基础信息都是一致的，不同点在于向特定干系人反馈的定向信息上。比如，提供给企业内部人员和外部培训师的报告可能需要有所区别，有关企业内部的一些情况不应让外部培训师了解；提供给企业高层、部门经理和学员的报告内容也可能有差别，提供给高层的报告中，培训管理者可能会增加对某些问题的反馈（如部门及员工对培训工作的态度和配合情况），以此来寻求自高层的支持和干预。

> <观点分享>
> 培训项目评估的首要目的就是对项目目标的实现做出判断，培训项目评估还可以被用为在组织内部推动和宣传培训工作的工具，以及促进沟通与加强干系人管理。

二、评估谁

说到培训效果评估，可能大多数培训管理者的第一反应就是对培训师的"教"（授课）进行评估。培训师作为培训内容的传递者，其工作的有效性对培训效果的影响很大，因此对培训师"教"的评估是必要的，但是，仅对"教"进行评估又是远远不够的。

在培训的"教"与"学"这对矛盾中，"教"是矛盾的次要方面，虽然对矛盾的性质产生影响，但无法改变其性质，"学"是矛盾的主要方面，主导了矛盾的性质。因此，要准确反映培训效果，就不能单纯从"教"的角度去考察，还要从"学"的角度去了解。而且，与"教"相比，通过评估从"学"的角度获得的信息更有价值。原因很简单，培训的价值不是体现在培训师"教"的水平上，而是体现在学员"学"的效果上。

柯氏四级评估体系（如表13-1所示）很好地体现了这一评估的思想。

表13-1 柯式四级评估体系

级别	简述
第四级：业务结果	由培训及后续强化措施带来的期望的业务结果
第三级：行为改变	学员在多大程度上将在培训中学到的知识应用到了工作中，并带来了相应的行为改变
第二级：学习	通过参与培训，学员获得了多少应当获得的知识、技能和态度
第一级：学员反应	参训学员对培训喜好程度的反应

1. 第一级为反应层评估——学员反应

"学员反应"指参训学员对培训喜好程度的反应，通过它可以评估学员对所参加培训活动（课程）的满意程度。

对"学员反应"评估的核心是对"教"的评估，评估对象就是负责"教"的培训师，评估目的是了解参训学员对培训中教学部分是否满意，如培训师的教学态度是否端正，课程的结构是否完整、逻辑是否清晰，培训师的专业能力如何，讲义和课件是否能够支撑"教"的目标达成，培训师"教"的水平如何。

对"学员反应"的评估也包括对培训管理满意度的评估，涉及培训的组织管理水平、场地和设施准备、交通食宿安排等，评估对象是培训管理工作或培训管理者。

对"学员反应"的评估多采用评估表的形式，评估的节点一般选择在培训活动（课程）交付后。针对"学员反应"编制评估表，更准确地说，不应该泛称"培训效果评估表"，如果是对"教"这个因素的评估，考核学员对培训师教学的评价，可称为"培训教学效果评估表"；如果是对培训管理这个因素的评估，可称为"培训管理满意度评估表"；如果是对培训项目的整体评估，包括教学评估和培训管理评估两个方面，可称为"培训项目整体满意度评估表"。

目前，对"学员反应"的一级评估几乎是所有组织中最常见的一种评估方式，同时，大量组织的培训效果评估工作又都局限于这一级评估。

2. 第二级为学习层评估——学习

"学习"评估指判断通过参与培训，学员获得了多少应当获得的知识、技能和态度，是对"学"这个因素的评估，评估对象是承担"学"这一责任的学员，评估目的是了解学习的程度。

对"学习"评估可以采用测验、考试、作业等形式。为了对学习的程度有更直观的认识，可以安排训前、训后测试及结果比较，两个测试结果的差异就呈现出学习发生在多大的程度上。

"学习"评估的节点一般在培训活动（课程）交付前、活动（课程）交付过程中及活动（课程）交付后均可。

3. 第三级为行为层评估——行为改变

"行为改变"评估学员在多大程度上将培训中学到的知识应用到工作中并带来相应的行为改变。

"行为改变"是对"学"这个因素的评估。如果说第二级评估关注的是对学习结果的评估，那么第三级评估关注的是对学习带来的行为改变的评估，评估对象是学员的行为，评估目的是验证学习是否给学员带来了行为上的变化。

对"行为改变"可以通过工作观察进行评估，通过360°调查了解包括学员在内的各方人员，对学员行为改变进行主观判断。但无论如何，判断一定是基于工作实践的。

有一位培训经理分享过一个沟通技能培训案例。为了使学员更好地掌握沟通技能，培训中采用了游戏方式让学员体验沟通过程并解决各环节出现的问题，感觉效果很好。当被问及如何验证培训的有效性时，这位培训经理告知，在培训一段时间后，又请学员参加了另一个专门设计的沟通游戏，这一次学员的表现远比之前好，因此，可以认为培训是很有效的。

令人遗憾的是，这位培训经理并未认识到：培训的有效性必须在实践中得到验证，而不是通过一个逻辑验证另一个逻辑。游戏设计得再好，也会将实际工作中的复杂环境大为简化，也会存在不少符合逻辑但未必符合现实的环节。此外，学员经历过第一次培训游戏，对第二次游戏中可能出现的问题都有准备，会使他们更容易成功地完成第二次游戏。就像培训飞行员，无论学员在模拟飞行软件上的操作多么完美，如果没有达到上天实飞的时间累计数量要求，都是不可能被授予飞行驾驶资格的。

请谨记彼得·德鲁克的名言："管理的本质不在于知，而在于行。其验证不在于逻辑，而在于结果。"培训的逻辑设计得再科学，也只是逻辑上可行，放到管理的实际环境中未必能够经受得住考验。因此，我们需要找到学员在工作实践中行为发生改变的实际证据。

"行为改变"评估的节点是在培训活动（课程）交付后安排的实践期结束后，也就是"训前+训中+训后"的培训执行链的"训后"环节结束时。

4. 第四级为成果层评估——业务结果

"业务结果"指培训及后续强化措施带来的期望的业务结果，是对"学习"带来的行为后果的绩效结果评估，评估对象是组织绩效，评估目的是验证学员行为变化对绩效产生影响的程度。

对"业务结果"的评估一直都是个难点，因为影响一个组织绩效的因素很多，很难清晰地证明其中多大影响来自培训工作。特别是单个培训项目，它对组织绩效的贡献更是难以估算的。

一般来说，对技术操作类培训项目做到"业务结果"的评估相对可行。举一个简单的例子，通过一个操作技能的培训项目，员工的劳动生产率从之前的每小时50个单件上升至75个单件，劳动生产率提高了50%。这意味着，相同时间内产品生产量提升了50%，假设这新增的50%产品可以销售出去，那么这个产品给企业带来的利润也就增加了。

但对管理类、软技能类、态度类的培训项目就很难明确估算出其对组织绩效的贡献。一方面，这些培训项目对学员产生的影响既不是显相的，也不是即时的；另一方面，也很难拿出证明其对组织绩效贡献的"硬性"数据。在这种情况下，与其花费大量时间和精力去证明一个无法证明的结果，还不如将时间和精力聚焦于培训工作的过程管理上。

过程管理是项目管理的核心管理理念。项目管理是基于科学合理的计划，通过有效的过程管理来获得结果的。也就是说，如果项目计划是科学合理的，我们又对计划的执行过程施加了有效的管理，那么结果一定就能达成。

切忌对所有培训项目不加区分地追求四级评估的结果，而应根据培训项目的优先级别、类型、特性等因素综合考量适合的评估级别。比如，对组织绩效影响不大的常规培训项目，做到一、二级评估就可以了；技术类、操作类培训项目可以要求做到四级评估；重点的管理类、软技能类、态度类培训项目做到三级评估就可以了，不必强求四级评估。

评估是需要成本的（时间、精力、人力、物力等），评估带来的收益超出对评估的投入，评估才是有效益的；如果对评估的投入不能带来有效的评估结果，这时放弃评估也许是更明智的选择。

对柯式四级评估，可以总结为"四个'到'原则"。

第一级"学员反应"层评估"知道（到）"，也就是评估学员是否了解所学内容及学员对其喜好态度。

第二级"学习"层评估"学到"，也就是评估学员是否真正掌握了所学内容。

第三级"行为改变"层评估"做到"，也就是评估学员在多大程度上将学到的内容应用到了实践中。

第四级"业务结果"层评估"挣到"，是培训"投资轮"观点的体现，也就是评估组织对培训的投资是否在业务结果上获得了收益。

<观点分享>
（1）不应对所有培训项目不加区分地追求四级评估，而应根据培训项目的优先级别、类型、特性等因素来综合考量适合的评估级别。
（2）评估是需要成本的（时间、精力、人力、物力等），评估带来的收益超出对评估的投入，评估才是有效益的；如果对评估的投入不能带来有效的评估结果，这时放弃评估也许是更明智的选择。
（3）用四个"到"来总结柯式四级评估，第一级"学员反应"层评估"知道（到）"；第二级"学习"层评估"学到"；第三级"行为改变"层评估"做到"；第四级"业务结果"层评估"挣到"。

三、谁来评估，谁有权评估

不同层级的评估，评估对象和评估目的不同，因此其评估人也不同。

第一级"学员反应"层的评估,最重要的评估对象是培训师,目的是了解参训学员对培训中教学部分是否满意。那么,显而易见,评估人的主体就是学员。

为什么还提出"谁有权评估"这个问题呢?首先,虽然学员是评估"教"的主体,但并非所有学员都有资格参与评估,只有参训时间和学习质量达标的学员才有资格参与对"教"的评估。例如,对一门为期两天的培训课程,应该要求只有参训时间至少达到一天半的学员才有权进行评估。有的学员只参加了一天甚至半天的学习,对课程没有完整的认识,其评价的价值不大。其次,培训管理者虽然不是学习的主体,但作为组织内部培训管理的专家,具备比学员更为全面深入的视角,其评价意见对培训改进具有专业价值。

学员对"教"是从学习内容和教授效果进行评估的,培训管理者对"教"的评估更多是从教学内容的设计、教学形式、内容呈现等专业视角提供意见。

在培训实践中,不具备评估资格的人员往往会主导评估结果或以其主观意愿改变评估结论。这种情况更多发生在组织高层管理者的身上,有的高层管理者参加了一个本非以其为对象设计的培训课程或仅旁听了一小部分内容就以自身收获为出发点对培训做出了不合理的评价。由于高层管理者具备强大影响力,其评价对评估结果及评估结果的应用都会产生不小干扰。

第二级"学习"层的评估,评估对象是学员,目的是通过评估了解学员对教学内容的掌握程度。对学员的"学习"承担评估责任的主体主要是培训师,还可能包括培训管理者。培训师作为教学内容的传授者,对学员应该通过培训掌握哪些知识、技能和学员的学习态度非常清楚,所以最好由培训师主导设计对学员的测试内容并提供答案。在条件允许的情况下,培训师直接对学员的测评结果做出评估;在条件不允许的情况下,可由培训管理者根据培训师提供的标准答案来评估测评结果。

培训管理者是学员学习过程的管理者和监控者,也应该参与对"学"的评估。培训管理者负责组织安排学员参与测试并协助培训师设计测试内容和评价测试结果。培训管理者的评估更多涉及与学习态度、主动性等相关的内容。严格意义上讲,这些内容并不能直接反映学习是否发生,但能够影响学习的发生。比如,出勤率不高代表学习态度不端正,不端正的学习态度会影响"学习的发生",体现在测试结果上就可能显示为出勤率不高的学员测试分数普遍较低。

第三级"行为改变"层的评估，评估的对象是学员或其行为，目的是判断学员所掌握的教学内容在多大程度上转变为实际行为，其评估人包括学员本人（自评）和直接主管、平级同事、下属，甚至有可能包括客户、合作伙伴等（360°评估）。

第四级"业务结果"层的评估，评估的对象是组织绩效，目的是评价培训的投入最终带来了哪些业务结果，其评估人包括培训管理者、组织决策者和高层管理者、财务人员等。

四、如何合理设计培训教学效果评估表

培训项目效果评估的首要目的就是对项目目标的实现做出判断：是否实现目标？在多大程度上实现目标？

要保证评估结果的准确性首先要注意对评估载体的设计，确保其科学合理。评估载体包括培训项目整体满意度评估表、培训教学效果评估表、测试试卷、360°问卷、工作观察记录表等。培训项目整体满意度评估表主要包括对教学和培训组织管理两方面的评估，培训教学效果评估表主要对"教"进行评估，测试试卷主要对学员的知识掌握程度进行评估。

培训教学效果评估是培训效果评估中最为基础的一项评估内容，接下来，谈谈如何合理设计教学效果评估表。

1. 案例

<案例>

这样评估公正吗

<案例详情>

甲方（某生产制造企业）与乙方（某管理培训机构）就一个培训项目签署了协议。甲方要求在协议里增加一个保证培训效果的约束条款，即"如果本次培训教学效果评估低于80分，则甲方只向乙方支付本次培训项目合同款的50%"。

乙方经过考虑，同意增加该条款。一方面，在乙方的培训实践中，其培训

服务满意度基本在90分以上，因此乙方有信心认为本次培训的评估分数不会低于80分；另一方面，除乙方外，甲方还有一家备选的培训供应商，乙方担心不按照甲方要求增加这一条款会失去这次业务机会。

在课程实施前，甲方通知乙方，培训教学效果评估将由甲方独立完成，双方在协议中并没有对此约定，乙方表示同意。

培训结束后，甲方承担了培训教学效果评估工作，之后甲方向乙方通报了评估结果。令乙方意外的是，评估分数竟然低于80分。乙方对这样的评估结果不认同，因为从授课现场学员的反应来看，即使培训效果达不到90分，也一定不会低于80分。乙方认为，可能是甲方为了仅支付50%的培训费用而做了不公正的评价。甲方坚持，己方的评估是客观严肃的，没有任何弄虚作假。最后双方协商，甲方将所有评估表的原始资料提供给乙方核准。

乙方拿到甲方提供的培训教学效果评估表后发现，原来问题出在评估表上。甲方的评估表，要求对每一个评估项依照"很满意"（5分）、"满意"（4分）、"一般"（3分）、"不满意"（2分）、"非常不满意"（1分）打分。

实际上，这样的评分设计存在问题，因为即使学员的评价达到"满意"也才是4分，即为百分制的80分。所以，即使所有学员都对培训感到"满意"，也才刚刚达到全额付款的条件，更何况还有人的评价达不到"满意"。

乙方就评估结果的公正性与甲方进行了多次的谈判，但由于甲方的坚持，最终只能是乙方吃亏，甲乙双方的合作关系也因此终止。

上述案例中甲方这种形式的培训教学效果评估表很常见，不少组织都有类似的评估表，但这样的评估表设计并不科学合理。更为科学合理的方式是，一个评价层次覆盖一个分数段，比如"非常满意"（4.6~5分）、"满意"（4.0~4.5分）、"一般"（3.0~3.9分）、"不满意"（2.0~2.9分）、"非常不满意"（0~1.9分）。用具体的分数来界定同一评价层次下的不同程度，比如，都是感受"非常满意"，但甲给4.8分，乙给4.6分，这说明甲"非常满意"的感受更强。

只有合理设计培训教学效果评估表才能公正地评价培训项目，才能真正帮助我们对培训项目的效果做出正确的判断。

2. 合理设计培训教学效果评估表

（1）评估表的设计是简洁为好，还是详细为好？

评估表是为了获取学员的反馈，只有参与评估的学员认真对待，不敷衍了事，其反馈才有参考价值。虽然详细的评估表能带来更多信息，但是我们无法保证学员有耐心去填写冗长的评估表。因此，从实践结果来看，评估表的设计以简洁为好，能保证获得主要信息即可。

培训效果评估表最好用一页纸体现。

（2）采用定量评估，还是定性评估？

定量评估就是建立在具体数据之上的评估，这个数据可以用数字表现出来，打分就是一种定量评估方式。定性评估主要建立在评估人的直觉、经验之上，是依据主观感受做出的评价，评估的结果多为概括性的描述，如"很好""一般""不好"。

为了尽量使评估结果客观，同时也为了有利于评估结果的对比，采用定量评估会更为适合。也可以将定性评估与定量评估相结合，如先用定性评估对评价结果的基本性质进行界定，然后将之转化为具体分数以更为准确地表达。前述案例中甲方采取的就是打分方式，但是在将主观感受转化为具体分数时，由于主观感受未能与具体分数做到合理转化，造成了评估的不公正。

（3）评估的内容应该有哪些？

评估内容的设计必须服从和服务于评估的目的，因此，对不同评估目的，评估内容的设计是不一样的。

培训教学效果评估表用于评估学员对培训师"教"的感受，因此，在设计培训教学效果评估表时，纳入评估的项目一定都是与教学效果达成有关的，可以分为"教学态度""教学内容""授课技巧"三个大项，每个大项中又可以包括若干评估子项。

"教学态度"主要考察培训师对培训的准备主观上是否积极，可以细分为"熟悉授课内容、教学准备充分""精神饱满、热情严谨、认真负责"等项。

"教学内容"主要评价教学内容安排的合理性，可以细分为"课程结构设计合理，基本内容表述完整清晰""讲师对所讲内容有深入的认识和理解""重点、难点突出，条理分明"等项。

"授课技巧"主要考察培训师呈现培训内容的能力，可以细分为"教学经验丰富，语言表达力强，现场把控能力强""善于运用不同教学形式，激发学习热情"等项。

如何对评估内容进行分类和描述，以及细分为更小的评估项，并没有一定之规。无论如何分类，都需要注意：评估项应包含所有重要的评估要素，不要遗漏；所有的评估项一定都是对实现评估目的有所贡献的，不要添加无关内容；评估项及分项要按照统一的逻辑分类，能够自圆其说。比如，有的培训教学效果评估表中，"培训组织工作"被作为一项评估内容，但实际上"培训组织工作"的好坏与培训师"教"的好坏并无直接联系，如果把这个评估项纳入培训教学效果评估表中，就会对评估结果产生干扰。但如果是对培训项目整体满意度进行评估，那么，"培训组织工作"这一项就应该被纳入其中，遗漏了这一项也会影响评估的结果。

> <观点分享>
> （1）评估内容的设计必须服从和服务于评估的目的。
> （2）在设计培训教学效果评估表时，被纳入评估内容的各项一定都是对评估目的达成有所贡献的活动。

（4）采用何种计分标准？

以分数来体现评估结果的定量评估，建议采取十分制或百分制，与五分制比较而言，十分制和百分制能够更为准确地反映细微差别。

十分制和百分制的评估效果基本一致。采取十分制时精确到小数点后一位还是两位，采取百分制时精确到个位还是小数点后一位，可根据评估要求确定。

（5）如何为不同评估项设置合理分值？

在设计评估表时，有一个普遍问题，就是平均分配所有评估项的分值。比如，一个评估表有三个评估主项，三个评估主项一共由十个子项构成，则每个子项均给予10分的分值。这种分值分配形式看似公平，实际上并不合理，也有失客观。

每一个评估主项及评估子项对于培训结果达成的贡献是不一样的，在为不同的评估项设置分值时，必须考虑其权重对于结果达成的贡献，才能使评估结果不仅能反映真实情况，而且能为持续改进指出正确方向。比如，"教学态度""教学内容""授课技巧"同为评估表的主项，但它们对结果的达成贡献不一样，"教学内容"是三项的中心，直接决定培训效果，"教学态度"和"授课技巧"是三项中的次要部分。

根据这样的思路，在设计评估表时，应该赋予不同评估主项不同的权重，同样，对构成每一主项的子项也要根据其对主项结果的不同贡献赋予不同的权重。

> <观点分享>
> 在设计评估表时，不应平均分配所有评估项的分值，而应根据各评估项对培训结果达成的贡献来区别对待，赋予不同评估项不同的权重。

（6）选择封闭式问题，还是开放式问题？

封闭式问题指提供设计好的备选答案，受访者被限制在给定答案范围内作答，从备选答案中挑选自己认同的答案即可。封闭式问题的常用表述包括能不能、对吗、是不是、会不会、可不可以、多久、多少等。单项选择与多项选择题也是封闭式问题的提问形式。

开放式问题是让调查对象能够自由回答的问题，这类问题不提供具体答案，不规定回答范围，允许调查对象不受限制地填写答案。设计问卷时，只需在问题之下留有适当空白篇幅即可。

封闭式问题有助于将学员的回答迅速聚焦于我们所关注的信息上，开放式的问题有助于我们了解更多信息。

比如，对"教"的培训效果评估，评估表中对"教学态度""教学内容""授课技巧"等项的评分就是封闭类问题，而对学员学习感受的一些提问，如"本次培训带给我的最重要收获是什么""对本次培训的意见和建议有哪些"等就是开放类问题。又比如，针对"学"设计的课后测验环节，测试题中，单项选择题、多项选择题、判断题等属于封闭类的问题，案例分析、观点陈述等就属于开放类问题。

封闭式问题与开放式问题相结合的评估设计可以使我们更全面地了解信息。表13-2所示培训教学效果评估表可作参考。

表13-2采取的是百分制评估，分"教学态度""教学内容"与"授课技巧"三大评估主项，根据其对达成"教"这个结果的贡献，三大项被赋予不同分值，其中"教学内容"60分，"授课技巧"25分，"教学态度"15分。同时，所有被细分出来的评估子项也是根据其贡献的大小被赋予不同的分值。我们可以看到，"教学内容"主项下的"课程结构设计合理，基本内容表述完整清晰"一项的满分是15分，而"授课技巧"主项下的"PPT与讲义制作完善，有利于对授课内容的理解"一项满分只有6分。

表13-2 培训教学效果评估表

课程名称（时间）	××××（2023.00.00-00）	讲师：×××				
评估指标	评估内容	满意		一般		不满意
教学态度（15分）	熟悉授课内容、教学准备充分，答惑解疑、胸有成竹	8	7	6	5	4	3
	精神饱满、热情严谨、认真负责	7	6	5	4	3	2
教学内容（60分）	课程结构设计合理，基本内容表述完整清晰	15	14	13	12	11	10
	讲师对所讲内容有深入的认识和理解	13	12	11	10	9	8
	重点、难点突出，条理分明	12	11	10	9	8	7
	案例具有针对性，剖析透彻	10	9	8	7	6	5
	时间控制与分配合理	10	9	8	7	6	5
授课技巧（25分）	教学经验丰富，语言表达力强，现场把控能力强	10	9	8	7	6	5
	善于运用不同教学形式激发学习热情，促进学员参与，启发思考和讨论	9	8	7	6	5	4
	PPT与讲义制作完善，有利于对授课内容的理解	6	5	4	3	2	1
总计	（满分100分）						
本次培训带给我的最重要收获是							

续表

本次培训能让我学以致用的内容
本次培训后，我希望在哪些方面继续学习
对本次培训整体的感受及建议
对讲师（及培训机构）的感受及建议

对每个评估项到底应该被赋予多大的分值，可以先根据主观判断（如专家判断法）来分配，之后再通过实践应用不断调整和升级。即使主观判断不尽准确，也一定会比无区别地平均分配分值更能体现真实的结果。

需要评估人勾选的是封闭式问题部分，需要评估人自由回答的是开放式问题的部分。

第二节 总结培训项目

一、为什么需要总结培训项目

1. 知识管理，持续改进

总结培训项目可以帮助我们整理、归纳、推广和应用在项目中获得的经验和教训，发挥知识管理的作用，推动培训工作持续改进。

2. 向干系人汇报，寻求理解与支持

通过培训项目的总结环节，可以向项目干系人汇报项目的信息，以此增强他们对培训项目的了解，加深他们对培训工作的理解，赢得他们对培训工作的持续支持。

3. 以专业操作获得内部认可，扩大影响力

通过培训项目总结，培训管理者可以在展现专业形象和专业态度，以专业操作赢得组织内部各方的认可，扩大培训工作在组织内部的影响力。

4. 是培训项目总结报告，而非项目评估表

培训管理者通常用一份统计出得分的项目评估表作为培训项目总结报告，这远不足以发挥知识管理、增强干系人关系和赢得认可的作用。即使评估表上写着的是95分这样的高分，但它并没有告诉报告阅读者与这个结果相关的信息，如为什么做，做了什么，怎么做的，发现了什么问题，未来如何改进。评估表无法呈现培训项目全貌，也无法呈现培训方付出的努力。

从"训前+训中+训后"的培训执行链理念出发，对一个培训项目有必要形成两份总结报告，一是"训中"报告，即培训课程或培训内容交付后的培训教学效果评估报告；二是"训后"报告，即整个培训项目结束后的培训项目结案报告。

二、培训教学效果评估报告编写

培训项目实施后，对该培训项目的总结至关重要。一方面，通过培训项目总结可以向项目重要干系人（组织高层、部门主管、人力资源总监、培训总监、培训师、学员等）汇报项目实施的信息，加强与他们的沟通联系，提高他们对项目执行的满意度，获得他们对培训管理工作的认可，赢得他们对培训管理者未来工作的理解和支持；另一方面，培训项目总结也是对培训管理工作进行的一种知识管理，可帮助培训管理者通过总结的方式不断积累经验，改进和完善工作，提升工作效率。

"训中"（培训课程或培训内容交付后）的培训项目总结通常以培训教学效果评估报告的形式来呈现教学成果。

为了使汇报的信息易于被汇报对象接收，培训管理者可根据不同干系人的沟通偏好采用不同的汇报方式，如纸质版报告、电子版报告、PPT+口头报告。同时，如果必要，对不同干系人可以提供不同内容版本的培训教学效果评估报告，以避免敏感信息被不适合的干系人掌握。

争取组织高层的支持是做好培训工作的关键，因此要特别注意向组织高层汇报

培训信息的有效性，即不但要确认信息被对方接收，更要确认信息的内容被其读取和了解。培训教学效果评估报告编写优劣也在很大程度上影响干系人对信息的接收和读取，应该注意培训教学效果评估报告内容与形式的搭配，既要在内容上言之有物，也要在设计和排版上赏心悦目。

一份具有吸引力的培训教学效果评估报告通常包括的最基本要素：报告封面、目录、培训执行概述、培训图片回顾、培训考勤记录、培训效果评估、总结。除了最基本的要素，培训管理者希望获得组织各级人员重视的问题和需要组织资源解决的问题都可以以适当的形式体现在培训教学效果评估报告中。培训教学效果评估报告是培训管理者向组织内部施加影响的有力工具。

1. 封面

封面的设计风格以简约为主，展示培训项目教学效果评估报告名称、编制部门、呈报时间、公司LOGO等基本信息即可。为了加强对读者的吸引力，封面可配图，图片应线条明快、具有代表性，如技术类培训项目的评估报告封面可选用科技风格的图片，管理类培训项目的评估报告封面可选用表现工作场景的图片，当然也可选用公司的专用图片。

可以对所有的培训项目，设计统一的培训评估报告封面模板，也可以对不同领域的培训项目设计不同版本的培训评估报告封面模板，但应保证所有版本培训评估报告封面设计风格一致。

精心设计的报告封面不但能体现报告的专业，也可以在第一时间吸引读者的注意力和阅读兴趣。

2. 目录

虽然培训教学效果评估报告的篇幅一般不会太大，还是建议报告中编制目录，以体现报告的专业严谨。由于培训评估报告篇幅不大，建议目录编制不超过二级。

3. 执行概述

培训执行概述是培训教学效果评估报告正文的第一个部分，主要是对培训项目的整体回顾。

培训执行概述涉及的内容包括但不限于：培训基本信息：课程名称、培训时间、时长、地点、参训部门、参训学员及人数等；项目背景信息：项目背景、培训目的、课程主要内容；培训过程信息：培训需求调查与确认、供应商遴选、培训师遴选、干系人沟通、培训现场情况、培训出勤情况等；教学评估信息：培训教学效果评分、学员测试评分等。其中，对重要干系人相关情况的描述非常重要，包括表明领导对本项目的重视和指示、相关部门的协助与配合等情况，以此可获得重要干系人更多的关注与支持，有利于在组织内部推动培训工作。

4. 图片回顾

培训图片回顾主要是以图片方式对培训课程或培训内容交付过程的视觉化呈现。为了做到美观翔实，需要对培训图片进行必要的美化、剪辑、编排与说明。做好培训图片回顾要注意以下几个问题。

（1）按培训实施过程的顺序排列图片，有助于真实再现课程或培训活动的过程。

（2）图片搭配合理与图片内容全面。既要有全部人员的集体照，也要有个别学员的特写照（特别是重要干系人）；既要有培训师激情授课照，也要有学员认真听讲照；既要有学员发言照，也要有小组互动照；既要有培训现场局部近景照，也要有培训现场全景照；既要有正面取景照（从前向后），要有反向取景照（从后向前）；既要有右侧面取景照，也要有左侧取景照。很多培训管理者都会忽视留存课程或培训活动交付过程图片，即使安排了摄影的工作，也是草草照几张了事。对培训现场应该尽量多拍照多留存，这样，课程后编制评估报告时才有足够的图片可以挑选，也才有足够多的好图片展现培训过程。

（3）如有领导或部门经理出席培训活动，一定要有相应的图片重点呈现。

（4）所有配图应传递正能量。

（5）每张图片配搭配有吸引力的，有激励作用的图说，做到图文并茂。

5. 学员考勤记录

几乎每位培训管理者都会在培训交付期间对学员进行考勤管理。如果仅记录学员的考勤情况而没有更多的后续动作，这项工作就会变得没有太多价值。

将学员考勤记录纳入培训教学效果评估报告，学员考勤记录可发挥管理价值，即通过将学员考勤信息反馈给管理者（组织高层、部门主管）来赢得他们的关注，促使他们采取管理措施改善学员的出勤表现。当部门主管通过评估报告及时掌握了自己下属的出勤情况，就可能对下属的出勤进行干预，从而提高学员出勤率。将培训出勤记录纳入报告，本身就是对部门主管及学员的督促，他们不得不以更为严肃的态度来对待学习培训工作的要求。

6. 培训效果评估

培训效果评估主要包括两部分内容，一是对"教"的教学效果评估，二是对"学"的学习效果测试。

（1）教学效果评估。

教学效果评估是对"教"这个环节的评估，评估报告这个部分的内容主要是对教学效果评估问卷反馈信息的统计与呈现，主要内容包括：项目基本信息、教学效果统计与数据呈现、培训收获、对培训的建议、进一步培训的需求、对培训经理的评价等。

项目基本信息包括课程名称、时间、地点、讲师、参训人数、调查人数及反馈份数等。

教学效果统计与数据呈现是对教学环节进行的评价。评估不仅需要呈现最终的统计分数，还要呈现各评估项具体得分，即每一评估项中有多少学员给了10分，多少学员给了9分，平均分是多少等。将各统计项的平均分相加，就是本次培训教学效果的总平均数。这样做的好处是，可以更清晰地了解到每个分数背后的个性化信息。如果缺乏详细数据的呈现，只是给出一个最终得分，就无法分辨培训项目的成功和不足，也无法分辨两个评估分数相同的培训项目是否存在内在差异。

培训收获、对培训的建议、进一步培训的需求等体现的是学员对培训的主观感受和期望。学员对这些问题的回答，既有相同、相似的部分，也有个性化的部分，对这些信息进行处理时，既可以呈现每个学员的感受和期望，也可以将相同、相似的感受和期望归纳后统一呈现。在允许的条件下，每个评价后面最好标注评价者的姓名，有利于培训管理者及报告审阅者对培训效果有更加具体和客观的认识。

培训经理的评价主要是让培训管理者从专业的视角向培训师及外部供应商提出

改进的意见和建议。

如果需要，还可以在评估表中设置"培训管理"一类的评估项，对培训组织工作给予评价。因为培训管理不是"教"的内容，这一评估结果不应纳入教学效果中，所以应将其单独列项评估，以为培训管理工作的改进和完善提供指导。

（2）学习效果测试。

学习效果测试的是对"学"这个环节的评估，评估对象是学员。

通过学习效果测试可以了解学员在多大程度上实现了学习，即学员对所学内容的掌握程度。学习测验有训前测试、随堂测试和课后测试。可以将所有学员及其测验分数用表格形式直观呈现出来，还可以通过将训前、训后测试的结果进行对比来体现学习的成果。

7. 总结

总结是从整体上对培训项目进行综述和检讨，其作用在于：宣传成果、发扬优点；对企业未来培训工作的规划和开展提供依据；发现问题、总结不足、持续改进。

总结可分为几个部分。

第一部分，再次对于培训的整体效果进行概括性陈述，着重强调本次培训带来的收益和积极影响。

第二部分，根据学员在培训过程中的表现及反馈，为企业未来培训工作的规划和开展寻找依据，提供思路。

第三部分，总结本次培训执行过程中出现的问题和失误，提出未来改进的解决方案。

8. 其他

包括培训管理者希望向组织反馈的信息，期望组织解决的管理问题，希望引起组织重视的情况等，只要是有助于培训管理工作推进和提升的内容都可以在报告的这个部分来呈现。

这一部分内容的阅读权限可根据报告阅读人的管理职级来界定。向没有阅读权限的对象提供报告时，相应部分的内容应删除。

第十四章　培训项目收尾工作

第一节　培训项目收尾应该做什么

收尾是呈现培训项目（工作）结果的重要环节，但很多时候，我们对培训项目（工作）收尾的处理往往比较随意和草率。"行百里者半九十"，强调培训项目（工作）收尾，就是要避免"有头无尾"的现象发生，不要让自己倒在获得成功的最后一步。

同时，一个培训项目的结束也预示着一个新项目的开始，只有对每个结束的项目进行总结和复盘，才能保证我们在今后的工作实践中持续改进。

<案例>
这个培训项目是否已圆满结束

<案例人物>
李明——某生产制造企业培训主管
陈平——某生产制造企业研发部总监

<案例详情>
　　经过两天的紧张学习，"研发项目管理"培训结束了。这次培训很成功，学员感觉很有收获。课程结束时，研发部总监陈平做了总结发言，高度评价了本次课程。每个学员也都填写了教学效果评估表。

　　经过统计，课程满意度得到92.5分。

　　按照规定，每个学员课后一周内要提交本次学习的心得总结，有一些学员表示工作太忙，希望推后提交总结的时间，但李明坚持原则，反复督促学员按时提交总结。

　　李明满意地看着手上的一摞稿纸，心想：谢天谢地，学员的总结总算都收齐了，这个项目总的实施状况还是挺不错的。想到这儿，李明笑了笑，把手上的总结锁进了文件柜。

上述案例呈现了一个培训项目结束时的一种状态，具有一定的普遍性。案例中，培训管理者李明认为，做完了一个培训项目的教学效果评估，收集了所有学员的心得总结报告，这个项目就算是结束了。

事实上，还有很多需要在项目收尾时完成的工作都被忽视了。

培训项目收尾工作包括但不限于：验收培训项目成果、收尾培训项目合同、评估培训项目、总结项目经验教训、其他操作细节，以及知识管理。

收尾培训项目合同就是按照合同要求支付培训服务供应商相关费用或剩余款项，原则就是按合同办事，这里不过多说明。

第二节　验收培训项目成果

一个培训项目收尾时，需要验收项目的输出成果——可交付成果。培训项目的可交付成果包括但不限于以下内容。

1. 培训需求调查表/项目需求报告

包括为该项目设计的需求调查表（如是统一模板的表单可不用计入，如是在统一模板上进行了个性化调整的表单需要留存）、学员填写反馈的需求调查表、经审批的项目需求报告。

2. 培训项目建议书/培训解决方案

为该培训项目编制的培训项目建议书、培训解决方案等。

3. 课程（培训活动）交付

课程（培训活动）由培训师负责交付，可通过图片、视频等方式记录交付的过程。

4. 教学讲义/课件

培训师为课程或培训活动制作的教学讲义或课件。基于对培训师版权保护诉求的理解（有的培训师会无条件提供教学讲义和课件供甲方备案，有的培训师会提供调整后的版本备案，有的培训师可能拒绝提供备案），对此部分不做硬性要求。

5. 学员手册/学习教材

为学员的学习提供的学员手册、学习教材等。

6. 培训评估表/培训评估报告/培训项目结案报告

为项目设计的培训评估表、学员填写反馈的评估表、培训评估报告及培训项目结案报告等。

7. 测试题/测试答卷/测试结果

为培训项目编制的测试题及学员的测试答卷和测试结果。

8. 其他项目文档

包括培训项目章程（如有）、项目干系人登记表（如有）、干系人沟通管理表（如有）、培训通知、学员签到表、学员档案/员工培训记录表（如表14-1所示）、培训效果转化跟进沟通函、培训效果转化跟踪表，等等。

表14-1 员工培训记录表

学员编号：20190001

姓名		性别		出生年月		入职时间	
教育程度		专业		所属部门		职务	
2020年参训情况							
参训时间	培训课题		培训形式	考勤	测试分数/证书		备注
人力资源评语 签名 　　　　　年　月　日				所在部门评语 签名 　　　　　年　月　日			

第三节　培训项目收尾不容忽视的操作细节

一、项目总结报告会

我们可以用项目启动会来宣告项目的正式开始，也可以举办培训项目总结报告会或项目庆功会宣告项目的正式结束。

在培训项目总结报告会或项目庆功会上，可向组织内外部通报项目达成的情况，检讨项目的成败，分享项目的经验教训，感谢各方给予的支持和帮助，并正式宣告项目的结束。

培训项目总结报告会或项目庆功会的收尾活动比较适合重要性强、优先级别高的培训项目，一般应该邀请组织决策者的高层管理者出席并发言，代表组织对项目取得的成绩表示认可。

培训项目总结报告会或项目庆功会也是推进与干系人关系的良机，应尽力邀请项目各重要干系人参会，一方面表示对他们的高度重视，另一方面表达对他们做出贡献的谢意。维系良好的干系人关系有助于在未来的培训工作中持续获得他的支持和配合。

对于重要性不强、优先级别不高的培训项目，可采取更为简单的方式宣告项目正式结束，如向组织内外部发布项目结束的正式通告。

二、评估绩效，论功行赏

在培训项目收尾的过程中，要对项目成员的工作进行评估。对项目有贡献的团队成员应该受到奖励，对表现突出的人员，可以重点表彰。这一过程应以正面激励为主，更多关注团队成员为项目目标实现带来的贡献。

对项目过程中负面和消极的行为可以在项目总结和复盘时进行检讨，并遵循对事不对人的原则。

三、回馈感谢，巩固关系

虽然我们希望邀请所有重要干系人参加项目的收尾活动，但一定有部分人因故缺席。还有为数不少的干系人不在受邀名单之列。对这种情况，可用电子邮件、纸质通知、公告等形式向所有干系人通告项目结束，并对他们在项目中给予的支持和帮助表示感谢。

用电子邮件或纸质通知时，可以使用统一的文本，如果对方是重要项目干系人，则应增加个性化元素。如在统一文本之后，加上与该干系人相关的项目工作的回顾，有针对性地对其支持和配合表达谢意，如此更能让对方感受到我们的诚意。

在编写项目结束通告函或感谢函时，最重要的是清晰地描述所要传递的信息，同时力求通过字里行间让对方感受到自己的真诚，感谢函的文笔反倒并不很重要。当然，对不同职务的干系人、不同私人关系的干系人，感谢函都要有所区别。对方职务越高，感谢函应该越正式；对方与自己的私人关系越好，感谢函就可以轻松活泼些，称谓上可以用"你"或直呼其名。

在正式通报培训项目结束的同时，还可以购买一些明信片、小礼物或纪念品赠送给项目的重要干系人。用明信片上通报项目结束，也向对方表示有针对性的感谢。小礼物或纪念品不需要贵重，只要有特色和纪念意义就好。

通过向项目干系人通告项目结束和感谢，可使项目干系人感受到自己的付出获得了认可和尊重，有助于增进他们对培训工作和培训管理者的认可，巩固良好的人际关系，为在未来其他培训项目中赢得他们的持续支持和帮助创造条件。

第四节　知识管理——培训工作持续改进的金钥匙

项目管理遵循质量管理PDCA原则，其中的A（Action）就是强调应该根据结果采取改进措施，总结经验教训，推动持续改进。因此，培训项目管理也把在项目收尾阶段推动工作的持续改进作为一项重要工作。

要做到工作持续改进，就离不开对工作中产生的组织过程资产（知识、技术、方法、经验、教训等）进行整理、归纳、记录、分享和创新等管理，这就是知识管理的过程。

培训工作的知识管理涉及但不限于培训工作流程管理、培训文档模板管理、培训文档版本管理、培训档案管理、内部案例问题整理与归档，以及培训工作问题管理。

一、培训工作的流程管理

将培训项目中的工作内容以流程的方式进行管理，有利于提高工作的效率和形成管理的规范。许多培训工作都能被纳入流程管理的范畴中去。如培训项目立项审批管流程、培训需求管理流程、培训需求变更管理流程、培训活动组织管理流程、培训教务人员现场服务管理流程、培训效果评估管理流程、培训效果转化管理流程，等等。还要保持对已有各项管理流程的不断优化。

二、培训文档的模板管理

在培训工作中，标准化的文档模板不可或缺，标准化文档模板不但可以提升工作效率，便于对相同性质的信息进行比较与分析，还有利于企业培训管理的规范化。

培训文档模板种类繁多，包括但不限于企业培训制度、需求调查表、需求确认书、供应商记录表、培训师记录表、培训协议、培训通知、课程准备清单、培训考勤表、培训效果评估表、培训项目结案报告、培训效果转化跟踪表、年度培训规划表、年度培训执行情况统计表、问题管理清单、企业案例收集整理表、员工培训档案表。

培训文档的模板化是培训工作规范化、标准化的一部分。模板化的过程是循序渐进的，文档模板是从无到有的，内容是从过繁或过简到适度的。

文档的模板管理强调标准化，一方面，所有文档模板按照统一的规范制作，如命名、内容、字体字号、行距段距、文件版本等；另一方面，所有文档模板在统一的管理下应用。

三、培训文档的版本管理

在培训管理过程中，培训相关的文件、制度、模板等资料都会随着培训工作的发展需要不断变化，有的资料会被弃用，有的资料会在持续更新中继续沿用。

持续更新且继续沿用的资料，不能仅保留当前版本，还要保留更新过程中形成的每个版本。组织在不同时期形成的不同版本的文件资料，是重要的组织过程资产，是其培训管理工作发展的历史记录，这些文件资料展示了培训管理发展的历程、工作成果，以及经验教训。

由于组织中的培训管理文档资料众多，而且同一文档有众多版本，如果不对各类文档实施统一的版本管理，很可能造成文件使用上的混乱。

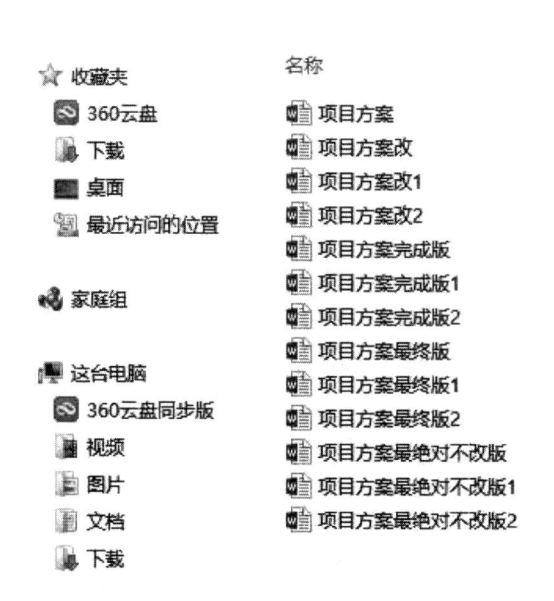

图14-1　混乱的版本

如图14-1所示，由于缺乏基本的版本管理，对同一文档不同版本随意命名，令使用者无法快速有效地检索到需要的资料，也无法对培训工作的相关文档产生清晰全面的认识并充分发挥它们的价值。

其实，培训工作中的版本管理并不复杂，可以通过对各类文档的规范化命名来实现。对所有培训文档或某一大类的培训文档，均采取统一的命名方式，如"基本文件名+版本编号+编写时间"。无论该文档是只有一个版本，还是有多个版本，都是如此命名。

例如：《管理者的项目管理思维》培训建议书_1.0_20201201。其中，"《管理者的项目管理思维》培训建议书"是基本文件名；"1.0"是版本编号，1代表一级版本编号，0代表二级版本编号；"20201201"代表文件的形成时间是2020年12月1日；"_"用来区隔文件名中不同性质的信息。

文档变更有两种情况。

第一种是只有细节上的（如排版微调）变更，文档内容没有质的变化，则文档名维持大编号不变，升级小的版本编号。

例如："《管理者的项目管理思维》培训建议书_1.0_20201201"，修改后的文件名是"《管理者的项目管理思维》培训建议书_1.1_20201202"。

第二种情况是文档内容产生了质变，则升级原版本编号中的大版本编号。

例如："《管理者的项目管理思维》培训建议书_1.0_20201201"，则修改后的文件名是"《管理者的项目管理思维》培训建议书_2.0_20201202"。

对文档实施版本管理不但有利于将所有培训文件秩序化，也有利于从全局的视角回顾、研究和理解本组织培训工作发展的过程，使培训管理工作一直在清晰的脉络中推进。

四、培训档案管理

将培训管理工作过程中形成的文档分类整理后归档是将组织的过程资产沉淀下来的必要手段。做好培训工作档案管理，可让培训工作有据可查。

如何分类和归档资料并不重要，重要的是要开展档案管理这项工作。

能够归档的培训资料包括但不限于需求调查反馈问卷、培训需求报告、培训建议书、培训通知书、供应商与师资信息、培训合同、学员手册、课程教材和讲义（如有）、培训评估表、培训项目结案报告、学习心得总结报告、培训效果转化跟踪记录资料、学员签到表、测试题、测试答卷及结果。

档案资料可以是纸质文档，也可以是电子文档，纸质档案材料可用档案袋分类保存，电子文档用电子文件夹分类保存。

五、内部案例问题整理与归档

为了使培训工作与组织实践更好地结合，培训管理者应该有意识地搜集和整理组织经营管理中典型案例问题。典型案例问题的收集和整理工作可以依托具体培训项目，也可以是在日常工作中员工反馈的相关信息。

这些案例问题累积下来并对之整理和归档，就能逐步形成组织工作实践所涉及各方面的真实事件和问题资料库。这些资料不仅能够使培训工作更贴近组织实践本身，还可以为组织管理者提供参考，使培训工作增值。

为了有效和规范地获取工作案例问题，培训管理者有必要编制统一的工作案例问题提取表（如表14-2所示）下发到各部门，并借助组织管理制度要求相关人员按时填写和提交。

表14-2　工作案例问题提取表

部门		岗位		填表人		填表日期	
案例问题							
涉例人员							
问题场景描述							
您认为，该案例问题在您工作中的发生频率与典型性如何？ 1. □ 经常发生　□ 有时发生 2. □ 很典型　　□ 比较典型　　□ 有一定的代表性							
您认为，该案例问题对您的困扰是什么？为什么一直难以解决？ 您认为，解决该案例问题的难点在哪里？ 							
直接上级意见	本表由岗位人员选择工作中典型问题填写，并交直接上级审核						
备注	各部门经理对收集到的案例问题进行审核与分析，抽取共性与典型部分，进行必要的整理、加工与编辑后，提交人力资源部门存档，由其进行知识管理						

六、培训工作问题管理

培训管理工作中会遇到各类问题，无论是培训管理者在自身工作中遇到的问题，还是组织成员在培训中涉及的问题，都可以分为两大类。

一类是具有代表性的共性问题。这类问题不但典型，而且可能经常出现。将这类问题归纳汇总，整理出问题解决的最佳实践，并通过各种手段将其反馈和推广到组织中去，可以有效避免组织内部在同一环节上被同样的问题困扰。

另一类问题具有较强的个性化特色，更多的是个别现象，影响极少个体。除非涉及培训的重要干系人，培训管理者可以不将这类问题纳入管理范畴，不需要一一记录，直到这类问题在更多的个体上反复出现。对此类个性化问题，培训管理者可以在内部进行一些交流和沟通，多角度、多视角了解情况，探询缘由，丰富自己的培训管理实践经验与阅历。

对培训工作问题进行统一管理，可编制并应用培训项目干系人问题管理记录表（如表14-3所示）。

表14-3 培训项目干系人问题管理记录表

编号：

涉及项目					
姓名		部门		职务	

问题描述： 发生时间：

处理方式： 解决时间：

☐ 问题已解决 ☐ 问题尚未解决

备注：

填报人： 填报时间：

附录

附录一：培训项目全过程管理的5W7H

为了达成一个培训项目的目标并使其结果充分有效，培训管理者应对培训项目进行全过程管理，从培训项目需求产生开始到培训项目持续改进为止。

以下归纳了培训项目管理涉及的12个问题（5W7H），呈现了培训项目全过程管理中应该关注的重要工作内容。

Why：为什么要培训？
Who：谁提出要培训？
Whom：谁将接受培训？
What：应该培训什么？
Who：谁来交付培训？
How：如何规划培训？
How：如何营销培训？
How：如何实施培训？
How：如何效果转化？
How：如何评估结果？
How：如何呈现成果？
How：如何持续改进？

培训项目的全过程可分为四个阶段，即准备阶段、计划阶段、执行阶段和收尾阶段，5W7H分属于不同的阶段（如附图1所示）。

① 准备阶段	② 计划阶段	③ 执行阶段	④ 收尾阶段
• 为什么要培训	• 谁来交付培训	• 如何营销培训	• 如何评估结果
• 谁提出要培训	• 如何规划培训	• 如何实施培训	• 如何呈现结果
• 谁将接受培训		• 如何效果转化	• 如何持续改进
• 应该培训什么			

附图1　培训项目全过程四个阶段与5W7H的对应

培训管理者只有将努力聚焦于对结果影响巨大的重要工作内容上，工作才能卓有成效。以下结合培训项目的不同阶段，依次对5W7H的进行解析，探寻每个阶段的重点培训管理工作内容。

一、培训项目准备阶段

1. Why：为什么要培训——挖掘培训的原因，并判断需求的真伪

对这个问题的思考可以帮助我们发掘培训项目的起因，是为了解决某个问题，掌握某种技能，达成某种共识，学习某种知识，还是其他什么。

值得注意的是，对这个问题的回答往往只能呈现表象原因，而非根本原因，因此有必要通过不断追问和分析挖掘根本原因，并以此判断需求的真伪。

> 需求方："我们需要针对管理者进行项目管理的培训？"
> 培训方："为什么需要针对管理者进行项目管理的培训？"
> 需求方："因为管理者具备项目管理思维，掌握基本的项目管理方法，有助于推动管理创新，提升管理效能，提高组织的整体能力。"
> 培训方分析：项目这种业务形态在工作中越来越多，越来越重要，管理者既有必要以项目管理的思维配合和支持项目工作的完成，也有以项目管理的方式管理自身工作的需要，这对组织目标和工作目标的实现都大有益处。
> 培训方结论：这确实是一个迫切需求，而且我们也确实能够通过培训的方式来达成相应目标。

还有一种情况。

> 需求方："我们需要通过培训来提升电话客服人员的倾听能力。"
> 培训方："为什么需要提升客服人员的倾听能力呢？"
> 需求方："因为客服人员总不愿意倾听客户的反馈，在沟通中经常打断对方，并急于结束对话，使客户很不满意。"
> （谈话至此，我们得出的结论就是客服人员确实需要倾听能力提升的培训，如果继续追问就可能发现更深层次的问题。）
> 培训方："为什么客服人员总不愿意倾听客户的反馈，急于结束与客户的对话？"
> （通过这个问题的提出，我们也许会发现，原来客服人员有每天处理客户投诉数量的考核要求，如果每个投诉处理时间比较长，就很难达到考核要求。）

> 培训方分析：客服人员不是由于缺乏倾听能力而不愿意交流，而是要满足考核要求不得不控制交流时间。因此，倾听能力的提升对解决这个问题无效。
>
> 培训方结论：这不是通过培训可以解决的问题，不是真正的培训需求；解决倾听时间不足的恰当方式是改变考核标准，可以建议降低客服人员每天处理投诉量的数量标准，使客服人员可以用更多的时间与客户交流。

作为一名培训管理者，一定要清醒地认识到，不是所有问题都能够通过培训解决，千万不要试图用培训的方式解决培训解决不了的问题。这种"有为"不仅会浪费宝贵的组织资源，也无法带来任何有益的结果，还会严重影响培训部门的声誉。培训管理者需要从专业的视角为需求方做出说明，分析原因，并提出非培训方式的建议。

2. Who：谁提出要培训——搞清楚谁是发起人，谁是客户

提出这个问题的目的是帮助培训管理者认清培训项目的"主人"，俗话说，"办事不由东，到头一场空"。

只有认清培训项目的"主人"，才能更明确地识别培训需求和期望，使培训项目在符合要求的大方向上发展，获得认同。如果偏离了大方向，使劲越大，离目标就越远。

培训项目的"主人"包括发起人和客户。发起人就是发起培训项目的人（或组织），一般是组织中的高层管理者或具有较大影响力的人，有能力从有限的组织资源中为培训项目争取到资源，促使培训项目成功立项，也是培训项目的"大东家"。客户多是受训部门（学员）的主管，对培训项目的实际推动影响巨大，也是培训项目的"二东家"。在一些情况下，培训项目的发起人和客户可能是同一人（或组织）。

培训项目要取得成功，"找对人，听对话"很重要。

3. Whom：谁将接受培训——明确谁是对象/用户

这个问题帮助我们明确培训项目的对象——受训学员，他们也是培训项目的用户，即最终使用培训项目产品的人，他们不满意，培训项目也不会成功。

4. What：应该培训什么——厘清培训项目的需求

提出这个问题就是要厘清培训项目的需求。

培训项目只有赢得发起人、客户和用户各方的认同才有可能成功，因此，一个成功的培训项目就有必要同时满足这三类人的需求和期望。发起人、客户和用户在组织内部的角色和地位不同，对培训的基本需求和期望也不相同。

作为发起人的组织高层管理者，关注的是如何通过培训使员工具备帮助组织实现战略目标的能力，他们的需求给培训项目定下的大方向，告诉我们应该"做什么"。比如，有

A、B、C、D四个目的地，高层的需求是我们要达到B点。因此，需要考虑的就是如何通过培训帮助组织到达B点，而不是A、C、D中的任何一点。如果目标方向不是B点，无论工作如何努力都不会被认可。

作为客户的部门（学员）主管，关注的是如何通过培训使员工具备胜任其岗位职责的必要能力，以此帮助部门实现绩效目标。高层管理者为培训项目定下了大方向，在这个大方向下可能有不止一条路径通往目标，部门（学员）主管的需求就是在这个大方向下选择的具体路径，告诉我们应该"怎么做"。比如，达到高层设定的B点有1、2、3、4四条路径，那么部门（学员）主管的需求可能指明路径2是最为适合的。

作为用户的受训学员，关注的是如何通过培训解决自己工作中面临的实际问题，以及如何提升自身能力为个人的职业发展争取更多的机会。他们的需求告诉我们的是，为了通过既定的具体路径实现目标，需要解决什么问题、具备什么能力，也就是告诉我们"怎么做会更好"。

通过向不同培训利益相关群体了解其对培训的需求和期望后，应该将获得的信息进行整理和分析，形成培训项目需求报告。对培训项目需求报告还需要与主要利益相关群体沟通并进行修改和调整，最终形成各方一致认可的需求报告，它就是编制培训解决方案的基准。

"为什么要培训？""谁提出要培训？""谁将接受培训？"和"应该培训什么？"这四个问题的提出，就是让培训管理者在培训项目的准备阶段将工作重心聚焦于培训需求的探寻与确定上。

只有准确的需求才能引领培训项目达成目标，满足各相关利益群体的需求和期望；只有满足各相关利益群体的需求和期望，才能赢得他们的支持和认同；只有赢得他们的支持和认同，培训项目才能被认为是成功的。

二、培训项目计划阶段

1. Who：谁来交付培训——遴选和确定培训机构/培训师/内训师

掌握了准确的培训需求后，下一步就是考虑由谁来负责培训交付。交付可能是对整个培训项目的交付，也可能是对整个项目中某个环节的交付。

可以选择外部专业培训机构提供服务，也可以选择内部师资来满足需求，无论如何选择，承担培训交付的人或机构必须具备满足培训需求的能力。

如果选择外部培训机构和培训师来交付培训项目，一般来说，其结果的确定与培训方案的确定是同步的，也就是说，采纳了谁的方案，也就确定了由谁来交付。

2. How：如何规划培训——编制培训项目解决方案

有经验的培训管理者在厘清有关培训的需求后，一般会对培训项目的设计有一个初步的设想。然后，结合外部专业培训机构提供的培训方案，特别是课程设计方案和推荐师资，整合编制整个培训项目的解决方案。

培训项目要取得真正的效果，在项目设计时就应该将培训效果转化作为项目不可分割的部分设计于其中。这种方式非常有利于培训活动结束后对培训效果转化工作的推动和落实。

如果选择内部师资来交付培训，那么整个项目设计过程基本由培训管理者负责完成的。内训师更多的就是按要求授课。

在培训项目的计划阶段，最重要的工作就是确定负责培训项目交付的人和交付的内容，提出"谁来交付培训？"和"如何规划培训？"就是帮助培训管理者将工作聚集于此。

三、培训项目执行阶段

1. How：如何营销培训——开展培训项目的宣传工作

为什么培训部门干得热火朝天，却常被质疑，"你们那么忙，究竟在干什么？"为什么培训部门尽心尽力地工作，却很少获得认同和好评？为什么培训部门明明是在为他人的成长提供帮助，对方自己反倒漠不关心？为什么大家都认为培训很重要，却不愿意支持和配合？

在很大程度上，对这种局面的形成，培训管理者自身有着不可推卸的责任。培训管理者只是关注培训项目组织实施，而忽视了对培训项目（工作）的宣传和推广，这就造成了培训项目（工作）的利益相关人群对培训项目（工作）了解甚微，既没有切身感受到培训项目（工作）与他们的联系，也没有看到、听到有关培训项目（工作）的信息，甚至会因此产生误解和错觉。

争取培训项目利益相关人群的支持和理解是培训项目成功的必要条件，而培训项目的营销就是赢得支持和理解的有效方法。

这里将培训项目的营销归入培训项目的执行阶段，但这项工作并不局限于培训项目的执行阶段，而是贯穿于培训项目的整个过程。

"如何营销培训？"这一问题的提出，可让培训管理者对这一工作保持足够的敏感和重视，将其视为培训项目成功的重要保障。

培训项目的营销需要从三个角度来考虑。

（1）对谁营销？营销的对象主要是三类人群：发起培训项目的高层管理者、作为培项目客户的部门（学员）主管和作为培训项目用户的受训学员。

（2）营销什么？要打动对方，营销内容一定要与对方的需求和期望相一致。因此，在向高层管理者营销时，需要强调培训项目有助于推动企业战略的实现；在向部门（学员）主管营销时，需要强调培训项目可使学员获得完成其岗位工作的必要能力；在向受训学员营销时，需要强调培训项目能够帮助其解决工作中遇到的实际问题，提高工作能力，获得个人发展的更多机会。

（3）如何营销？包括两大类营销策略。第一类，整个组织营销培训项目的通用营销策略，不局限于营销某个具体的培训项目，还包括营销培训管理工作的全部内容。另一类，是对不同培训项目利益相关群体的个性化的营销策略，要基于每个利益相关人群对培训项目的需求和期望及人群特点进行营销。

2. How：如何实施培训——组织实施培训项目的具体操作

这一部分的工作内容通常是培训管理者做得最多的，也是最熟悉的部分，主要涉及与培训活动交付相关的工作，包括场地安排、学员服务与管理、教学管理、讲师服务等，这些工作技术难度较低。

为了保证培训项目的成功，培训管理者有必要思考，让这些工作发挥更大价值。

比如，在下发培训通知时，重点不是下发通知本身，而是要进一步确定，学员是否收到了通知，是否阅读了通知，是否理解了通知，是否能按时参训；在安排场地时，重点不是把桌子椅子摆放整齐，而是配合教学要求布置教室；在管理学员签到时，重点不是学员有没有签到，而是如何通过签到的结果改善出勤情况；在教学过程中，重点不是给老师端茶倒水，而是监督讲师是否按照既定的方案讲授课程，学员听课的状态及反应是否良好；授课后，重点不是收集学员的学习总结，而是利用学习总结巩固学习成果……

3. How：如何效果转化——学以致用，推动培训效果落地

培训工作被需求部门诟病最重要的一个原因是，"学了但没有任何用处"。因此，要赢得需求部门乃至整个组织的信任，培训管理者必须推动培训效果落地，让培训带来的知识、技能和态度能够被用于实践。

要做好这项工作，培训管理者必须先从自身建立对培训效果转化的正确认知。

（1）从口头重视转为实际行动。

培训效果转化不是自动发生的，不去开展这项工作，转化就永远不会发生。现实是，大家都在高喊着"我们非常关注培训效果转化"的口号，但并没有人真正愿意为之付出精力和努力。

（2）厘清培训效果转化的责任。

由于没有厘清培训效果转化过程中不同利益相关群体的责任，一旦出了问题，培训效果不能转化的后果总会被推给培训部门、培训机构、培训师。

哈佛大学曾做过一项调查，体现在培训的不同阶段，学员、讲师和主管这三类人群的重要性（如附表1所示，表中的"培训后"代表培训效果转化环节）。

附表1　培训不同阶段不同人群的重要性

	学员	讲师	主管
培训前	3	5	4
培训中	6	7	9
培训后	2	8	1

事实上，连培训管理者自己都没有意识到，对"培训效果转化"应该承担最大责任是部门（学员）主管，因为培训效果转化是发生在受训学员的工作岗位上的，而他们的工作是由部门主管负责的，并且，从管理上讲，管理者必须为下属的成长承担责任。

受训学员对培训效果转化也应该承担重要责任，毕竟学以致用只能通过他们的实践才能实现。另一方面，不要期望受训学员是学以致用的自觉者，没有管理和激发，很可能就是"上课时激动，下课后不动"。

培训机构和培训师的主要职责是提供技术支持，协助编制培训效果转化的解决方法。但是，不要期望他们有能力担负落实效果转化的重任，因为他们做不到，这样要求对他们也不公正。因为，如果处于组织内部的培训部门都无法有效推动培训效果的转化，又怎么能够期望处于组织外部的机构能够发挥更大的作用？外部机构无法在学员的组织内部调动资源、协调工作、解决冲突、监督执行。

对培训效果转化，培训部门的主要职责是计划、组织、推动、协调、监督。

只有厘清培训效果转化过程中不同利益相关群体的责任，才能明确分工，使不同利益相关群体各司其职，合作共进，不能将这项艰苦的工作推给培训部门独自承担。

（3）学习和创新推动培训效果转化的具体方法。

相关方法包括但不限于训后活动安排、给予提醒、明晰责任、反馈与辅导、绩效支持、重新界定培训项目的终点。

在培训项目的执行阶段，"如何营销培训？""如何实施培训？""如何效果转化？"三个问题来强调培训营销、培训组织和实施，以及培训效果转化三项重要工作。

其中，培训的组织和实施多是运营性质的工作，目的是保证培训项目的正常开展，对这项工作的考虑重点是，如何发掘低技术含量工作的更大价值。

虽然把培训营销置于这一阶段，但它实际上应该贯穿于培训项目的全过程，更应该贯穿于整个培训管理工作的全过程。培训营销对"营造支持培训的组织环境"极为重要，培训管理者必须树立培训营销的意识，不断学习、实践和创新培训营销的方式。

培训效果转化是需要多方培训项目利益相关群体参与实现，是一项必须投入资源和精力去"做"而非"说"的工作。要做到培训效果转化，就必须采取有效手段让学以致用真正发生。

四、培训项目收尾阶段

1. How：如何评估结果——评估、测试、考核

在培训项目收尾阶段，培训项目评估是最为重要工作之一。

要做好培训项目评估，先要建立一套科学评估方法。目前，柯式四级评估法应用最为广泛，我们也可以通过提出一系列关键问题来指引评估工作。

（1）评估谁？

就是确定评估对象。评估对象不同，评估方法就不同。评估培训师，多采用教学效果评估问卷的形式；评估学员，常用测试、考核的方式；评估行为改变，多采取主观评价和自评的方式；评估业务结果，多用业务数据说明问题。

（2）谁来评估？谁有权评估？

比如，评估培训师，参训学员就是主要评估人。需要注意的是，不是所有参训学员都有权力参与评估，应该将缺席大部分课程或非培训真正对象的学员排除出去。没有参与培训的高层管理者也不应参与评估，否则会干扰评估结果。此外，培训管理者也是讲师的重要评估人，与受训学员不同，培训管理者是从培训管理专业角度评估讲师教学工作。

（3）评估什么？怎么评估？

就是评估的内容。这里借鉴柯式四级说明。

第一级评估——学习反应，是对培训师（教学）的评估，其结果表现为学员对学所的内容满不满意，喜不喜欢。一般多从培训师的教学态度、课程内容和授课技巧三个方面进行评价。

第二级评估——学习（发生），是对受训学员的评估，用于检验学员是否掌握了所学的知识内容。一般多采用测试、考核的方式，以测试分数或考核表现来体现结果。

第三级评估——行为改变，是对受训学员行为变化的评估，判断学员在学习后行为是否发生了改变。一般采取问卷调查、访谈、工作观察、360°评估等方式。

第四级评估——业务结果，是对培训项目带来的业务影响进行评估，以业务数据为依据进行判断。

并非所有培训项目都适合采用第四级评估，甚至第三级评估。一方面，相比于"硬性"的技术类培训项目（适用第四级评估），"软性"的态度类、沟通类、管理类培训项目的效果很难以业务数据的形式体现成果，因为组织中影响业务结果的因素众多，很难将其他因素剥离开，就算花费大量精力"计算"出某种收益的数据，可信度也并不高。另一方面，第三级，特别是第四级评估在实践中并不容易执行，会耗费工作人员大量精力和努力，因此，对通用类别和常规性质的培训项目，做到二级评估就基本达标了。有条件的可以推动到三级评估。对重点培训项目，可以根据实际情况，做到三级，甚至是四级评估。这样就可以把资源和努力集中于重点项目，而非平摊。依据"二八定律"，20%的培训项目会带来80%的收益，只要集中精力抓好20%的重点项目就能最大限度地保证培训工作的整体收益。

但这可能引发一种顾虑，如果不进行三、四级评估，又如何了解培训项目是否产生作用和收益呢？

事实上，培训评估只是对培训项目作用和效果的判断方式。反之，不判断效果也不意味着培训项目就没有作用和效果。培训项目效果的保证更多是通过高质量的培训管理来达成的。这其实就是项目管理的思维方式，目标的达成是全过程努力的结果。如果有了基于准确需求制订的科学合理的计划，又具备了计划执行期间的有效的过程管理，那么，既定的结果就一定能达成。

2. How：如何呈现成果——编写培训结案报告

在培训项目收尾阶段，仅向组织提供一个对培训项目评估的分数，则无法说明培训管理工作为之付出的努力，无法说明组织投入培训项目所获得的收益，无法说明利益相关群体的贡献和表现，无法说明学员的收获，无法说明通过这个项目有什么新的发现……

因此，非常有必要通过一份培训项目总结报告向组织中的利益相关群体全面地呈现培训的成果。

培训结案报告是一种常见的形式，其主要内容包括但不限于封面、目录、培训项目执行过程概述、培训图片回顾、学员考勤记录、教学效果评估、学员测试结果、建议和意见、需组织支持解决的问题、总结。

这样一份内容翔实、有理有据、图文并茂的报告不仅能向组织内部各利益相关群体汇报项目信息，更大限度地呈现培训项目的成果，彰显培训管理工作的巨大努力和专业能力，也是宣传培训管理工作的一种营销手段，有助于培训管理者赢得更多支持和理解。

3. How：如何持续改进——进行知识管理

请思考一个问题：在培训管理工作中，为什么很多问题和错误都是反复发生并不断干扰我们的工作？

最主要的原因就是我们没有对培训管理工作进行有效的知识管理，出现问题不总结经验，解决了问题不分享经验，再出现相同的问题不借鉴已有经验，所有的经验都保存于个体的头脑中，而没有形成统一的组织经验。

因此，要推动培训管理工作的持续改进，就有必要以知识管理的方式不断总结经验、传播经验、优化经验、运用经验。可以将培训管理的许多工作纳入知识管理的范畴，比如培训管理工作的流程管理、文档管理、版本管理、档案管理、问题管理、内部案例整理与归档。

培训管理者要想做到"走老路，不犯老错"，就要掌握知识管理的方法，持续对培训过程中积累的知识经验、技术和方法进行统一的管理和应用。

"慎终如始"，在培训项目的收尾阶段必须善始善终地做好每一项工作，不要让培训项目倒在距离成功的最后一步上。

"如何评估结果？""如何呈现成果？""如何持续改进？"是培训项目收尾阶段应该重点关注的内容。评估，既可以判断结果的达成，也可以推动持续改进；成果呈现，既展现了成绩，也宣传了培训工作，为其争取了信任和声誉；知识管理，形成组织经验，可推动培训工作的持续改进。

附录二：培训教学效果评估报告示例

培训结案报告

编制部门：培训部

呈报时间：2022.6.22

目 录

一、"管理者的项目管理思维"内训执行回顾

  1. 内训执行概况

  2. 图片回顾

二、培训考勤记录

三、教学效果评估

  1. 基本信息

  2. 教学效果评估统计

  3. 项目管理持续学习需求统计

四、随堂测试结果

五、总结

一、"管理者的项目管理思维"内训执行回顾

1. 内训执行概况

2022年6月16日至18日，北京道简国际管理顾问有限公司受我公司委托提供了为期三天的"管理者的项目管理思维"内训课程。来自生产部、物流部和市场部的34名中、基层管理者及骨干人员参加了本期课程。

为了配合公司在去年提出的"从2022年开始大力加强和规范项目管理工作，提升组织项目管理能力，力争在三年内将项目管理打造成公司的一项核心竞争力"的要求，培训部

在与各项目管理培训相关部门进行了沟通交流及需求调查的基础上，规划和制订了《2022年项目管理培训年度计划》，并获得了公司的批准。

本期项目管理培训是公司推动项目管理培训的第二次课程。与第一次课程"项目管理的基本技能"不同的是，本次培训课程的对象是各部门非专业项目管理者的中、基层管理人员。为了保证一个项目的成功实施，专业项目管理者要具备基本的项目管理技能，为项目提供支持和配合的各类人员也应该具备对项目管理的基本认识。

为了保证本期课程成功实施，培训部在培训的组织过程中做了大量严谨细致的工作。

在生产部、物流部和市场部的共同参与下，通过多轮次的选择、沟通、评估，最终确定了本期培训的合作方——北京道简国际管理顾问有限公司（以下简称道简国际）。

培训前期，培训部就培训计划向公司分管项目管理的韩总进行了汇报，更清晰地了解了公司对项目管理培训的要求。接下来协同道简国际分别与生产部、物流部和市场部的负责人及受训学员进行了多次沟通，通过需求调查问卷、个别访谈、集体面谈、电话沟通、邮件沟通等多种方式反复厘清培训需求，并最终确定了本次培训的解决方案。

培训部对此次培训高度重视，不但深度参与了培训需求调查及培训解决方案的编制过程，而且在师资遴选与确认、培训材料制作、课程时间协调与确认、培训场地布置、学习监管等各项工作中也做了大量努力。

本期培训由道简国际首席产品顾问、管理项目化思维推广专家高虎博士主讲。"管理者的项目管理思维"是高虎博士的原创版权课程。同时，高虎博士还是《管理的项目化思维》（中信出版社，2018年版）和《品西游：学你能懂的项目管理》（清华大学出版社，2020年版）两本专著的作者。

整个培训过程贯穿形式多样、极具针对性的互动与演练环节（案例分享、问题研讨、任务模拟、视频录像、实操演练等），系统讲授了项目管理五大过程和十大知识体系的内容，重点解析了项目团队管理、风险管理、跨部门沟通与协作、项目计划与进度管理等学员关注的问题，并结合非专业项目管理者的学习诉求，更多关注项目管理结构化技术下的真知灼见，以此提升管理效能。课程精彩纷呈，深入浅出，课堂气氛轻松活跃，学员态度认真投入、学习热情很高，效果不错。参训学员对讲师及课程给予了极高评价，培训总体教学效果评分为95.4分。

此外，有30名学员参加了培训后的随堂测试，平均分为89分。其中，生产部平均得分为88.8分，物流部平均得分为88.4分，市场部平均得分为92分。12名学员得分超过90分，仅一人得分低于80分。由此看来，本期培训的学习效果基本令人满意。

我们感觉，公司从高层到基层都对项目管理培训给予了极大重视与支持。在本期培训开班仪式上，从外地专程赶回来的韩总做了热情洋溢的发言，就项目管理对公司战略的重要意义进行了深刻阐述。他要求每位学员在培训中严格要求自己，认真学习，积极参与，并在培训后积极将项目管理先进的结构化技术方法和系统化的管理思维方式运用于实践中，加深对项目工作的理解和支持，并提升自身的管理能力。

在公司的要求下，很多参训学员都暂时放下了手上繁忙的工作，甚至从外地赶回来参加学习，一直坚持积极参与整个培训过程。本期培训计划参训学员36人，2人由于工作原因确实无法参加（将由本部门参训学员做内部分享），实际参训34人。其中，25人全勤参加，全勤率达73.5%；3人次请假半天，7人次迟到或早退。

本期培训是我公司推动开展项目管理规范化运作的第二次课程。在对公司专职项目管理人员的首期课程获得成功后，本次课程致力于项目管理的技术方法和思维方式在非专业项目管理人员群体中的推广；这将有助于在公司内建立支持项目管理的组织环境。

我们十分感谢培训组织过程中公司各相关部门与人员，以及外部合作机构——道简国际——给予的支持和帮助。培训部将在此次培训的基础上，认真总结经验，发扬优点，改进不足，将项目管理培训打造成我公司的精品培训项目。

2. 图片回顾（图片略）

开班仪式

领导发言

讲师授课

课堂全景

学员认真听讲

案例影片

小组研讨

小组演练

小组演练结果汇报

游戏

学员提问

优秀学员表彰

全体合影

二、培训考勤记录

序号	姓名	部门	6月16日	6月17日	6月18日
1	陈××	生产部	到	到	到
2	于×	生产部	到	上午迟到	到
3	王××	生产部	到	到	到
4	张××	生产部	到	到	上午请假
5	李×	生产部	到	到	到
6	马×	生产部	到	到	到
7	高××	生产部	到	到	到
8	徐××	生产部	到	到	到
9	李××	生产部	到	上午请假	到
10	孙××	生产部	到	到	到
11	韩×	生产部	到	到	到
12	戴××	生产部	到	到	下午早退
13	郭××	生产部	到	到	到
14	何×	物流部	到	到	到
15	张××	物流部	到	到	到
16	陈×	物流部	到	到	到
17	赵××	物流部	到	到	到
18	赵×	物流部	到	下午早退	下午请假
19	张×	物流部	到	到	到
20	周××	物流部	到	到	到
21	吴××	物流部	到	到	到
22	郑×	物流部	到	到	下午早退
23	王××	物流部	到	上午迟到	到
24	李××	物流部	到	到	到
25	许××	物流部	到	到	到
26	袁××	物流部	到	到	到
27	王×	物流部	缺勤	缺勤	缺勤
28	赵××	物流部	到	到	到
29	陆××	物流部	到	到	到

续表

序号	姓名	部门	6月16日	6月17日	6月18日
30	刘××	物流部	上午迟到	到	到
31	胡××	市场部	到	到	到
32	张××	市场部	到	到	到
33	郝××	市场部	缺勤	缺勤	缺勤
34	刘×	市场部	到	到	到
35	牛××	市场部	到	到	下午早退
36	钱××	市场部	到	到	到

三、教学效果评估

1. 基本信息

课程名称：管理者的项目管理思维　　　　　　时　　间：2022年6月16日—18日
培训地点：北京××科技发展有限公司201室　　讲　　师：高虎 博士 PMP
参训人数：34人　　　　　　　　　　　　　　调查人数：33人

2. 教学效果评估统计

评估指标	评估内容	评估等级					
		满意		一般		不满意	平均分
教学态度 （15分）	熟悉授课内容、教学准备充分，解疑答惑、胸有成竹	8×31	7×2	6	5	4　3	7.9
	精神饱满、热情严谨、认真负责	7×30	6×3	5	4	3　2	6.9
教学内容 （60分）	课程结构设计合理，基本内容表述完整清晰	15×16	14×13	13×3	12×1	11　10	14.3
	讲师对所讲内容有深入的认识和理解	13×22	12×8	11×3	10	9　8	12.6
	重点、难点突出，条理分明	12×15	11×16	10×1	9×1	8　7	11.4
	案例具有针对性，剖析透彻	10×18	9×12	8×3	7	6　5	9.5
	时间控制与分配合理	10×19	9×12	8×2	7	6　5	9.2

续表

评估指标	评估内容	评估等级					平均分
		满意		一般		不满意	
授课技巧 （25分）	教学经验丰富，语言表达力强，现场把控能力强	10×22	9×8	8×3	7	6	5	9.6
	善于运用不同教学形式激发学习热情，促进学员参与，启发思考和讨论	9×21	8×10	7×1	6×1	5	4	8.5
	PPT与讲义制作完善，有利于对授课内容的理解	6×20	5×10	4×3	3	2	1	5.5
满分100分							95.4

学员的评价

本次培训带给我的最重要的收获是

- 了解项目管理及相关流程、方法、技巧，从意识上更加重视项目科学管理方法。项目管理的思维方式对管理有很多帮助。——陈××
- 了解项目管理的关键点，充分理解了项目干系人的重要性，加强了自身项目管理意识。对项目工作有了更为深入的理解。——张××
- 理论与实际相结合，如何将工具灵活应用到实际项目中，重要的不是我们必须用项目管理的方式去管理，而是应该学会用项目管理的方式去思考。——许××
- 理解了项目管理干系人管理的重要作用，掌握了WBS任务分解。——李××
- 对项目管理的理论体系有了充分理解，事事都可成项目。——胡××
- 项目管理知识获得补充和提高。沟通是项目制胜的关键，了解了跨部门沟通与协作中应该坚持的原则。——周××
- 具体问题具体分析，对不同项目应将项目管理知识进行转换。不是专业的项目经理，也需要学习一些项目管理。——郑×
- 管理方法；计划实施；工作分解；客户需求、要求期望获得。——戴××
- 明确项目管理目标。——马×
……

续表

评估指标	评估内容	评估等级			
		满意	一般	不满意	平均分
本次培训能让我学以致用内容 ● 可交付成果确认表、里程碑管理、如何掌握项目进度及应对风险。——陈×× ● 分块管理、CBS、结构分解、干系人管理，以及如何系统化考虑工作安排。——高×× ● WBS、干系人管理、风险管理方法。——赵×× ● 项目计划、进度质量管理，借鉴项目管理的思维方式。——许×× ● 项目进度管理、跨部门沟通与协作。——周×× ● 项目进度、成本管理方法。——吴×× ● 项目上的风险控制、计划控制，以及跨部门协作。——郭×× ● 成本控制、项目管理节点控制。——郝×× ● 项目管理的流程、管理思路。——胡×× ……						
对本次培训整体的感受及建议 ● 建立项目管理意识，了解项目管理的重要性。课程深入浅出，生动有趣，收获很大。——刘× ● 本次培训非常有益，讲师经验丰富，授课方式灵活，专业且不失幽默，希望多组织类似专业培训。——何× ● 通过培训，能把理论上的知识运用到项目管理中，特别是项目管理思维方式对管理很有帮助。——高×× ● 老师认真负责，思路清晰，结构明朗，内容讲授通俗易懂。——李×× ● 内容很多，很实用，但时间短，难以全部彻底掌握。建议后期再组织进一步的培训。——郑× ● 挺实用，建议案例能与实际工作有更多链接。——钱×× ● 感觉项目管理确实很重要，建议延长培训时间对此课题进行系统培训，如PMP培训。——徐×× ……						
对讲师与道简国际的感受及建议 ● 教学经验丰富，希望有更多的培训。——袁×× ● 讲师专业、经验丰富。对项目管理的演绎不但通俗，而且很到位。培训公司可靠度高。——韩× ● 讲师负责、认真，底蕴深厚，培训经验多。——张×× ● 专业，针对性强。对于项目管理思维的总结比较深刻。——陈×× ● 讲师语言表达力强，有很强现场控制力，能激发学员学习兴趣。——刘×× ● 授课方法灵活多样，课堂气氛活跃，知识讲解清晰，希望多举案例更有助于理解。——吴×× ……						

续表

评估指标	评估内容	评估等级			
		满意	一般	不满意	平均分
培训经理的评价					

对培训师的评价及建议

高老师具有丰富的实战经验，而且理论功底深厚。老师的授课严谨而不失幽默，深入浅出，引人入胜。本次培训课程的内容设置很完善，课程采用了多种教学方式，包括讲授、案例分析、实战演练、视频录像、小组研讨、游戏等，学员参与度高，互动性强。可以看得出来，老师对本次课程有充分的准备，授课PPT制作完善，对学员掌握培训内容很有帮助。老师的授课通俗易懂，让非专业项目经理的学员快速有效地掌握了项目管理的知识，激发起他们对进一步学习项目管理的热情。有几点建议：第一，选择能更贴近本企业项目特点的案例，或未来可直接应用于本企业的案例，学员将更有收获；第二，授课时间的把握和课程节奏可以进一步改善，培训前两天节奏稍慢，以至于最后一天时间稍显紧张，对一些内容的讲解比较匆忙；第三，课程的收尾过程如能加入类似思维导图的总结，也许更有助于学员回顾课程的内容。

对供应商的评价及建议

从这个合作的过程来看，道简国际是一家很专业的培训机构，认真、负责、敬业。道简国际在前期培训需求的调查，以及和培训师就培训内容的安排设计方面做了很多细致的工作，在培训实施期间，也协助我们做了不少服务性工作，对此我们表示衷心的感谢，希望未来继续保持合作。建议：希望能够提供一些有助于培训落地的工具、方法，协助我们在训后推进培训效果的转化。

3. 项目管理持续学习需求统计

课后调查显示，参训学员希望在以下几个主题方向上获得进一步学习的机会。

本次培训后，我希望在哪些方面继续得到学习		
课程名称	获得票数	投票人
项目中的领导力	20	陈××、张××、郑×、孙××……
项目干系人管理	17	何×、刘××、周××、马××……
项目中的沟通与跨部门协作	18	袁××、周××、高××、赵×……
项目团队建设与管理	13	吴××、戴××、于×、张××……
实用项目管理工具应用	19	胡××、刘×、何×、袁××……

四、随堂测试结果

课后对参训学员进行测试，测试平均分为89分。生产部平均分为88.8分、物流部88.4分、市场部92分；最高得分为97分，最低为79分；90分以上12人，占参加测试学员的40%，仅一人得分低于80分。

序号	姓名	部门	得分
1	陈××	生产部	89
2	于×	生产部	85
3	王××	生产部	93
4	张××	生产部	83
5	李×	生产部	88
6	马×	生产部	92
7	高××	生产部	96
8	徐××	生产部	85
9	李××	生产部	79
10	孙××	生产部	95
11	韩×	生产部	87
12	戴××	生产部	/
13	郭××	生产部	94
14	何×	物流部	91
15	张××	物流部	86
16	陈×	物流部	88
17	赵××	物流部	90
18	赵×	物流部	/
19	张×	物流部	96
20	周××	物流部	89
21	吴××	物流部	84
22	郑×	物流部	/
23	王××	物流部	85
24	李××	物流部	92
25	许××	物流部	86
26	袁××	物流部	93

续表

序号	姓名	部门	得分
27	王×	物流部	缺勤
28	赵××	物流部	88
29	陆××	物流部	86
30	刘××	物流部	83
31	胡××	市场部	97
32	张××	市场部	94
33	郝××	市场部	缺勤
34	刘×	市场部	89
35	牛××	市场部	/
36	钱××	市场部	88

五、总结

从教学效果评估的反馈来看，本次培训总体评分是95.4分，教学效果非常好，超过预期。

……

本次培训，使学员较为系统地学习了项目管理的理论、知识、技术、方法与工具，厘清了对项目管理的理解。通过本次培训，许多参训学员已经开始意识到科学的项目管理方式不但对项目的成功至关重要，而且项目管理结构化的管理技术蕴含的系统化的管理思维同样有益于创新管理思维，提高管理效能。

本次培训也激发了非专业项目管理人员学习项目管理的热情。这样的项目管理导入性培训为我公司推进项目管理规范化建设和创建支持项目管理的组织环境带来了很好的助力。

……

虽然学员对项目管理的学习充满了热情，但单次小群体的培训也只能起到抛砖引玉的作用，还不能使学员熟练掌握和提升项目管理能力。只有建立支持组织与员工持续学习的项目管理培训体系，才能更有效地提升个人与组织的项目管理能力，从而使项目管理成为组织的一种核心竞争力。因此，本期项目管理培训只是我公司项目管理培训整体计划中的一个起点，今后将根据内部需求及项目管理能力发展的规律持续推动整体培训计划，为公司项目管理战略目标的实现做出贡献。

事实上，许多学员都明确表达了希望进一步深入学习项目管理的强烈愿望，特别是项目中的领导力、实用项目管理工具应用、项目中的沟通与跨部门协调、项目干系人管理及项目团队建设与管理专题有较普遍的学习需求。

……

本次培训在诸多方面获得了成功经验。

1.……

2.……

3.……

同时，在以下几个方面应吸取教训和改进工作。

1.……

2.……

3.……

最后，我们希望对韩总、生产部王××经理、物流部张×经理、市场部李××经理在本期培训项目的组织过程中给予的巨大支持和帮助表示衷心感谢。

……

（注：本培训教学效果评估报告所使用案例为作者虚构。如有雷同，纯属巧合。）

参考资料

[1] 高虎. 培训管理者的实践[M]. 南京：江苏人民出版社，2015.

[2] 高虎. 管理的项目化思维[M]. 北京：中信出版社，2018.

[3] 高虎. 品西游——学你能懂的项目管理[M]. 北京：清华大学出版社，2020.

[4] 罗伊·波洛克，安德鲁·杰斐逊，卡尔霍恩·威克. 将培训转化为商业结果[M]. 刘美凤，张善勇，杨智伟，译. 北京：电子工业出版社，2014.

[5] 高虎. 像项目经理一样做培训[J]. 中国培训，2019，（01）：34-37.

[6] 高虎. 项目管理——培训管理者的高效管理利器[J]. 中国培训，2016，（07）：34-37.

[7] 潘平. 老HRD手把手教你做培训[M]. 北京：中国法制出版社，2015：40-50.